독자의 **1초**를 아껴주는 정성!

—

세상이 아무리 바쁘게 돌아가더라도

책까지 아무렇게나 빨리 만들 수는 없습니다.

인스턴트 식품 같은 책보다는

오래 익힌 술이나 장맛이 밴 책을 만들고 싶습니다.

길벗이지톡은 독자여러분이 우리를 믿는다고 할 때 가장 행복합니다.

나를 아껴주는 어학도서, 길벗이지톡의 책을 만나보십시오.

독자의 1초를 아껴주는 정성을 만나보십시오.

미리 책을 읽고 따라해본 2만 베타테스터 여러분과 무따기 체험단, 길벗스쿨 엄마 2% 기획단,

시나공 평가단, 토익 배틀, 대학생 기자단까지!

믿을 수 있는 책을 함께 만들어주신 독자 여러분께 감사드립니다.

(주)도서출판 길벗 www.gilbut.co.kr

길벗 이지톡 www.gilbut.co.kr

길벗 스쿨 www.gilbutschool.co.kr

KB022395

500만 독자의 선택
무작정 따라하기
일본어, 중국어, 기타 외국어 시리즈

	일본어	중국어	기타 외국어
초급	일본어 무작정 따라하기 / 일본어 무작정 따라하기 심화편 / 일본어 문법 무작정 따라하기 / 일본어 필수 단어 / 일본어 상용한자 무작정 따라하기 / 히라가나 가타카나 무작정 따라하기	중국어 첫걸음 무작정 따라하기 / 중국어 무작정 따라하기 / 중국어 한자 무작정 따라하기 / 중국어 필수 단어 무작정 따라하기 / 중국어 한자&간체자 무작정 따라하기 쓰기노트	스페인어 무작정 따라하기 / 프랑스어 무작정 따라하기 / 스페인어 필수 단어 무작정 따라하기 / 프랑스어 필수 단어 무작정 따라하기 / 독일어 필수 단어 무작정 따라하기
중급	일본어 현지회화 무작정 따라하기 / 일본어 필수 표현 / 일본어 한자 / 일본어 회화	중국어 현지회화 무작정 따라하기 / 중국어 필수 표현 무작정 따라하기 / 90문장으로 끝내는 중국어 문법 무작정 따라하기	스페인어 회화 무작정 따라하기
비즈니스	일본어 회화	비즈니스 중국어 무작정 따라하기	

：QR 코드로 음성 자료 듣는 법：

1

스마트 폰에서
'QR 코드 스캔'
애플리케이션을 다운
받아 실행합니다.
[앱스토어나 구글
플레이 스토어에서
'QR 코드'로 검색하세요]

2

애플리케이션의 화면과
도서 각 unit 시작
페이지에 있는 QR 코드
를 맞춰 스캔합니다.

3

스캔이 되면
'음성 강의 듣기',
'예문 mp3 듣기'
선택 화면이 뜹니다.

4

원하는 음성 자료를
터치해서 학습을
시작합니다.

：길벗이지톡 홈페이지에서 자료 받는 법：

1

길벗 홈페이지(www.gilbut.co.kr) 검색창에서
〈중국어 첫걸음 무작정 따라하기〉를 검색합니다.

2

검색 후 해당 도서를 클릭합니다.

3
해당 도서 페이지에서 자료실을 클릭합니다.

4
다운로드 아이콘을 클릭해 자료를 받거나,
재생 버튼을 클릭해 바로 들을 수 있습니다.

학 습 스 케 줄

'무작정 따라하기' 시리즈는 어학 초보자가 하루에 1시간을 집중하면서 공부한다는 기준으로 집필했습니다. 〈중국어 첫걸음 무작정 따라하기〉는 송 선생님의 학습법에 맞춰 음성강의와 mp3 위주로 공부하며, 공부를 할 때는 단번에 모든 것을 이해하고 외운다는 생각이 아니라 처음 공부할 때는 전체를 보려고 노력하고, 복습을 하며 세세한 내용을 챙기면 좋습니다. '스스로 진단'에 공부를 하고 나서 어려웠던 점이나 물어볼 것 등을 적어두세요. 며칠만 쌓여도 잘하는 것과 부족한 것을 한눈에 볼 수 있습니다.

학습일차	Day 01	Day 02	Day 03	Day 04	Day 05
과정	00-14 기본 발음 익히기	15-21 기본 발음 익히기	중국어 발음 총정리	22-23 동사 듣다/말하다	24-25 동사 읽다/쓰다
페이지	029-043	046-052	029-052	057-062	063-068

학습일차	Day 06	Day 07	Day 08	Day 09	Day 10
과정	26-27 동사 먹다/마시다	28-29 동사 가다/오다	30-31 동사 사다/팔다	22-31 기본동사1 복습	32-33 동사 있다/없다
페이지	069-074	075-080	081-086	057-086	089-094

학습일차	Day 11	Day 12	Day 13	Day 14	Day 15
과정	34-35 동사 이다/아니다	36-37 동사 주다/필요하다	38-39 동사 보다/배우다	40-41 동사 자다/일어나다	32-41 기본동사2 복습
페이지	095-100	101-106	107-112	113-118	089-118

학습일차	Day 16	Day 17	Day 18	Day 19	Day 20
과정	42-43 조동사 ~하겠다/하고 싶다	44-45 조동사 할 줄 알다/할 수 있다	46-47 동사 만들다 · 하다/앉다	48-49 동사 울다/웃다	50-51 동사 기다리다/전화 걸다
페이지	121-126	127-132	133-138	139-144	145-150

학습일차	Day 21	Day 22	Day 23	Day 24	Day 25
과정	42-51 기본동사3 복습	52-53 형용사 쉽다/어렵다	54-55 형용사 바쁘다/피곤하다	56-57 형용사 맛있다/좋다	58-59 형용사 길다/짧다
페이지	121-150	155-160	161-166	167-172	173-178

학습일차	Day 26	Day 27	Day 28	Day 29	Day 30
과정	52-59 형용사1 복습	60-61 형용사 춥다/덥다	62-63 형용사 많다/적다	64-65 형용사 빠르다/느리다	66-67 형용사 작다/크다
페이지	155-178	181-186	187-192	193-198	199-204

학습일차	Day 31	Day 32	Day 33	Day 34	Day 35
과정	60-67 형용사2 복습	68-69 부사 모두/함께	70-71 부사 조금/잠시	68-71 부사 복습	72-73 동사 听/说/念/写
페이지	181-204	207-212	213-218	207-218	223-230

학습일차	Day 36	Day 37	Day 38	Day 39	Day 40
과정	74-75 동사 吃/喝/去/来	76-77 동사 买/卖/有/没有	78-79 동사 是/不是/给/要	72-79 동사 응용표현 복습	80-81 동사 看/学/睡/起床
페이지	231-238	239-246	247-254	223-254	257-264

학습일차	Day 41	Day 42	Day 43	Day 44	Day 45
과정	82-83 조동사 要/想/会/能	84-85 동사 做/坐/哭/笑	86 동사 等/打电话 80-86 응용표현 복습	87-88 형용사 容易/难/忙/累	89-90 형용사 好吃/好/长/短
페이지	265-272	273-280	257-284	287-294	295-302

학습일차	Day 46	Day 47	Day 48	Day 49	Day 50
과정	91-92 형용사 冷/热/多/少	93-94 형용사 快/慢/小/大	87-94 형용사 응용표현 복습	95-96 부사 都/一块儿/一点儿/一会儿	22-96 연습문제 복습
페이지	303-310	311-318	287-318	321-328	057-328

중국어
첫걸음
무작정
따라하기

송재복 지음

중국어 첫걸음 무작정 따라하기

The Cakewalk Series – First Steps in Chinese

초판 발행 · 2015년 1월 20일
초판 5쇄 발행 · 2021년 6월 10일

지은이 · 송재복
발행인 · 이종원
발행처 · (주)도서출판 길벗
브랜드 · 길벗이지톡
출판사 등록일 · 1990년 12월 24일
주소 · 서울시 마포구 월드컵로 10길 56(서교동)
대표 전화 · 02)332-0931 | **팩스** · 02)323-0586
홈페이지 · www.gilbut.co.kr | **이메일** · eztok@gilbut.co.kr

기획 및 책임 편집 · 오윤희(tahiti01@gilbut.co.kr) | **표지 디자인** · 강은경 | **본문 디자인** · 황애라 | **제작** · 이준호, 손일순, 이진혁
영업마케팅 · 김학흥, 장봉석 | **웹마케팅** · 이수미, 최소영 | **영업관리** · 심선숙 | **독자지원** · 송혜란, 윤정아

편집진행 및 교정 · 이선우 | **표지 일러스트** · 삼식이 | **본문 일러스트** · 김혜연 | **전산편집** · 김경희
CTP 출력 · 북토리 | **인쇄** · 북토리 | **제본** · 북토리

ISBN 978-89-6047-927-2 03720
(길벗 도서번호 300755)

정가 15,000원

독자의 1초까지 아껴주는 정성 길벗출판사
길벗 | IT실용서, IT/일반 수험서, IT전문서, 경제경영서, 취미실용서, 건강실용서, 자녀교육서
더퀘스트 | 인문교양서, 비즈니스서
길벗이지톡 | 어학단행본, 어학수험서
길벗스쿨 | 국어학습서, 수학학습서, 유아학습서, 어학학습서, 어린이교양서, 교과서

페이스북 · www.facebook.com/gilbuteztok
네이버 포스트 · http://post.naver.com/gilbuteztok
유튜브 · https://www.youtube.com/gilbuteztok

박인영 | 26세, 대학생

한자, 몰라도 시작할 수 있어요!

중국어는 간체자에, 성조에, 병음에, 그 의미까지, 외워야 할 것이 너무 많게 느껴져서 시작할 때부터 부담이 되는 외국어였습니다. 하지만 이 책은 앞부분에 한자 없이 병음만 제시되어 한자에 대한 부담이 없어서 좋았습니다. 복잡한 한자를 몰라도 중국어를 할 수 있다는 자신감이 생겼어요!

김일라 | 29세, 직장인

출퇴근길에 들으면 딱 좋은 mp3!

여행 가서 써먹을 수 있게 듣기와 말하기 위주로 중국어를 배우고 싶었던 저에게 딱 맞는 책입니다. 듣기 파일이 우리말과 중국어를 반복해서 들려주니까, 앉아서 공부하거나 책을 들고 다닐 필요 없이, 듣는 것만으로도 중국어를 익힐 수 있습니다. 바쁜 직장인에게 안성맞춤이네요.

윤보람 | 32세, 직장인

듣기만 해도 중국어가 되네요!

보통 외국어 교재들은 인사말, 문법 등으로 시작하는 일정한 패턴이 있고 문법을 공부하다가 지쳐서 포기하게 되는데, 따로 공부하지 않더라도 반복적으로 듣다 보면 자연스럽게 문장구조 · 단어 뜻을 알게 된다는 것이 놀라웠습니다. 다른 첫걸음 책보다 중국어에 더 재미있게 접근할 수 있는 책입니다!

김주안 | 45세, 직장인

통문장 암기로 간단하게!

생활 속에서 꼭 필요한 동사와 형용사를 활용한 문장들을 익힐 수 있어서 재미있게 공부했습니다. 단어나 문법을 하나하나 이해하지 않아도 문장을 통으로 외워 바로 써먹을 수 있는 점이 저에게는 가장 큰 매력으로 다가왔습니다. 간단하지만 가장 확실하게 중국어를 말할 수 있는 방법인 것 같네요.

성공률 100%, 실패율 0%의 학습법

소리 학습법 강의가 탄생하기까지

학생들과 중국어 공부를 하면서, '어떻게 하면 학생들이 좀 더 빨리 중국어를 배울 수 있을까' 하는 생각은 언제나 머릿속을 맴돌던 과제였습니다. 매달 다른 강의 방법을 구상하던 중, 문득 엄마가 아기에게 말을 가르치는 모습을 보고 이런 생각이 떠오르더군요. 중국어도 엄마가 아기에게 모국어를 가르치듯 가르치면 어떨까? 생각해보니 자기 자식에게 우리말을 가르치지 못하는 엄마는 없었습니다. 성공률 100%! 실패율은 0%! 그 순간 굉장히 흥분했던 기억은 아직도 생생히 남아 있습니다. 이것이 바로 '소리 학습법' 강의의 시초였습니다.

엄마가 아기에게 우리말을 가르치는 모습을 자세히 관찰했습니다. 처음 가르치는 것이 무엇일까 생각해보니 글자도 아니고 문법은 더더구나 아니었습니다. 바로 듣기부터 시작하여 말하기가 연결되었습니다. 처음에는 알아듣건 못 알아듣건 아기에게 끊임없이 말을 들려주었습니다. 언어의 시작은 바로 '듣기 훈련'에서부터란 사실을 깨달았습니다.

배우는 과정을 비교해보면 왜 못하는지 알 수 있습니다

우리말을 배울 때는 듣기부터 시작합니다. 1년 넘게 듣기만 하다가 어느 순간부터 말하기를 시작하고, 학교에 들어가 읽고 쓰는 것을 배웁니다. 영어를 배울 때는 어떠했나요? 알파벳을 외우고, 쓰고, 문법을 암기하면서 배웠습니다. 가장 기본이 되는 듣기는 그다지 중요하게 여기지 않은 채 넘어가곤 했습니다. 그래서 영어는 많은 사람들이 실패했습니다. 외국어도 당연히 어린아이가 자라면서 말을 배우는 과정처럼 배워야만 성공할 수 있습니다.

처음부터 글자에 신경을 쓰면 발음을 망칩니다

외국어 공부를 시작하면 적어도 1개월은 듣기에만 치중해야 합니다. 그리고 약 4개월까지는 말하기에 집중해야 합니다. 그 후에 본격적으로 글자와 문법을 공부하는 것이 효과적입니다. 처음부터 글자에 신경을 쓰면 발음을 소홀히 하게 됩니다. 특히 중국어는 발음이 좋지 않으면 90% 실패했다고 볼 수 있습니다.

말부터 배웁시다

이 책은 회화의 기본이 되는 듣기와 말하기 중심의 책입니다. 중국어를 어느 정도 공부한 분뿐 아니라 처음 배우는 분들은 반드시 '듣고, 말하고, 읽고, 쓰는' 순으로 공부를 하기 바랍니다.

처음에는 듣는 것에 역점을 두고 처음부터 끝까지 소리를 들은 후 설명을 보십시오. 한국어만 보고도 중국어가 바로 나올 수 있습니다. 만약 입에서 바로바로 튀어나오지 않는다면 처음부터 다시 반복하세요. 진도가 중요한 것이 아닙니다. 천천히 멈추지 말고 반복해 완전히 자기 것으로 만드는 것이 중요합니다. 다음 중국어의 성어처럼 꾸준히 하면 여러분도 성공할 수 있습니다.

Bú pà màn, zhǐ pà zhàn.
느리다고 걱정 말고, 오직 멈추는 것을 걱정하라.

자, 여러분도 자신감을 갖고 끈기와 열정을 가지고 중국어 공부를 시작하세요. 모두 힘을 냅시다. 파이팅!

송재복

500만 명의 독자가 선택한 〈무작정 따라하기〉 시리즈는 모든 원고를 독자의 눈에 맞춰 자세하고 친절한 해설로 풀어냈습니다. 또한 저자 음성강의, 예문 mp3 파일 무료 다운로드, 홈페이지 독자지원 팀 운영 등 더 편하고 쉽게 공부할 수 있도록 아낌없는 서비스를 제공합니다.

1 음성강의

모든 과에 저자 음성강의를 넣었습니다. QR코드를 스캔해 핵심 내용을 먼저 들어보세요.

2 본 책

쉽고 편하게 배울 수 있도록 단계별로 구성했으며 자세하고 친절한 설명으로 풀어냈습니다.

3 예문 mp3

홈페이지에서 mp3 파일을 무료로 다운 받을 수 있습니다. 듣고 따라하다 보면 저절로 말을 할 수 있게 됩니다.

6 동영상 강의

저자가 직접 알려주는 동영상 강의도 준비했습니다. 혼자서 공부하기 힘들면 동영상 강의를 이용해 보세요.
(유료 서비스 중)

4 소책자

출퇴근 시간에 지하철이나 버스에서 편하게 공부할 수 있도록 훈련용 소책자를 준비했습니다.

5 홈페이지

공부를 하다 궁금한 점이 생기면 언제든지 홈페이지에 질문을 올리세요. 저자와 길벗 독자지원 팀이 신속하게 답변해 드립니다.

일단 책을 펼치긴 했는데 어떻게 공부를 시작해야 할지 막막하시다고요? 그래서 준비했습니다. 무료로 들을 수 있는 저자의 음성 강의와 베테랑 원어민 성우가 녹음한 예문 mp3 파일이 있으면 혼자 공부해도 어렵지 않습니다.

음성강의 / 예문 mp3 파일 활용법

각 과마다 배울 내용을 워밍업하고 어떻게 공부해야 하는지 조언도 들을 수 있는 저자 음성강의와 듣기뿐만 아니라 말하기 훈련까지 가능한 예문 mp3 파일을 제공합니다. 음성강의와 예문 mp3 파일은 본 책의 QR코드를 찍거나 홈페이지에서 파일을 다운받아 들을 수 있습니다.

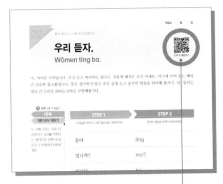

❶ QR코드로 확인하기

스마트 폰에서 QR코드 어플로 각 과 상단의 QR코드를 스캔하세요. 저자의 음성강의와 예문 mp3 파일을 골라서 바로 들을 수 있습니다.

❷ 홈페이지에서 다운로드 받기

음성강의와 예문 mp3 파일을 항상 가지고 다니며 듣고 싶다면 홈페이지에서 파일을 다운로드 받으세요. 홈페이지(www.gilbut.co.kr)에 접속한 후, '중국어 첫걸음 무작정 따라하기'를 검색하세요.

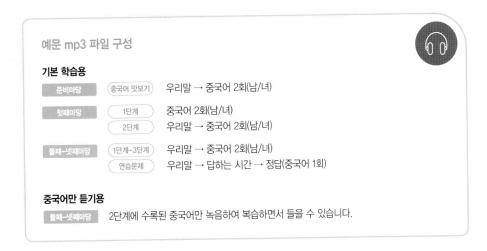

예문 mp3 파일 구성

기본 학습용

준비마당	중국어 맛보기	우리말 → 중국어 2회(남/녀)
첫째마당	1단계	중국어 2회(남/녀)
	2단계	우리말 → 중국어 2회(남/녀)
둘째~넷째마당	1단계~3단계	우리말 → 중국어 2회(남/녀)
	연습문제	우리말 → 답하는 시간 → 정답(중국어 1회)

중국어만 듣기용

둘째~넷째마당	2단계에 수록된 중국어만 녹음하여 복습하면서 들을 수 있습니다.

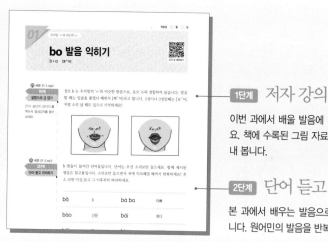

이 책의 구성

첫째 마당
중국어의 전부라고 말해도 과언이 아닌 성조와 중국어 발음에 대해 알아봅니다.

1단계 저자 강의 듣기

이번 과에서 배울 발음에 대해 저자 음성 강의를 들어보세요. 책에 수록된 그림 자료를 보면서 선생님의 발음을 흉내 내 봅니다.

2단계 단어 듣고 따라하기

본 과에서 배우는 발음으로 구성된 다양한 단어를 연습합니다. 원어민의 발음을 반복해서 들으며 따라합니다.

둘째~셋째 마당
기초 동사, 형용사, 부사를 활용한 문장들을 듣고 따라해 봅니다.

1단계 기본 단어 익히기

문장을 본격적으로 들어가기 전에 이번 과에 등장하는 새로운 단어를 듣고 따라해 봅니다.

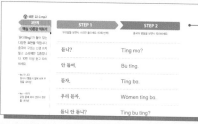

2단계 핵심 10문장 익히기

본 과에서 배울 동사(형용사 또는 부사)가 들어 있는 핵심표현 10문장을 배웁니다. 해석은 구경만 하고 듣고 따라해 봅니다.

편하게 읽고 넘어가세요
본 과에서 주의해야 할 발음, 문법, 표현 등을 가볍게 읽고 넘어갈 수 있도록 설명하였습니다.

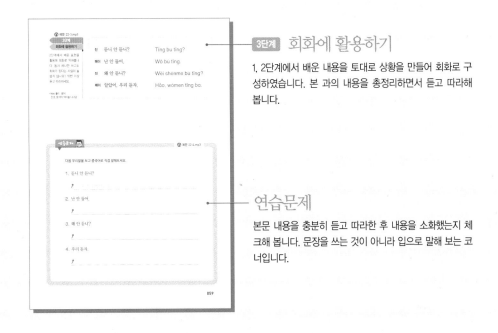

3단계 회화에 활용하기

1, 2단계에서 배운 내용을 토대로 상황을 만들어 회화로 구성하였습니다. 본 과의 내용을 총정리하면서 듣고 따라해 봅니다.

연습문제

본문 내용을 충분히 듣고 따라한 후 내용을 소화했는지 체크해 봅니다. 문장을 쓰는 것이 아니라 입으로 말해 보는 코너입니다.

넷째마당

둘째마당과 셋째마당에서 배운 내용을 확실하게 복습할 수 있도록 구성했습니다.

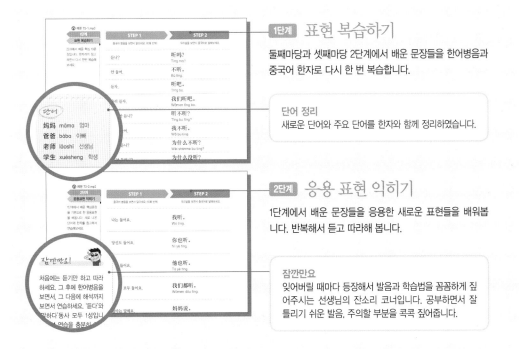

1단계 표현 복습하기

둘째마당과 셋째마당 2단계에서 배운 문장들을 한어병음과 중국어 한자로 다시 한 번 복습합니다.

단어 정리
새로운 단어와 주요 단어를 한자와 함께 정리하였습니다.

2단계 응용 표현 익히기

1단계에서 배운 문장들을 응용한 새로운 표현들을 배워봅니다. 반복해서 듣고 따라해 봅니다.

잠깐만요
잊어버릴 때마다 등장해서 발음과 학습법을 꼼꼼하게 짚어주시는 선생님의 잔소리 코너입니다. 공부하면서 잘 틀리기 쉬운 발음, 주의할 부분을 콕콕 짚어줍니다.

연습문제

배운 내용을 적용해 회화로 마무리할 수 있는 연습문제입니다. 1, 2단계 내용을 회화로 구성했습니다.

한자 맛보기

각 과에서 반복되어 나오는 중요한 중국어 한자를 직접 써봅니다. 외우려고 하지 말고 획순을 참고해서 가볍게 써보세요.

중국어는 이렇대!
중국어에 대한 기초 상식과 중국 문화에 대한 이야기를 읽으며 잠깐 쉬어가는 코너입니다.

훈련용 소책자
:
바쁜 직장인과 학생들이 지하철이나 버스 안에서도 편하게 공부할 수 있도록 훈련용 소책자를 준비했습니다.

본 책의 핵심 표현을 모두 넣어 언제 어디서나 가볍게 들고 다니면서 공부할 수 있습니다. '우리말 해석 → 한어병음 → 한자' 순으로 정리했습니다. 소책자로 공부할 때도 꼭 mp3 파일을 들으면서 익히세요.

일러두기

● 성조 표기 시 뒤에 오는 단어에 따라 성조가 변하는 단어는 실제 발음하는 성조를 표기하였습니다. 그러나 3성의 성조 변화는 본래대로 표기하였습니다.
예) bù shì → bú shì   yī dìng → yí dìng   shuǐguǒ → shuǐguǒ
● 중국어에는 띄어쓰기가 없지만 이 책에 표기된 한어병음의 경우 품사를 기준으로 병음 띄어쓰기를 하였으며, 몇몇 단어의 경우 중국어 한자 한 글자를 기준으로 띄어쓰기를 하였습니다.
● 초보 학습자들을 위해 본문 내용 중 우리말 해석은 중국어 어순에 따라 직역하기도 하였습니다.

송 선생님의 소리 학습법을 소개합니다. 처음에는 책을 보지 말고 오디오만으로 공부하세요. 여러 번 듣고 따라한 다음 책을 보면서 듣고 따라 합니다. 이 책에서는 글자가 중요하지 않습니다. 핵심은 귀를 트이게 하는 것! 대중교통을 이용할 때나 자투리 시간에 귀를 중국어에 맡기세요.

첫째마당

1단계 듣기만 하세요
중국어가 귀에 익숙해지는 것이 첫 번째 목표입니다. 발음과 성조에 신경 쓰며 들으세요.

2단계 입으로 따라하세요
예시 단어를 여러 번 듣고 따라 하면서 입에 붙여보세요. 이때 병음은 참고만 하시고 외우려고 하지 마세요. 글자에 연연하지 않아도 됩니다.

**둘째마당
셋째마당**

1단계 듣기만 하세요
글자를 보고 읽으려고 하지 마시고 듣기만 하세요. 10회 이상 반복합니다.

2단계 듣고 따라 하세요
어느 정도 귀에 익었다 싶으면 들리는 말을 무작정 따라해 보세요.

3단계 한어병음을 보면서 따라하세요
병음은 읽으려 하지 마시고 구경하는 기분으로 보세요. 10회 이상 따라합니다.

4단계 우리말 해석을 보고 중국어로 말해보세요
우리말 해석을 보고 중국어로 말해보세요. 문장이 나오지 않으면 다시 돌아가서 연습합니다.

넷째마당

1단계 듣기만 하세요
글자를 보고 읽으려고 하지 마시고 듣기만 하세요. 10회 이상 반복합니다.

2단계 한어병음과 중국어 한자를 보면서 듣고 따라하세요
한자가 처음 등장합니다. 부담 갖지 말고 모양을 구경하면서 듣고 따라 하세요.

3단계 우리말을 보면서 중국어로 말해 보세요
문장이 바로 나오지 않아도 실망하지 마세요. 다시 돌아가서 연습하면 됩니다.

4단계 중국어 한자를 필순에 따라 써 보세요
한자를 외우려 하지 마시고 한자의 모양을 구경하면서 가볍게 써 보면 됩니다.

둘째마당 : 중국어의 시작, 기본 동사 익히기

다섯째마디 • **동사 맛보기 ❸**

셋째마당 : 형용사 · 부사 간단하게 끝내기

여섯째마디 • **형용사 들어가기 ❶**

넷째마당 : 동사 · 형용사 · 부사 완전 정복하기

중국어 발 담그기

중국어란 어떤 언어일까요? 글쎄요~ 한마디로 정의하기 어렵습니다. 중국어 공부를 시작하는 분이라면 그래도 중국어에 대한 기본은 알고 시작해야겠죠! 중국어는 무엇으로 이루어졌는지, 중국어 발음을 무엇이라고 하는지 등등 중국어에 대한 기본적인 지식을 알려드립니다. 중국어를 본격적으로 공부하기 전에 〈중국어 맛보기〉에 나오는 중국어 문장들을 많이 듣고 노래하듯 흥얼거려 보세요. 중국어 맛을 조금 보실 수 있을 겁니다!

중국어 뿌리 알기

팅하오, 우슈, 북경반점, 자장면, 장국영? 중국 하면 떠오르는 단어들이 어째 좀 어색합니다. 왠지 예전 영화에서 들었던 강하면서 복잡한 억양이 섞여 있어야 할 것만 같습니다. 맞습니다. 성조가 빠진 상태에서 발음만 한글로 어설프게 표기하니까 전혀 중국어답지가 않습니다. 또 잘못된 발음이거나, 우리식 한자음으로 써놓은 단어도 있어서 확실히 중국어도 아니고 중국어 발음표기도 아닙니다. 중국 관련 단어들일 뿐이지요. 그럼 중국어가 어떤 언어인지 알아볼까요? 복잡하게 생각할 것 없이 여기서는 딱 네 가지만 알아두세요!

하나 우리가 배우는 중국어는 중국의 표준어 '보통화'입니다

중국어는 중국의 공용어입니다. 하지만 실제로는 각 지방에 수많은 방언이 있어서 어떤 지역에서는 의사소통에 문제가 생기는 경우도 있습니다. 베이징만 하더라도 중국의 수도임에도 불구하고 베이징 방언이 존재합니다. 광둥어는 더 심하지요. 홍콩 등지에서 사용되는 광둥어는 원래 중국어의 4성이 아닌 더 많은 성조가 있습니다. 같은 중국인이라 할지라도 광둥어 자체만은 잘 알아듣지 못하기도 합니다. 오히려 동북 지방으로 갈수록 표준어에 가깝습니다. 표준어란 사투리가 거의 없는 교과서적으로 정확한 발음을 말하지요. 이 현대 표준 중국어를 '보통화'(普通话 pǔtōnghuà)라고 합니다.

둘 중국어는 우리나라의 한자와 조금 다른 간체자를 씁니다

'간체자'란 번체자를 간략하게 만든 한자입니다. 번체자는 우리나라에서 쓰는 정자라고 생각하시면 돼요. 중국어 공부를 한다고 하면 바로 이 간체를 공부하는 것입니다. 아래 표를 보며 번체와 간체를 비교해 보세요. 획순이 훨씬 간결해졌지요?

	번체	간체
공부하다	學習	学习
엄마	媽媽	妈妈
광장	廣場	广场

번체가 너무 어렵다 보니 간체가 등장했는데, 점점 간체가 번체와는 별개의 글자처럼 느껴지지요. 특히 중국의 젊은 층은 처음부터 간체를 배우므로 어려운 번체를 모르는 경우가 많을뿐더러 번체가 잘 쓰이지 않기 때문에 접할 기회도 드뭅니다. 그러나 대만이나 홍콩에서는 번체가 많이 사용되지요. 간체가 번체를 간략하게 만든 한자라고 하지만 외국인인 우리나라 사람들이 볼 때는 쉽지 않습니다. 특히 한자를 배우지 않은 젊은 분들은 더욱 어려워하죠. 하지만 우리가 사용하는 한자와 의미가 유사하거나 같은 어원을 가진 글자가 많아 외국인에 비해 공부하기가 유리합니다.

셋 중국어에도 '한어병음'이라는 발음기호가 있습니다.

중국어를 공부하다 보면 뜻밖에 알파벳을 볼 수 있습니다. 바로 중국어의 발음기호인 한어병음입니다.

우리 듣자　　　**Wǒmen tīng ba.**　← 이것이 바로 한어병음!

한어병음은 알파벳을 이용했지만 스펠링을 똑같이 다 사용하지 않습니다. 소리 역시 비슷할 뿐이지 다른 발음이 많으므로 주의해야 합니다. 또 4성을 같이 표기하고 있는 점도 알파벳과 다르지요.
중국어는 한자를 보면 뜻을 바로 알 수 있지만 발음은 전혀 알 수 없는 언어입니다. 따라서 미리 본 적이 없는 한 그 발음을 낼 수가 없습니다. 그래서 발음기호가 필요하게 되었지요. 처음에는 주음부호가 발음기호였지만 주음부호 자체도 너무 어려워 1958년부터 한어병음이 사용되기 시작했습니다.

넷 중국어는 성조가 있어서 노래하는 것처럼 들립니다

중국어에서 빼놓을 수 없는 것은 바로 성조입니다. 중국어의 생명이라고 해도 될 만큼 중요합니다. 성조는 대표적인 4개 음절의 높고 낮음, 길고 짧음을 말합니다. 1성은 높고 평평하면서 길게 이어지는 발음입니다. 2성은 조금 낮은 음에서 높은 음으로 급격하게 올라가는 발음입니다. 3성은 낮은 음에서 시작해 더 낮아졌다가 살짝 다시 올라갑니다. 4성은 높은 음에서 낮은 음으로 빠르게 떨어지는 소리입니다.

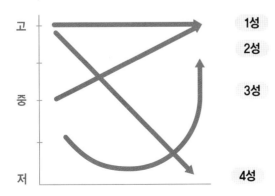

중국어 소리 학습법

우선 중국어를 처음 시작하거나 예전에 잠깐이라도 접한 적이 있는 친구들에게 물어보겠습니다. "중국어가 어렵나요?" 끄덕끄덕하는 모습이 눈에 선합니다. 그럼 다시 물어볼게요. "왜 어렵다고 생각하지요?" 한자도 어렵고, 발음도 헷갈리고, 성조는 더 분간이 안되고, 문법도 복잡하다구요? 다 맞는 말입니다. 그런데 저를 비롯해서 저에게 배운 사람들은 중국어가 너무 재미있다고 말합니다. 왜 그런지 궁금하지 않나요?

소리 학습법이란?

'소리 학습법'은 엄마가 아기에게 말을 가르치는 것에서 착안된 학습법입니다. '쭈쭈 먹자', '엄마', '맘마 먹자', '사랑해요' 등등 엄마는 아무것도 알아듣지 못하는 아기에게 쉴 새 없이 반복해서 얘기합니다. 아기는 그런 엄마를 아무것도 모르는 해맑은 눈빛으로 쳐다보기만 하다가 어느 순간부터 엄마의 말을 흉내 내기 시작합니다. 이것이 바로 언어 학습의 시작입니다. 여러분도 아기들처럼 듣고 흉내 내기부터 시작해보세요. 반복적인 듣기를 통해 중국어에 귀를 트이게 하는 것이 바로 송 선생님의 '소리 학습법'입니다. 출퇴근 시간을 이용해서, 혹은 식사시간을 이용해서 귀를 중국어에 잠시 맡기세요. 처음에는 한자와 한어병음을 보지 말고 듣기만 하면서 귀를 트이게 하세요. 여러 학생들을 통해 이미 검증된 방법이니 믿고 따라오기만 하면 됩니다. 이제 중국어의 발음, 성조, 어순에 대해 쉽게 이해하는 방법을 알려드릴게요.

1. 중국어 발음

중국어 발음은 성모, 운모, 성조 이렇게 세 가지로 이루어졌습니다.

성모는 우리말의 자음에 해당하며, 운모는 우리말의 모음에 해당합니다. 성조는 음의 높낮이를 말하는데 우리말에는 없는 것이지요! 그래서 이 성조 때문에 중국어가 어렵다고 말하는 사람들도 있답니다. 언어는 습관입니다. 많이 듣고 따라 한다면 문제될 것이 없습니다.

1) 성모와 운모

중국어 글자는 [성모+운모]로 이루어지는 경우, 운모만으로 이루어지는 경우 두 가지가 있습니다.

❶ [성모+운모]로 이루어지는 경우

$$Nǐ\ hǎo \rightarrow n + ǐ \quad h + ǎo$$

성모　운모　성모　　운모

❷ [운모] 단독으로 쓰이는 경우

$$ài$$

운모

2) 성조

중국어는 들어보면 우리말과는 달리 뭔가 특별한 것이 있는 듯합니다. 바로 성조 때문이죠! 우리말에는 없는 '성조'란 것이 있어서 마치 노래를 부르듯 발음의 억양이 있어서 리듬감이 느껴지지요. 중국어 발음은 같아도 성조가 바뀌면 완전히 다른 글자가 됩니다. 그만큼 성조는 아주 중요하지요. 성조는 중국어 글자와 발음을 구분하는 가장 기본이 됩니다.

성조를 쉽게 연습하도록 해볼까요? 본인이 학원의 직원이라고 가정해봅시다.

전화를 받으며	"네에 ⟶, 학원입니다."	평평한 소리 1성
상대방이 누군가를 찾는데 잘 들리지 않으면	"네에 ↗? 누구요?"	올라가는 소리 2성
상대방의 말을 알아들었을 때	"네에 ↘ 송 선생님이요?"	내려갔다 올라가는 소리 3성
알았다고 대답하며	"네에 ↘, 바꿔드리지요."	뚝 떨어지는 소리 4성

이렇게 상황으로 엮고 보니 어렵지 않죠?

중국어의 생명은 성조입니다. 성조를 배우기 위해서는 많이 듣는 것이 가장 좋은 방법입니다.

2. 중국어 어순

중국어는 어순이 매우 중요합니다. 중국어의 기본 어순은 [주어 + 술어 + 목적어] 입니다. 우리말과 어순이 다르죠.

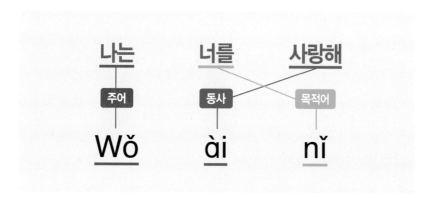

중국어 문법이 영어와 같다고 생각하는 분들이 많습니다. 누구나 아는 중국어 "Wǒ ài nǐ."와 영어 "I love you"의 어순이 같아서 그렇다고 생각하지만 모두가 그런 것은 아닙니다. 중국어와 우리말 어순이 같은 경우도 있습니다.

당신이 오면 나는 안 가고, 당신이 안 오면 나는 갑니다.
Nǐ lái wǒ bú qù, nǐ bù lái wǒ qù.

중국어 맛보기

본격적으로 중국어 공부에 들어가기 전에 중국어 맛을 살짝 한 번 볼까요? 도대체 중국어는 어떤 거지? 중국어를 한 번도 접하지 않은 사람들도 많이 들어봤을 법한 인사말로 준비운동을 해 보겠습니다. 절대 부담 갖지 말고 들리는 대로 따라 해 보세요.

안녕!, 안녕하세요.	Nǐ hǎo!
안녕하시죠? 잘 지냈어요?	Nǐ hǎo ma?
안녕! (아침인사)	Zǎo ān!
잘 자! (밤인사)	Wǎn ān!
고맙습니다!	Xiè xie!
미안합니다!	Duì bu qǐ!
만나서 반갑습니다	Rènshi nǐ hěn gāoxìng.
오랜만이야!	Hǎo jiǔ bú jiàn!
요즘 어떻게 지내세요?	Nǐ zuìjìn zěnme yàng?
잘 지내시죠?	Nǐ guò de hǎo ma?
식사하셨어요?	Nǐ chī fàn le ma?
잘 가.	Zàijiàn.
내일 봐.	Míngtiān jiàn.

중국어의 꽃
기본 발음 익히기

첫째마디 · 기본 발음 익히기 ❶
둘째마디 · 기본 발음 익히기 ❷

중국어 공부를 시작하셨나요? 그렇다면 절대 넘어갈 수 없는 부분이 있습니다. 바로 발음이지요! 중
국어는 발음 때문에 어려워하는 분들이 참 많습니다. 성인들에게 중국어 발음은 어려운 것이 사실입
니다. 하지만 언어는 습관입니다. 중국어를 습관 들이세요.

첫째마당에서는 중국어 발음의 3요소인 성모, 운모, 성조를 익혀 봅시다. 먼저 귀를 열어보세요. 들리
는 대로 따라하고, 발음이 안 되는 부분이 있을 때는 그림을 참조하세요. 책을 파고들지는 마세요. 어
디까지나 참고만 하고 귀를 여세요. 그럼 시작해볼까요?

•

기본 발음
익히기
①

중국어는 성모, 운모, 성조 이렇게 3가지로 이루어져 있습니다. 그 중에서 성모는 21가지로 되어 있어요. 이 성모를 기준으로 발음을 공부합니다. 첫째마디에서는 5개의 성조와 성모 b, p, m, f, d, t, n, l, g, k, h, j, q, x 총 14개의 성모를 알아봅니다. 우리말이 자음과 모음이 합쳐져 소리가 나는 것처럼 중국어도 성모만으로는 소리가 나지 않습니다. 반드시 운모가 결합되어야 소리가 난답니다.

00 음의 높낮이, 4성 연습

성조 익히기

강의 및 예문듣기

🎧 예문 00-1.mp3

1단계
설명으로 감 잡기

먼저 상단의 QR코드를 찍어서 음성강의를 들어보세요.

중국어의 성조는 음의 높낮이를 표시하는 것으로, 우리말에는 없습니다. 중국어의 성조는 1성에서 4성까지, 그리고 경성 이렇게 5가지가 있습니다. 중국어는 발음이 같더라도 성조가 다르면 뜻도 달라지니 성조를 제대로 이혀서 잘 발음해야겠죠!

1성	mā	→	높고 평평한 소리('솔'음)
2성	má	↗	낮은 데서 위로 올라감(반문하는 어조)
3성	mǎ	⌣↗	중간에서 낮은 데로 내려갔다 올라감
4성	mà	↘	위에서 뚝 떨어지는 소리
경성	ma	·	짧고 약하게 하는 소리

잠깐만요!

성조 표시는 정해진 운모 'a', 'e', 'i', 'o', 'u', 'ü' 위에만 한답니다. 기억하세요!

🎧 예문 00-2.mp3

2단계
단어 듣고 따라하기

4성 연습입니다. 병음은 참고로만 보고 우선 소리로만 들으세요. 귀에 익숙해질 때까지 반복하시고 여러 번 따라해보세요. 알고 있는 단어에 4가지 성조를 붙여 자유롭게 연습해보세요!

māi	mái	mǎi	mài
hāo	háo	hǎo	hào
tōu	tóu	tǒu	tòu

01

우리말 'ㅂ'과 비슷한 bo

bo 발음 익히기

b + o   [뽀^어]

강의 및 예문듣기

🎧 예문 01-1.mp3

1단계

설명으로 감 잡기

먼저 상단의 QR코드를 찍어서 음성강의를 들어 보세요.

성모 b 는 우리말의 'ㅂ'과 비슷한 발음으로, 운모 'o'와 결합하여 읽습니다. 발음할 때는 입술을 붙였다 떼면서 [뽀^어]라고 합니다. 2성이나 3성일때는 [보^어]처럼 소리 날 때도 있으니 기억하세요!

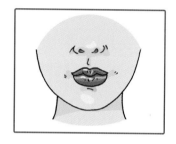 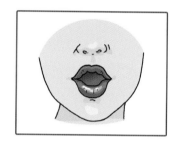

🎧 예문 01-2.mp3

2단계

단어 듣고 따라하기

b 발음이 들어간 단어들입니다. 단어는 우선 소리로만 들으세요. 함께 제시된 병음은 참고용입니다. 소리로만 들으면서 귀에 익숙해질 때까지 반복하세요! 최소 10번 이상 듣고 그 이후부터 따라하세요.

bā	8	bà ba	아빠
bào	신문	bái	희다
bēi	잔	bìng	병나다

우리말 'ㅍ'과 비슷한 po

po 발음 익히기
p+o [포^어]

강의 및 예문듣기

🎧 예문 02-1.mp3
1단계
설명으로 감 잡기

먼저 상단의 QR코드를 찍어서 음성강의를 들어 보세요.

성모 p 는 b 발음과 동일한 입 모양으로 입술을 붙였다 떼면서 발음합니다. p 는 우리말의 'ㅍ'과 비슷한 발음으로, 운모 'o'와 결합하여 읽습니다. 소리를 낼 때는 입술을 붙였다 떼면서 [포^어]라고 읽습니다.

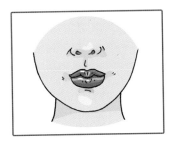
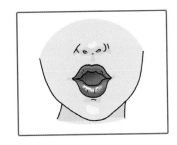

🎧 예문 02-2.mp3
2단계
단어 듣고 따라하기

p 발음이 들어간 단어들입니다. 단어는 우선 소리로만 들으세요. 함께 제시된 병음은 참고용입니다. 소리로만 들으면서 귀에 익숙해질 때까지 반복하세요! 최소 10번 이상 듣고 그 이후부터 따라하세요.

pǎo	뛰다	pàng	뚱뚱하다
pí	껍질	pí jiǔ	맥주
píxié	구두	péng you	친구

03 우리말 'ㅁ'과 비슷한 mo

mo 발음 익히기

m+o [모^어]

강의 및 예문듣기

🎧 예문 03-1.mp3

1단계

설명으로 감 잡기

먼저 상단의 QR코드를 찍어서 음성강의를 들어 보세요.

성모 m는 우리말의 'ㅁ'과 비슷한 발음으로, 운모 'o'와 결합하여 읽습니다. 소리를 낼 때는 입술을 붙였다 떼면서 [모^어]라고 읽습니다.

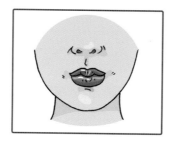 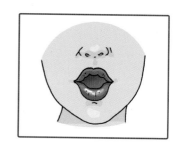

🎧 예문 03-2.mp3

2단계

단어 듣고 따라하기

m 발음이 들어간 단어들입니다. 단어는 우선 소리로만 들으세요. 함께 제시된 병음은 참고용입니다. 소리로만 들으면서 귀에 익숙해질 때까지 반복하세요! 최소 10번 이상 듣고 그 이후부터 따라하세요.

mā ma	엄마	mǔ qīn	어머니
mǎi	사다	mài	팔다
mèi mei	여동생	máng	바쁘다
miàn tiáo	국수	míng tiān	내일

04 영어의 'f'와 비슷한 fo

fo 발음 익히기

f+o [포^어]

강의 및 예문듣기

🎧 예문 04-1.mp3

1단계

설명으로 감 잡기

먼저 상단의 QR코드를 찍어서 음성강의를 들어 보세요.

성모 f 는 영어의 'f'와 같은 발음입니다. 우리말의 'ㅍ'과 다른 발음이니 주의해야 합니다. 운모 'o'와 결합하여 읽으며, 소리를 낼 때는 윗니로 아랫입술을 살짝 물어주면서 [포^어]라고 읽습니다.

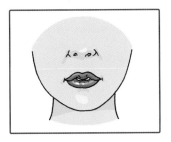 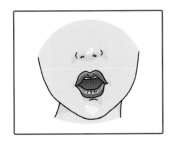

🎧 예문 04-2.mp3

2단계

단어 듣고 따라하기

f 발음이 들어간 단어들입니다. 단어는 우선 소리로만 들으세요. 함께 제시된 병음은 참고용입니다. 소리로만 들으면서 귀에 익숙해질 때까지 반복하세요! 최소 10번 이상 듣고 그 이후부터 따라하세요.

fēijī	비행기	fù qīn	아버지
fàn diàn	호텔	zǎo fàn	아침밥
wǔ fàn	점심밥	wǎn fàn	저녁밥
chī fàn	밥을 먹다	zuò fàn	밥을 짓다

05 우리말 'ㄷ'과 비슷한 de

de 발음 익히기

d + e [뜨^어]

강의 및 예문듣기

🎧 예문 05-1.mp3

1단계

설명으로 감 잡기

먼저 상단의 QR코드를 찍어서 음성강의를 들어 보세요.

성모 d 는 우리말의 'ㄷ'과 흡사하지요. 운모 'e'와 결합하여 읽으며, 소리를 낼 때는 윗니의 뒤쪽에 혀끝을 대고 [뜨^어]라고 읽습니다. 하지만 2성이나 3성일 때는 [드^어]라고 발음되기도 합니다.

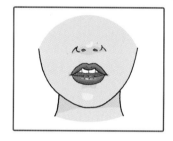 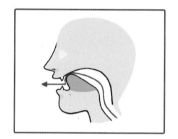

🎧 예문 05-2.mp3

2단계

단어 듣고 따라하기

d 발음이 들어간 단어들입니다. 단어는 우선 소리로만 들으세요. 함께 제시된 병음은 참고용입니다. 소리로만 들으면서 귀에 익숙해질 때까지 반복하세요! 최소 10번 이상 듣고 그 이후부터 따라하세요.

dà	크다	děng	기다리다
dà gē	큰 형	duō	많다
dì di	남동생	dōu	모두
lǎo dà	맏이	dà jiā	모두, 여러분

06 우리말 'ㅌ'과 비슷한 te

te 발음 익히기

t + e   [트^어]

강의 및 예문듣기

🎧 예문 06-1.mp3

1단계

설명으로 감 잡기

먼저 상단의 QR코드를 찍어서 음성강의를 들어 보세요.

성모 t 는 우리말의 'ㅌ'과 흡사하지요. 소리를 낼 때는 d 와 마찬가지로 윗니의 뒤쪽에 혀끝을 대고 'ㅌ'소리를 내며, 운모 'e'와 결합하여 [트^어]라고 읽습니다. 일부러 외우려 하지 말고, 많이 듣고 따라합시다.

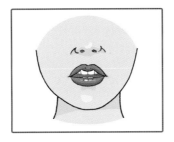
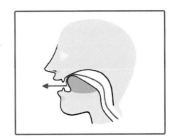

🎧 예문 06-2.mp3

2단계

단어 듣고 따라하기

t 발음이 들어간 단어들입니다. 단어는 우선 소리로만 들으세요. 함께 제시된 병음은 참고용입니다. 소리로만 들으면서 귀에 익숙해질 때까지 반복하세요! 최소 10번 이상 듣고 그 이후부터 따라하세요.

tā	그, 그녀	tiān qì	날씨
tóu	머리	tóu fa	머리카락
tīng	듣다	tiān tiān	매일, 날마다

강의 및 예문듣기

07

우리말 'ㄴ'과 비슷한 ne

ne 발음 익히기

n + e [느^어]

🎧 예문 07-1.mp3

1단계
설명으로 감 잡기

먼저 상단의 QR코드를 찍어서 음성강의를 들어 보세요.

성모 n 는 우리말의 'ㄴ'과 비슷한 발음입니다. 소리를 낼 때는 윗니의 뒤쪽에 혀 끝을 대고 'ㄴ'음을 내며, 운모 'e'와 결합하여 [느^어]라고 읽습니다.

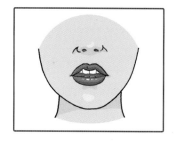 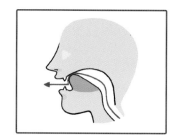

🎧 예문 07-2.mp3

2단계
단어 듣고 따라하기

n 발음이 들어간 단어들입니다. 단어는 우선 소리로만 들으세요. 함께 제시된 병음은 참고용입니다. 소리로만 들으면서 귀에 익숙해질 때까지 반복하세요! 최 소 10번 이상 듣고 그 이후부터 따라하세요.

nǐ	너	nín	당신 (높임말)
niú nǎi	우유	niú ròu	쇠고기
niàn	읽다	niàn shū	공부하다

08

영어의 'l'과 비슷한 le

le 발음 익히기

l+e   [르^어]

강의 및 예문듣기

🎧 예문 08-1.mp3

1단계

설명으로 감 잡기

먼저 상단의 QR코드를 찍어서 음성강의를 들어 보세요.

성모 l 는 영어의 'l'와 비슷한 발음입니다. 소리를 낼 때는 혀끝을 윗니의 뒷쪽에 살짝 대었다 떼면서 l 음을 내며, 운모 'e'와 결합하여 경쾌하게 [르^어]라고 읽습니다.

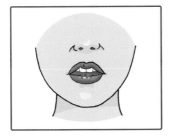
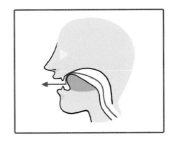

🎧 예문 08-2.mp3

2단계

단어 듣고 따라하기

l 발음이 들어간 단어들입니다. 단어는 우선 소리로만 들으세요. 함께 제시된 병음은 참고용입니다. 소리로만 들으면서 귀에 익숙해질 때까지 반복하세요! 최소 10번 이상 듣고 그 이후부터 따라하세요.

là	맵다	lái	오다
lǎo	늙다	lèi	피곤하다
lěng	춥다	liǎn	얼굴

09

우리말 'ㄱ'과 비슷한 ge

ge 발음 익히기

g + e   [ㄲ^어]

강의 및 예문듣기

🎧 예문 09-1.mp3

1단계

설명으로 감 잡기

먼저 상단의 QR코드를 찍어서 음성강의를 들어 보세요.

성모 g 는 우리말의 'ㄱ'과 흡사합니다. 목에서 뭔가를 끌어내듯 [ㄲ^어]하고 발음합니다. 하지만 2성이나 3성일 때는 [ㄱ^어]처럼 들립니다. 일부러 외우려 하지 말고 많이 듣고 따라합시다.

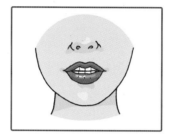

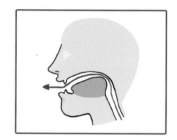

🎧 예문 09-2.mp3

2단계

단어 듣고 따라하기

g 발음이 들어간 단어들입니다. 단어는 우선 소리로만 들으세요. 함께 제시된 병음은 참고용입니다. 소리로만 들으면서 귀에 익숙해질 때까지 반복하세요! 최소 10번 이상 듣고 그 이후부터 따라하세요.

gāo	(키가) 크다	gè zi	키
gē ge	형, 오빠	gěi	주다
gū gu	고모	guì	비싸다

우리말 'ㅋ'과 비슷한 ke

ke 발음 익히기

k+e [크^어]

강의 및 예문듣기

🎧 예문 10-1.mp3

1단계
설명으로 감 잡기

먼저 상단의 QR코드를 찍어서 음성강의를 들어 보세요.

성모 k 는 우리말의 'ㅋ'과 흡사합니다. 마치 소주를 한 잔 쭈~욱 들이켜고 [크^어] 하는 경우와 흡사하죠!

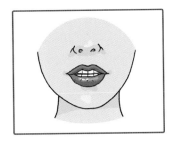
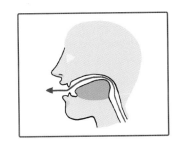

🎧 예문 10-2.mp3

2단계
단어 듣고 따라하기

k 발음이 들어간 단어들입니다. 단어는 우선 소리로만 들으세요. 함께 제시된 병음은 참고용입니다. 소리로만 들으면서 귀에 익숙해질 때까지 반복하세요! 최소 10번 이상 듣고 그 이후부터 따라하세요.

kàn	보다	kā fēi	커피
kě yǐ	~해도 좋다	kòng	여가, 짬
kū	울다	kuài	빠르다

우리말 'ㅎ'과 비슷한 he

he 발음 익히기

h + e [흐^어]

강의 및 예문듣기

🎧 예문 11-1.mp3

1단계

설명으로 감 잡기

먼저 상단의 QR코드를 찍어서 음성강의를 들어 보세요.

성모 h 는 우리말의 'ㅎ'과 비슷하지요! 중국어의 한어병음은 영어의 자모로 표기하기 때문에 영어 발음과 비슷한 것도 있지만, 그렇지 않은 것도 있습니다. 영어에서는 'he'를 '히'라고 발음하지만, 중국어에서는 [흐^어]로 발음합니다.

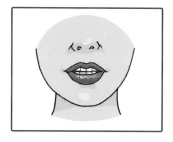

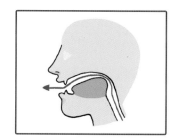

🎧 예문 11-2.mp3

2단계

단어 듣고 따라하기

h 발음이 들어간 단어들입니다. 단어는 우선 소리로만 들으세요. 함께 제시된 병음은 참고용입니다. 소리로만 들으면서 귀에 익숙해질 때까지 반복하세요! 최소 10번 이상 듣고 그 이후부터 따라하세요.

hǎo	좋다	hē	마시다
hěn	매우	hēi	검다
huì	할 줄 안다	huí jiā	집으로 돌아가다

우리말 'ㅈ'과 비슷한 ji

ji 발음 익히기

j + i [찌이]

강의 및 예문듣기

🎧 예문 12-1.mp3

1단계

설명으로 감 잡기

먼저 상단의 QR코드를 찍어서 음성강의를 들어 보세요.

성모 j 는 우리말의 'ㅈ'과 흡사합니다. 운모 'i'와 결합하여 [찌이]라고 발음합니다. 우리말의 '아버지'의 '지'처럼 혀를 편하게 놓고 하면 됩니다. 성모 j 는 2성이나 3성일 경우에는 'ㅈ'처럼 들리고, 1성이나 4성일 경우에는 'ㅉ'처럼 들리니 잘 듣고 흉내를 내보세요.

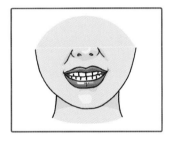

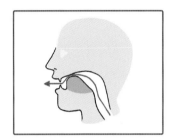

🎧 예문 12-2.mp3

2단계

단어 듣고 따라하기

j 발음이 들어간 단어들입니다. 단어는 우선 소리로만 들으세요. 함께 제시된 병음은 참고용입니다. 소리로만 들으면서 귀에 익숙해질 때까지 반복하세요! 최소 10번 이상 듣고 그 이후부터 따라하세요.

jiā	집	jiě jie	누나, 언니
jǐ	몇	jiǔ	9
jiè	빌리다	jīn tiān	오늘

13 우리말 'ㅊ'과 비슷한 qi

qi 발음 익히기
q + i [치이]

강의 및 예문듣기

🎧 예문 13-1.mp3

1단계
설명으로 감 잡기

먼저 상단의 QR코드를 찍어서 음성강의를 들어 보세요.

성모 q 는 우리말의 'ㅊ'에 가깝습니다. 운모 'i'와 결합하여 [치이]라고 발음합니다. 혀를 편안한 위치에 놓고 소리를 내면 됩니다.

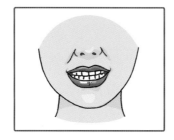
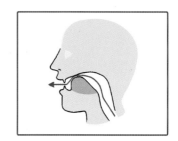

🎧 예문 13-2.mp3

2단계
단어 듣고 따라하기

q 발음이 들어간 단어들입니다. 단어는 우선 소리로만 들으세요. 함께 제시된 병음은 참고용입니다. 소리로만 들으면서 귀에 익숙해질 때까지 반복하세요! 최소 10번 이상 듣고 그 이후부터 따라하세요.

qī diǎn	7시	qī zi	아내
qián	돈	qǐng wèn	말 좀 묻겠습니다
shēng qì	화를 내다	qián tiān	그저께

우리말 'ㅅ'과 비슷한 xi

xi 발음 익히기

x + i   [시이]

강의 및 예문듣기

🎧 예문 14-1.mp3

1단계
설명으로 감 잡기

먼저 상단의 QR코드를
찍어서 음성강의를 들어
보세요.

성모 x 는 우리말의 'ㅅ'과 흡사합니다. 운모 'i'와 결합하여 [시이]라고 발음합니다. x 는 2성이나 3성일 경우에는 'ㅅ'처럼 들리지만, 1성이나 4성일 경우에는 'ㅆ'처럼 들리니 잘 듣고 따라해 보세요.

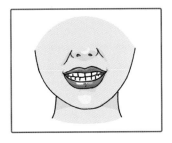 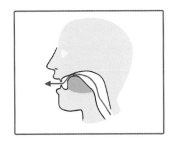

🎧 예문 14-2.mp3

2단계
단어 듣고 따라하기

x 발음이 들어간 단어들입니다. 단어는 우선 소리로만 들으세요. 함께 제시된 병음은 참고용입니다. 소리로만 들으면서 귀에 익숙해질 때까지 반복하세요! 최소 10번 이상 듣고 그 이후부터 따라하세요.

xǐ	씻다	xiě	쓰다
xǐ liǎn	세수하다	xǐ huan	좋아하다
xīng qī	요일	xiàn zài	지금

성조변화 1

중국어에서 가장 중요한 부분은 성조입니다. 바로 발음의 기본이 되기 때문이지요. 성조가 달라지면 뜻이 달라지는 경우도 있으니 중국어를 정확하게 구사하려면 성조를 제대로 익혀서 잘 발음해야 합니다.

성조는 제1성, 제2성, 제3성, 제4성, 경성까지 모두 5개입니다. 하지만 4개의 성조가 2음절 이상으로 붙어 있으면 발음하기가 쉽지 않습니다. 어려운 성조가 연이어 나오거나, 각각의 고유한 성조가 뒤에 오는 단어의 성조에 따라 변하는 경우도 있기 때문입니다. 원래의 성조가 글자의 결합으로 인해 변하는 경우가 있습니다. 이렇게 성조가 변하는 이유는 발음을 쉽게 하기 위해서입니다. 성조가 변하는 데는 몇 가지 규칙이 있습니다. 알아볼까요?

1 3성은 두번째 음절이 같은 3성일 경우 앞의 3성이 2성으로 변합니다.

Nǐ hǎo　➡　Ní hǎo　(안녕!)

2 3성은 두번째 음절이 1성, 2성, 4성, 경성이 오면 앞의 3성이 반3성으로 변합니다. 반3성은 원래 3성의 전반부만 발음하는 것을 말하지요.

[3성 + 1성] huǒ chē (기차)　　　[3성 + 2성] Měi guó (미국)

[3성 + 4성] kě lè (콜라)　　　[3성 + 경성] yǐ jing (이미)

3 4성 앞에서 원래의 성조가 2성으로 변하는 글자들이 있습니다.

yī (하나) : yī dìng　➡　yí dìng (꼭, 반드시)

bù (아니다) : bù huì　➡　bú huì (할 줄 모른다)

둘째마디

기본 발음
익히기
❷

첫째마디에서 14개의 성모를 발음해 봤습니다. 쉽지 않죠? 발음은 중국어를 공부하는 데 큰 난관임에는 틀림없습니다. 하지만 발음만 습관을 잘 들인다면 이미 반은 성공한 거랍니다. 자, 성모 21개 중 나머지 7개를 발음해볼까요? 성모 z, c, s 와 한국인들이 가장 힘들어하는 권설음 zh, ch, sh, r 도 둘째마디에 나와요. 하지만 겁먹지 말고, 긴장하지 말고 부딪쳐 봅시다.

우리말 'ㅉ'과 비슷한 zi

zi 발음 익히기

z + i [쯔으]

강의 및 예문듣기

🎧 예문 15-1.mp3

1단계

설명으로 감 잡기

먼저 상단의 QR코드를 찍어서 음성강의를 들어 보세요.

성모 z 는 우리나라 사람들이 잘 못하는 중국어 발음 중의 하나랍니다. 윗니와 아랫니 사이에 혀끝을 가볍게 대고 소리를 내며, 운모 'i'와 결합하여 [쯔으]라고 발음합니다. 앞에 나온 ji 발음과 헷갈릴 수 있으니 주의하세요.

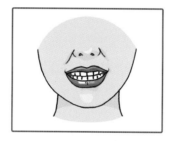
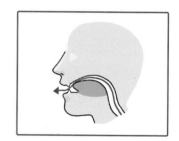

🎧 예문 15-2.mp3

2단계

단어 듣고 따라하기

z 발음이 들어간 단어들입니다. 단어는 우선 소리로만 들으세요. 함께 제시된 병음은 참고용입니다. 소리로만 들으면서 귀에 익숙해질 때까지 반복하세요! 최소 10번 이상 듣고 그 이후부터 따라하세요.

zǒu	걷다	zuò	앉다
zǎo ān	안녕 (아침인사)	zuó tiān	어제
zǎo shang	아침	zì jǐ	자기

16

우리말 'ㅊ'과 비슷한 ci

ci 발음 익히기

c + i [츠으]

강의 및 예문듣기

🎧 예문 16-1.mp3

1단계
설명으로 감 잡기

먼저 상단의 QR코드를 찍어서 음성강의를 들어 보세요.

성모 c 는 우리말의 'ㅊ'과 흡사합니다. 윗니와 아랫니 사이에 혀끝을 가볍게 대고 입을 옆으로 벌려 소리를 내며, 운모 'i'와 결합하여 [츠으]라고 발음합니다. 앞에 나온 z 발음보다 조금 더 힘을 줍니다.

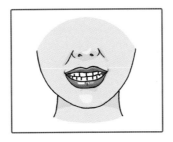

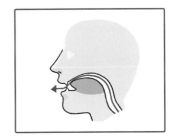

🎧 예문 16-2.mp3

2단계
단어 듣고 따라하기

c 발음이 들어간 단어들입니다. 단어는 우선 소리로만 들으세요. 함께 제시된 병음은 참고용입니다. 소리로만 들으면서 귀에 익숙해질 때까지 반복하세요! 최소 10번 이상 듣고 그 이후부터 따라하세요.

cài	요리	**cān tīng**	식당
cuò	틀리다	**bú cuò**	훌륭하다
cì	번	**cǎo**	풀

17 우리말 'ㅆ'과 비슷한 si

si 발음 익히기

s + i [쓰으]

강의 및 예문듣기

🎧 예문 17-1.mp3

1단계
설명으로 감 잡기

먼저 상단의 QR코드를 찍어서 음성강의를 들어 보세요.

성모 s 는 우리말의 'ㅆ'과 비슷합니다. 운모 'i'와 결합하며, 우리말에서 '한약은 쓰다'의 [쓰으]처럼 발음합니다. 힘을 빼고 편안한 상태에서 발음하는 것이 가장 좋습니다.

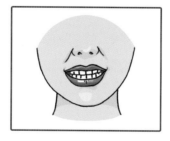 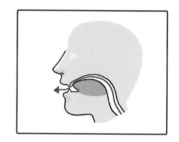

🎧 예문 17-2.mp3

2단계
단어 듣고 따라하기

s 발음이 들어간 단어들입니다. 단어는 우선 소리로만 들으세요. 함께 제시된 병음은 참고용입니다. 소리로만 들으면서 귀에 익숙해질 때까지 반복하세요! 최소 10번 이상 듣고 그 이후부터 따라하세요.

sǐ	죽다	sì	4
sì shí	40	sì shí sì	44
bái sè	흰색	gào su	알리다

18 권설음 zhi

zhi 발음 익히기

zh + i [즈으]

강의 및 예문듣기

🎧 예문 18-1.mp3

1단계

설명으로 감 잡기

먼저 상단의 QR코드를 찍어서 음성강의를 들어 보세요.

중국어 발음 중에 가장 어렵다는 권설음이 나왔습니다. 처음에는 누구나 어려워 하는 발음이지만 여러 번 반복하다 보면 익숙해지니 걱정 마세요.

❶ 영어의 'l' 발음을 해서 혀를 입천장에 붙인다. ❷ 'l' 발음을 할 때 혀가 입천 장에 닿게 되는 위치로부터 약 1cm 정도 목구멍 쪽으로 혀를 끌어당긴다. ❸ 어 금니를 가볍게 문다. ❹ 혀와 입가의 근육의 힘을 다 뺀다. ❺ 그 상태로 가볍게 [즈으]라고 발음을 한다. 이 때 발음이 좀 떨리는 느낌이 온다.

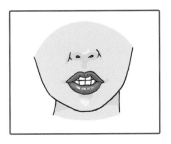
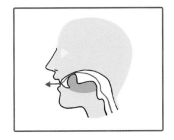

🎧 예문 18-2.mp3

2단계

단어 듣고 따라하기

zh 발음이 들어간 단어들입니다. 단어는 우선 소리로만 들으세요. 함께 제시된 병음은 참고용입니다. 소리로만 들으면서 귀에 익숙해질 때까지 반복하세요! 최 소 10번 이상 듣고 그 이후부터 따라하세요.

Zhōng guó	중국	zhēn de	정말
zhū	돼지	zhǐ	종이
zhī dao	알다	zhǎi	좁다

19

권설음 chi

chi 발음 익히기

ch + i [츠으]

강의 및 예문듣기

🎧 예문 19-1.mp3

1단계

설명으로 감 잡기

먼저 상단의 QR코드를 찍어서 음성강의를 들어 보세요.

성모 ch 는 zh 와 발음하는 방법은 같으며, zh 보다 더 힘을 주어 [츠으]라고 발음합니다. 이 때 발음이 좀 떨리는 느낌이 옵니다. 가장 중요한 것은 소리를 듣고 따라하면서 배운다는 것, 잊지 마세요!

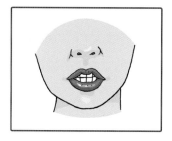
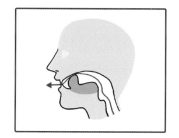

🎧 예문 19-2.mp3

2단계

단어 듣고 따라하기

ch 발음이 들어간 단어들입니다. 단어는 우선 소리로만 들으세요. 함께 제시된 병음은 참고용입니다. 소리로만 들으면서 귀에 익숙해질 때까지 반복하세요! 최소 10번 이상 듣고 그 이후부터 따라하세요.

chī	먹다	hǎo chī	맛있다
chuān	입다	cháng	길다
chū lái	나오다	chū qù	나가다
chūn tiān	봄	chá	(마시는) 차

20 　권설음 shi

shi 발음 익히기

sh+i [스으]

강의 및 예문듣기

🎧 예문 20-1.mp3

1단계

설명으로 감 잡기

먼저 상단의 QR코드를 찍어서 음성강의를 들어 보세요.

성모 sh 는 zh, ch 와 발음하는 방법은 같으며 [스으]라고 발음하며, 이 때 발음이 좀 떨리는 느낌이 옵니다. 가장 중요한 것은 소리를 듣고 따라하면서 배운다는 것, 잊지 마세요!

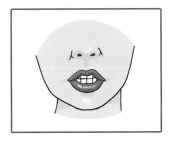
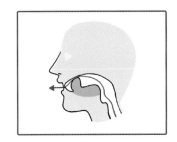

sh 발음이 들어간 단어들입니다. 단어는 우선 소리로만 들으세요. 함께 제시된 병음은 참고용입니다. 소리로만 들으면서 귀에 익숙해질 때까지 반복하세요! 최소 10번 이상 듣고 그 이후부터 따라하세요.

🎧 예문 20-2.mp3

2단계

단어 듣고 따라하기

shì	이다	shí	10
shén me	무엇	shéi	누구
shū	책	shuǐ	물

21 권설음 ri

ri 발음 익히기

r+i [르으]

강의 및 예문듣기

🎧 예문 21-1.mp3

1단계

설명으로 감 잡기

먼저 상단의 QR코드를 찍어서 음성강의를 들어 보세요.

성모 r 는 zh, ch, sh 와 발음하는 방법은 같으며 [르으]라고 발음합니다. 이 때 발음이 좀 떨리는 느낌이 옵니다. 가장 중요한 것은 소리를 듣고 따라하면서 배운다는 것, 잊지 마세요!

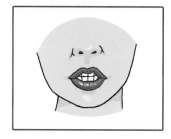
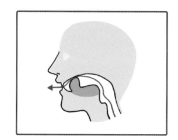

🎧 예문 21-2.mp3

2단계

단어 듣고 따라하기

r 발음이 들어간 단어들입니다. 단어는 우선 소리로만 들으세요. 함께 제시된 병음은 참고용입니다. 소리로만 들으면서 귀에 익숙해질 때까지 반복하세요! 최소 10번 이상 듣고 그 이후부터 따라하세요.

rè	덥다	rén	사람
rìjì	일기	ròu	고기
jī ròu	닭고기	niú ròu	쇠고기

성조변화 2

'중국어를 반드시 정복할 거야!'

여러분의 다짐이지요? 여기서 '반드시'는 'yídìng(一定)'입니다. 이때 yī(1성)는 yí(2성)로 변해 yídìng이 됩니다. yī는 성조 변화가 많은 단어입니다. 음절 하나만 발음할 경우, 즉 숫자나 번호로 읽을 때는 원래의 1성으로 발음합니다. 하지만 뒤의 음절이 1성, 2성, 3성이면 4성으로 변하고, 뒤의 음절이 4성일 경우에는 무조건 2성으로 읽어야 합니다.

yī 뿐만 아니라 4성 앞에서 무조건 2성으로 변하는 단어로 bù(不)가 있습니다. 많이 들어 보면 자연스럽게 몸에 흡수되지만 그렇지 않을 경우엔 일부러 외워야 하는 수고를 해야 하지요. 이 외에 성조 변화가 오는 것은 어떤 것들이 있었지요? 앞서 나온 [3성+3성]의 성조 변화도 같이 복습해 봅시다.

1 yī(1), bù(不) + 4성 → 2성 + 4성

yī dìng →	yí dìng	반드시
bù kàn →	bú kàn	보지 않는다

2 3성 + 3성 → 2성 + 3성

hěn hǎo →	hén hǎo	아주 좋다
wǒ mǎi →	wó mǎi	나는 산다
nǐ xiě →	ní xiě	너는 쓴다

중국어의 시작
기본 동사 익히기

셋째마디 · 동사 맛보기 ❶
넷째마디 · 동사 맛보기 ❷
다섯째마디 · 동사 맛보기 ❸

중국어 발음으로 귀를 열었으니 이제 본격적으로 중국어를 시작해볼까요? 둘째마당은 중국어의 가장 기본인 동사를 활용한 문장들이 나와요. 듣다, 말하다, 읽다, 쓰다, 먹다, 마시다 등등 일상생활에서 쓸 수 있는 동사들로 구성되어 있습니다. 둘째마당만 듣고 따라 말할 수 있다면 중국어의 시작은 아주 성공적이라 할 수 있겠죠!

처음 들을 때는 어렵게 느껴질 겁니다. 하지만 1단계, 2단계, 3단계 단계별로 차근차근 듣고 말하다 보면 어느새 중국어가 익숙해집니다. 귀를 여는 단계이기 때문에 우리말 해석과 한어병음만으로 구성되어 있습니다. 중국어 한자는 지금 신경 쓸 필요 없습니다. 자, 귀를 쫑긋 세우고 시작합시다!

셋째마디

·

동사
맛보기

22

동사 '듣다(tīng)'를 써서 말해보자

우리 듣자.
Wǒmen tīng ba.

강의 및 예문듣기

자, 여러분 시작입니다. 우선 듣고 따라하는 겁니다. 처음에 해석은 보지 마세요. 여기에 쓰여 있는 해석은 단순한 참고용입니다. 뜻은 생각하지 말고 주의 깊게 듣고 중국어 발음을 따라해 봅시다. 단, 들리는 대로 큰 소리로 30%든 50%든 모방해봅시다.

🎧 예문 22-1.mp3

1단계

기본 단어 익히기

이 과에 나오는 주요 단어입니다. 소리를 익힌다는 생각으로 10번 이상 듣고 그 이후부터 따라하세요.

STEP 1	STEP 2
우리말을 보면서 소리만 들으세요. (10회 반복)	중국어 병음을 보면서 따라하세요.
듣다	tīng
입니까?	ma?
아니다	bù
~하자	ba
나	wǒ
왜?, 어째서?	wèi shénme?
~않았다	méi
누구?	shéi?
좋아, 됐어	hǎo

2단계
핵심 10문장 익히기

'듣다(tīng)'가 들어 있는 다양한 표현을 익힙니다. 중국어 구조는 신경 쓰지 말고 소리에만 집중합니다. 10번 이상 듣고 따라 하세요.

- bù 아니다
  동사나 형용사 앞에 쓰여 부정을 나타냄

- ba ~하자
  문장 끝에 와서 권유나 청유를 나타냄

- méi ~않았다
  과거의 경험이나 사실을 부정함

STEP 1	STEP 2
우리말을 보면서 소리만 들으세요. (10회 반복)	중국어 병음을 보면서 따라하세요.
듣니?	Tīng ma?
안 들어.	Bù tīng.
듣자.	Tīng ba.
우리 듣자.	Wǒmen tīng ba.
듣니 안 듣니?	Tīng bu tīng?
난 안 들어.	Wǒ bù tīng.
왜 안 듣니?	Wèi shénme bù tīng?
왜 안 들었니?	Wèi shénme méi tīng?
누가 안 듣니?	Shéi bù tīng?
누가 안 들었니?	Shéi méi tīng?

나 wǒ, 우리 wǒmen !

wǒmen은 '우리'라는 뜻입니다.

'나'를 뜻하는 wǒ 에 복수를 나타내는 men을 붙이면 'wǒmen 우리'가 됩니다.

2단계에서 배운 표현을
활용해 회화로 익혀봅니
다. 동사 하나만 쓰고도
회화가 된다는 사실이 놀
랍지 않나요? 10번 이상
듣고 따라하세요.

• hǎo 좋아, 됐어
찬성, 동의의 의미를 나타냄

진	듣니 안 듣니?	Tīng bu tīng?
메이	난 안 들어.	Wǒ bù tīng.
진	왜 안 듣니?	Wèi shénme bù tīng?
메이	알았어, 우리 듣자.	Hǎo, wǒmen tīng ba.

연습문제

다음 우리말을 보고 중국어로 직접 말해보세요.

1. 듣니 안 듣니?

🎤

2. 난 안 들어.

🎤

3. 왜 안 듣니?

🎤

4. 우리 듣자.

🎤

23

동사 '말하다(shuō)'를 써서 말해보자

그가 말했어.
Tā shuō le.

강의 및 예문듣기

이렇게 듣기만 해도 되냐구요? 한자는 정말 몰라도 되냐구요? "그가 말했어."를 중국어로 쓰면 "他说了."
이지만 지금 단계에서는 전혀 신경 쓸 필요가 없습니다. 병음도 그냥 구경하고 넘어가라는 뜻에서 써놓은
것이니 흘끗 보고 넘어가세요. 지금은 무조건 큰 소리로 따라해 보세요. 들리는 대로 모방하세요.

🎧 예문 23-1.mp3

1단계

기본 단어 익히기

이 과에 나오는 주요 단
어입니다. 소리를 익힌다
는 생각으로 10번 이상
듣고 그 이후부터 따라하
세요.

STEP 1	STEP 2
우리말을 보면서 소리만 들으세요. (10회 반복)	중국어 병음을 보면서 따라하세요.
말하다	shuō
그	tā
~하지 마라	bié
너	nǐ
~도, 또한	yě
오늘	jīntiān
~와, ~과	gēn

잠깐만요!

우선 많이 들어야 비슷한 발
음을 할 수 있습니다.
잘못된 발음을 외우면 나중
에 고치기 힘들지요. 열심히
반복해 듣고 따라하세요.

2단계

핵심 10문장 익히기

'말하다(shuō)'가 들어 있는 다양한 표현을 익힙니다. 중국어 구조는 신경 쓰지 말고 소리에만 집중합니다. 10번 이상 듣고 따라하세요.

STEP 1	STEP 2
우리말을 보면서 소리만 들으세요. (10회 반복)	중국어 병음을 보면서 따라하세요.

말했니?	shuō le ma?
그가 말했어.	Tā shuō le.
말하지 마.	Bié shuō.
너도 말했니?	Nǐ yě shuō le ma?
오늘 말했니?	Jīntiān shuō le ma?
말 좀 해.	Shuō yi shuō ba.
그에게 말해.	Gēn tā shuō ba.
나는 말 안 했어.	Wǒ méi shuō.
오늘 누가 말했어?	Jīntiān shéi shuō le?
그에게 말하지 마.	Bié gēn tā shuō.

ta 는 누구를 말하는 것일까?

ta는 나도 아니고 너도 아닌 바로 제3자 즉, '그'나 '그녀'를 나타내는 말입니다. 중국어 한자로 그[他]와 그녀[她]는 엄연히 다르지만 발음은 둘 다 ta 입니다. 여기서는 편의상 '그'로 하겠습니다.

3단계

회화에 활용하기

2단계에서 배운 표현을 활용해 회화로 익혀봅니다. 동사 하나만 쓰고도 회화가 된다는 사실이 놀랍지 않나요? 10번 이상 듣고 따라하세요.

진	오늘 누가 말했어?	Jīntiān shéi shuō le?
메이	그가 말했어.	Tā shuō le.
진	너도 말했니?	Nǐ yě shuō le ma?
메이	나는 말 안 했어.	Wǒ méi shuō.

연습문제

다음 우리말을 보고 중국어로 직접 말해보세요.

1. 오늘 누가 말했어?

🎤

2. 그가 말했어.

🎤

3. 나는 말 안 했어.

🎤

4. 그에게 말하지 마.

🎤

24

동사 '읽다(niàn)'를 써서 말해보자

너는 읽고 싶니?
Nǐ xiǎng niàn ma?

강의 및 예문듣기

해석은 구경만 하라고 했는데 설마 일부러 외우고 있는 학생은 없겠죠? 아, 필기도 금물입니다. 처음에는 아예 책을 덮는 것도 좋겠네요. 소리에 집중하기 위해서입니다. 공통적으로 들리는 발음이 있지요? '읽다'라는 동사입니다. 발음과 억양이 어떤지 잘 들어보고 따라하세요.

🎧 예문 24-1.mp3

1단계

기본 단어 익히기

이 과에 나오는 주요 단어입니다. 소리를 익힌다는 생각으로 10번 이상 듣고 그 이후부터 따라하세요.

STEP 1	STEP 2
우리말을 보면서 소리만 들으세요. (10회 반복)	중국어 병음을 보면서 따라하세요.
읽다	niàn
현재, 지금	xiànzài
번	cì
~한 적 있다	guo
~할 줄 모른다	bú huì
~하고 싶다, 바라다	xiǎng

잠깐만요!

혹시 턱을 괴거나 삐딱한 자세로 앉아 있는 학생은 없겠죠?
턱을 괴면 큰 소리로 정확하게 발음을 할 수 없습니다. 삐딱하게 앉으면 마음도 해이해져서 집중할 수 없어요. 이런 잔소리도 기초회화 연습에서만 할 겁니다!

2단계

핵심 10문장 익히기

'읽다(niàn)'가 들어 있는 다양한 표현을 익힙니다. 중국어 구조는 신경 쓰지 말고 소리에만 집중합니다. 10번 이상 듣고 따라 하세요.

- **guo** ~한 적 있다
  동사 뒤에 놓여 과거의 경험을 나타냄

- **cì** 번
  횟수를 세는 단위를 나타냄

- **bú huì** 할 줄 모른다
  방법을 터득하지 못해서 기능상 불가함

STEP 1	STEP 2
우리말을 보면서 소리만 들으세요. (10회 반복)	중국어 병음을 보면서 따라하세요.

누가 읽었니?	Shéi niàn le?
지금 읽자.	Xiànzài niàn ba.
지금 읽지 마.	Xiànzài bié niàn.
읽었니 안 읽었니?	Niàn le méi yǒu?
읽은 적 있어요?	Niàn guo ma?
한 번 읽었어.	Niàn le yí cì.
나는 읽을 줄 몰라요.	Wǒ bú huì niàn.
읽은 적 없어요.	Méi niàn guo.
너는 읽고 싶니?	Nǐ xiǎng niàn ma?
아무도 읽을 줄 몰라요.	Shéi yě bú huì niàn.

'~ma?'는 의문문!
ma는 의문을 나타내는 어기조사로 문장 끝에 씁니다.
xiǎng은 '~하고 싶다'라는 의미의 조동사로 동사 niàn(읽다) 앞에 쓰입니다. xiǎng niàn은 '읽고 싶다', 그러면 "읽고 싶어요?"는 "xiǎng niàn ma?" 간단하죠!

3단계

회화에 활용하기

2단계에서 배운 표현을 활용해 회화로 익혀봅니다. 동사 하나만 쓰고도 회화가 된다는 사실이 놀랍지 않나요? 10번 이상 듣고 따라하세요.

진	읽은 적 있어요?	Niàn guo ma?
메이	읽은 적 없어요.	Méi niàn guo.
진	너는 읽고 싶니?	Nǐ xiǎng niàn ma?
메이	아니요, 나는 읽을 줄 몰라요.	Bù, wǒ bú huì niàn.

연습문제

다음 우리말을 보고 중국어로 직접 말해보세요.

1. 너는 읽고 싶니?

🎤 쓰지 말고 말해보세요.

2. 나는 읽을 줄 몰라요.

🎤

3. 누가 읽었니?

🎤

4. 지금 읽지 마.

🎤

25

동사 '쓰다(xiě)'를 써서 말해보자

일기를 쓰다.
Xiě rìjì.

강의 및 예문듣기

부담 없이 듣고 따라하는 겁니다. 자, 잘 들어보세요. 공통적으로 들리는 발음이 있습니다. '쓰다'라는 동사겠지요! 어떤 발음인지, 특히 어떤 음의 굴곡(?)이 있는지 자세히 들어보세요. 바로 3성입니다. 지금은 3성이 어떤 성조인지 고민할 필요 없습니다. 우선 많이 들으며 연습하고 넘어갑시다.

🎧 예문 25-1.mp3

1단계

기본 단어 익히기

이 과에 나오는 주요 단어입니다. 소리를 익힌다는 생각으로 10번 이상 듣고 그 이후부터 따라하세요.

STEP 1	STEP 2
우리말을 보면서 소리만 들으세요. (10회 반복)	중국어 병음을 보면서 따라하세요.
쓰다	xiě
일기	rìjì
무엇?	shénme?
언제?	shénme shíhou?
어떻게?	zěnme?
내일	míngtiān
저녁	wǎnshang
~에서	zài
집	jiā
매일, 날마다	tiāntiān

2단계

핵심 10문장 익히기

'쓰다(xiě)'가 들어 있는 다양한 표현을 익힙니다. 중국어 구조는 신경 쓰지 말고 소리에만 집중합니다. 10번 이상 듣고 따라 하세요.

- shénme 무엇
  의문을 나타냄
- shénme shíhou 언제
  때나 시기를 묻는 의문을 나타냄
- zěnme 어떻게, 왜
  이유나 원인을 묻는 말로, 의문을 나타냄
- zài ~에서
  장소를 나타냄

STEP 1	STEP 2
우리말을 보면서 소리만 들으세요. (10회 반복)	중국어 병음을 보면서 따라하세요.
너는 무얼 쓰니?	Nǐ xiě shénme?
일기를 써요.	Xiě rìjì.
당신도 좀 써요.	Nǐ yě xiě yi xiě ba.
언제 쓰니?	Shénme shíhou xiě?
언제 일기를 쓰니?	Shénme shíhou xiě rìjì?
왜 안 쓰니?	Zěnme bù xiě?
언제 쓴 것이니?	Shénme shíhou xiě de?
내일 저녁에 쓰자.	Míngtiān wǎnshang xiě ba.
우리 집에서 쓰면 어때?	Zài wǒ jiā xiě, hǎo bu hǎo?
날마다 저녁에 일기를 써요.	Tiāntiān wǎnshang xiě rìjì.

hǎo bu hǎo는 언제 쓰지?

hǎo bu hǎo?는 hǎo의 긍정과 부정을 연속하여 사용하였으며, '~어때?', '어떠니?'라는 의미를 나타냅니다. 문장 끝에 놓이며, 상대방의 의견을 물을 때 사용한답니다.

2단계에서 배운 표현을 활용해 회화로 익혀봅니다. 동사 하나만 쓰고도 회화가 된다는 사실이 놀랍지 않나요? 10번 이상 듣고 따라하세요.

진	너는 무얼 쓰니?	Nǐ xiě shénme?
메이	일기를 써요.	Xiě rìjì.
진	언제 일기를 쓰니?	Shénme shíhou xiě rìjì?
메이	날마다 저녁에 일기를 써요.	Tiāntiān wǎnshang xiě rìjì.

연습문제

🎧 예문 25-4.mp3

다음 우리말을 보고 중국어로 직접 말해보세요.

1. 너는 무얼 쓰니?

🎤 _쓰지 말고 말해보세요._

2. 일기를 써요.

🎤

3. 언제 일기를 쓰니?

🎤

4. 날마다 저녁에 일기를 써요.

🎤

26 동사 '먹다(chī)'를 써서 말해보자

무얼 먹니?
Chī shénme?

강의 및 예문듣기

모든 발음이 어렵게만 느껴지세요? 많이 들어보지 않아서 익숙하지 않기 때문입니다. 10번 이상 들어 익숙해지면 좀 나아질 거예요. 그런데 이번 장의 단어는 만만치 않습니다. 어려운 발음인 '권설음'이 많습니다. 그렇다고 겁먹을 필요는 없습니다. 공통적으로 들리는 '먹다(chī)' 동사 외에도 '무엇, 돼지고기' 등의 발음은 특히 잘 들어보세요.

🎧 예문 26-1.mp3

1단계		
기본 단어 익히기		

이 과에 나오는 주요 단어입니다. 소리를 익힌다는 생각으로 10번 이상 듣고 그 이후부터 따라하세요.

	STEP 1	STEP 2
	우리말을 보면서 소리만 들으세요. (10회 반복)	중국어 병음을 보면서 따라하세요.
먹다	chī	
고기	ròu	
쇠고기	niúròu	
~하기를 좋아하다	ài	
돼지고기	zhūròu	
중국 요리	Zhōngguó cài	
~할 수 있다	néng	
하다	zuò	
좋아하다	xǐhuan	

잠깐만요!

큰 소리로 따라해야 합니다. 그래야 어떤 발음이 나는지, 어떤 부분이 틀렸는지 알 수 있기 때문입니다. 또 자신감을 주는 방법이기도 하지요.

2단계

핵심 10문장 익히기

'먹다(chī)'가 들어 있는 다양한 표현을 익힙니다. 중국어 구조는 신경 쓰지 말고 소리에만 집중합니다. 10번 이상 듣고 따라하세요.

• ài ~하기를 좋아하다
어떤 일을 취미로서 좋아하다는 의미로, 동사 앞에 쓰임

STEP 1	STEP 2
우리말을 보면서 소리만 들으세요. (10회 반복)	중국어 병음을 보면서 따라하세요.
무얼 먹니?	Chī shénme?
쇠고기를 먹어.	Chī niúròu.
고기 먹기를 좋아해.	Ài chī ròu.
무슨 고기를 먹니?	Chī shénme ròu?
뭐가 먹고 싶니?	Xiǎng chī shénme?
오늘은 뭐가 먹고 싶니?	Jīntiān xiǎng chī shénme?
돼지고기는 먹니 안 먹니?	Chī bu chī zhūròu?
나는 돼지고기를 좋아하지 않아.	Wǒ bù xǐhuan chī zhūròu.
중국 요리는 먹니 안 먹니?	Chī bu chī zhōngguó cài?
나는 먹을 수는 있지만, 만들 줄은 몰라.	Wǒ néng chī, bú huì zuò.

편하게 읽고 넘어가세요!

shénme는 '무엇'이라는 의문대명사?

중국어에서 문장에 의문대명사 shénme를 사용할 경우에는 문장 끝에 ma를 붙일 필요가 없습니다. 또한 문장에서 질문하고자 하는 부분을 의문대명사 shénme로 대체하면 됩니다. "너 뭐 먹어?"는 "Nǐ chī shénme?" 이렇게 말이에요!

3단계

회화에 활용하기

2단계에서 배운 표현을 활용해 회화로 익혀봅니다. 동사 하나만 쓰고도 회화가 된다는 사실이 놀랍지 않나요? 10번 이상 듣고 따라하세요.

진	무얼 먹니?	Chī shénme?
메이	쇠고기를 먹어.	Chī niúròu.
진	돼지고기는 먹니 안 먹니?	Chī bu chī zhūròu?
메이	난 돼지고기를 좋아하지 않아.	Wǒ bù xǐhuan chī zhūròu.

연습문제

다음 우리말을 보고 중국어로 직접 말해보세요.

1. 무얼 먹니?

   🎤 _____

2. 쇠고기를 먹어.

   🎤 _____

3. 돼지고기는 먹니 안 먹니?

   🎤 _____

4. 나는 돼지고기를 좋아하지 않아.

   🎤 _____

강의 및 예문듣기

27

동사 '마시다(hē)'를 써서 말해보자

너 커피 마시니?
Nǐ hē kāfēi ma?

'마시다(hē)' 동사는 높고 평평한 느낌이 들지요? 바로 1성이기 때문입니다. 어느 정도로 높고 평평한지 많이 들어보세요. 발음이 쉽지 않으니 천천히 따라해 보세요.

🎧 예문 27-1.mp3

1단계
기본 단어 익히기

이 과에 나오는 주요 단어입니다. 소리를 익힌다는 생각으로 10번 이상 듣고 그 이후부터 따라하세요.

STEP 1	STEP 2
우리말을 보면서 소리만 들으세요. (10회 반복)	중국어 병음을 보면서 따라하세요.
마시다	hē
정말	zhēnde
커피	kāfēi
조금	yìdiǎ(n)r
어디?	nǎr?
잔	bēi
이미, 벌써	yǐjīng
한두 잔	yì liǎng bēi
여러 잔	hǎo jǐ bēi

잠깐만요!

우선 많이 들어야 말을 할 수 있습니다. 그래서 회화 공부에서 듣고 따라하는 과정은 참 중요하지요. 특히 중국어는 성조가 있기 때문에 더 주의를 해야 합니다.

'마시다(hē)'가 들어 있는 다양한 표현을 익힙니다. 중국어 구조는 신경 쓰지 말고 소리에만 집중합니다. 10번 이상 듣고 따라 하세요.

STEP 1	STEP 2
우리말을 보면서 소리만 들으세요. (10회 반복)	중국어 병음을 보면서 따라하세요.
누가 마시니?	Shéi hē?
정말 마셨니?	Zhēnde hē le ma?
너 커피 마시니?	Nǐ hē kāfēi ma?
너도 좀 마셔라.	Nǐ yě hē yìdiǎ(n)r ba.
내일 어디서 마시니?	Míngtiān zài nǎr hē?
나랑 한 잔 마시면 어때?	Gēn wǒ hē yì bēi hǎo bu hǎo?
마시고 싶지 않아.	Bù xiǎng hē.
마시고 싶지 않니?	Bù xiǎng hē ma?
한두 잔 마셨어.	Hē le yì liǎng bēi.
이미 여러 잔 마셨어.	Yǐjīng hē le hǎo jǐ bēi.

• bēi 잔, 컵
음료의 잔을 세는 단위를 나타냄

편하게 읽고
넘어가세요! 💡

kāfēi는 혹시 coffee?
중국어로 영어를 표기할 때는 영어 발음에 가장 가까운 한자를 사용합니다.
그 대표적인 예가 바로 '커피'인 kāfēi 입니다. 처음 들어도 의심의 여지없이 커피란 걸 알겠죠!
'커피'는 [1성+1성]으로 높고 평평한 발음이 연속됩니다. 한번 발음해볼까요!

3단계

회화에 활용하기

2단계에서 배운 표현을 활용해 회화로 익혀봅니다. 동사 하나만 쓰고도 회화가 된다는 사실이 놀랍지 않나요? 10번 이상 듣고 따라하세요.

진	너 커피 마시니?	Nǐ hē kāfēi ma?
메이	마시고 싶지 않아.	Bù xiǎng hē.
진	나랑 한 잔 마시면 어때?	Gēn wǒ hē yì bēi hǎo bu hǎo?
메이	이미 여러 잔 마셨어.	Yǐjīng hē le hǎo jǐ bēi.

연습문제

다음 우리말을 보고 중국어로 직접 말해보세요.

1. 너 커피 마시니?

🎤 소리 내어 말해보세요.

2. 마시고 싶지 않아.

🎤

3. 내일 어디서 마시니?

🎤

4. 이미 여러 잔 마셨어.

🎤

28

동사 '가다(qù)'를 써서 말해보자

무얼 타고 가요?

Zuò shénme qù?

강의 및 예문듣기

'가다'와 관련된 문장들을 들어볼까요? 강하게 내려가는 느낌이 들지요? 4성이기 때문입니다. 아직 듣기와 따라하기에 중점을 두면 됩니다. 더불어 따라하며 모방하는 것도 빼놓지 마세요.

🎧 예문 28-1.mp3

1단계
기본 단어 익히기

이 과에 나오는 주요 단어입니다. 소리를 익힌다는 생각으로 10번 이상 듣고 그 이후부터 따라하세요.

STEP 1	STEP 2
우리말을 보면서 소리만 들으세요. (10회 반복)	중국어 병음을 보면서 따라하세요.
가다	qù
화요일	xīngqī èr
목요일	xīngqī sì
타다	zuò
비행기	fēijī
배	chuán
전철	dìtiě
병원	yīyuàn
사다	mǎi
약	yào

잠깐만요!

동사의 맛을 조금은 알게 됐는지 궁금하네요. 여기서부터는 약간이나마 중국어가 귀에 익은 듯한 느낌이면 됩니다. 조금씩 자주 들어보세요. 특히 '가다 qù' 발음은 어려운 발음이지요. qù는 발음이 끝나도 입모양은 앞으로 나와 있는 상태를 유지해야 됩니다.

'가다(qù)'가 들어 있는 다양한 표현을 익힙니다. 중국어 구조는 신경 쓰지 말고 소리에만 집중합니다. 10번 이상 듣고 따라하세요.

• jǐ 몇
주로 10 이하의 확실치 않은 숫자를 물을 때 쓰이는 의문사임

STEP 1	STEP 2
우리말을 보면서 소리만 들으세요. (10회 반복)	중국어 병음을 보면서 따라하세요.

몇 월 며칠에 가요?	Jǐ yuè jǐ hào qù?
5월 15일에 가요.	Wǔ yuè shíwǔ hào qù.
화요일에 가요?	Xīngqī èr qù ma?
목요일에 가요.	Xīngqī sì qù.
무얼 타고 가요?	Zuò shénme qù?
비행기를 타고 가요.	Zuò fēijī qù.
배를 타고 어디 가요?	Zuò chuán qù nǎr?
지하철을 타고 병원에 가요.	Zuò dìtiě qù yīyuàn.
약을 사러 가요.	Mǎi yào qù.
무슨 약을 사러 가요?	Mǎi shénme yào qù?

❶ Jǐ yuè jǐ hào? 몇 월 며칠이에요?

이 문장에서 jǐ는 1부터 9 사이의 수 중에서 확실하지 않은 수를 물을 때 사용하는 의문사입니다. '오늘'이 중국어로 뭐였는지 기억나나요? 네, 바로 jīntiān 입니다. 그럼 "오늘은 몇 월 며칠이죠?"는 중국어로 "Jīntiān jǐ yuè jǐ hào?" 쉽죠!

❷ zuò를 타다!

zuò는 '(탈 것을) 타다'라는 의미입니다. zuò 와 의문대명사 shénme 가 결합하여 어떤 교통수단으로 이동했는지 방법을 묻고 있습니다. 만약 비행기를 타면 zuò fēijī, 전철을 타면 zuò dìtiě 이렇게 쓸 수 있겠죠!

3단계

회화에 활용하기

2단계에서 배운 표현을 활용해 회화로 익혀봅니다. 동사 하나만 쓰고도 회화가 된다는 사실이 놀랍지 않나요? 10번 이상 듣고 따라하세요.

진	몇 월 며칠에 가요?	Jǐ yuè jǐ hào qù?
메이	5월 15일에 가요.	Wǔ yuè shíwǔ hào qù.
진	무얼 타고 가요?	Zuò shénme qù?
메이	비행기를 타고 가요.	Zuò fēijī qù.

연습문제

🎧 예문 28-4.mp3

다음 우리말을 보고 중국어로 직접 말해보세요.

1. 몇 월 며칠에 가요?

🎤 _____

2. 무얼 타고 가요?

🎤 _____

3. 비행기를 타고 가요.

🎤 _____

4. 배를 타고 어디 가요?

🎤 _____

동사 '오다(lái)'를 써서 말해보자

내일 우리 집에 와라.
Míngtiān lái wǒ jiā ba.

강의 및 예문듣기

'오다(lái)'와 관련된 문장들입니다. 앞의 '가다(qù)'와는 완전히 다른 발음이지요. 자, 한번 들어볼까요? '가다'와 같이 동시에 들어봅시다. 어떤 차이가 있는지 책을 찾아서 분석하지 말고 들리는 대로, 느껴지는 대로 기억합시다. 빨리 발음이 떠오르지 않아도 좋아요. 다시 들어보면 되지요!

🎧 예문 29-1.mp3

1단계

기본 단어 익히기

이 과에 나오는 주요 단어입니다. 소리를 익힌다는 생각으로 10번 이상 듣고 그 이후부터 따라하세요.

STEP 1	STEP 2
우리말을 보면서 소리만 들으세요. (10회 반복)	중국어 병음을 보면서 따라하세요.
꼭, 반드시	yídìng
수요일	xīngqī sān
미안합니다	duì bu qǐ
~할 수 없다	bù néng
보다	kàn
그러면	nàme
~은?, ~는?	ne?

잠깐만요!

'가다 qù' 발음만큼 '오다 lái'의 발음도 주의 깊게 들어야 합니다. 생소하다구요? 성조가 이상하다구요? 맞고요. 그래서 신경 써서 들어야 합니다. 많이 들었으면 발음도 한번 해볼까요?

'오다(lái)'가 들어 있는 다양한 표현을 익힙니다. 중국어 구조는 신경 쓰지 말고 소리에만 집중합니다. 10번 이상 듣고 따라 하세요.

STEP 1	STEP 2
우리말을 보면서 소리만 들으세요. (10회 반복)	중국어 병음을 보면서 따라하세요.

오늘 와라.	Jīntiān lái ba.
내일 와라.	Míngtiān lái ba.
꼭 와라.	Yídìng lái ba.
올 수 있어.	Néng lái.
수요일은 올 수 있어.	Xīngqī sān néng lái.
미안해, 올 수 없어.	Duì bu qǐ, bù néng lái.
와서 먹어.	Lái chī ba.
와서 보아라.	Lái kàn ba.
내일 저녁에 꼭 와라.	Míngtiān wǎnshang yídìng lái ba.
내일 우리 집에 와라.	Míngtiān lái wǒ jiā ba.

명령을 나타내는 ba!

앞에서 ba는 주로 문장 끝에 쓰여 '~하자'라는 뜻의 청유형을 나타냈습니다.

하지만 이번 과에서 ba는 문장 끝에 쓰여 '~해라'라는 뜻의 명령을 나타냅니다. 이처럼 중국어는 같은 글자여도 상황에 따라 그 의미가 달라지니 잘 파악하도록 합니다.

3단계

회화에 활용하기

2단계에서 배운 표현을 활용해 회화로 익혀봅니다.

• ne? ~은? ~는?
문장 끝에 오는 조사로, 앞의 화제를 이어받아 같은 내용을 물을 때 사용함

진	내일 우리 집에 와라.	Míngtiān lái wǒ jiā ba.
메이	미안해, 올 수 없어.	Duì bu qǐ, bù néng lái.
진	그럼, 수요일은?	Nàme, xīngqī sān ne?
메이	수요일은 올 수 있어.	Xīngqī sān néng lái.

연습문제

다음 우리말을 보고 중국어로 직접 말해보세요.

1. 꼭 와라.

🎤 쓰지 말고 말해보세요.

2. 내일 우리 집에 와라.

🎤

3. 와서 봐라.

🎤

4. 수요일은 올 수 있어.

🎤

30

동사 '사다(mǎi)'를 써서 말해보자

너 오늘 사니?
Nǐ jīntiān mǎi ma?

강의 및 예문듣기

'사다'와 관련된 문장들입니다. '사다'는 3성입니다. 좀 까다로운 성조지요! 지금은 그냥 그런가보다 하고 지나갑니다. 여러 번 들어보고 비슷하게 소리내기만 하면 됩니다.

🎧 예문 30-1.mp3

1단계

기본 단어 익히기

이 과에 나오는 주요 단어입니다. 소리를 익힌다는 생각으로 10번 이상 듣고 그 이후부터 따라하세요.

STEP 1	STEP 2
우리말을 보면서 소리만 들으세요. (10회 반복)	중국어 병음을 보면서 따라하세요.
사다	mǎi
그러면, 그렇다면	nàme
다음 주	xià xīngqī
백화점	bǎihuò gōngsī
벌, 세트	tào
양복	xīfú
비싸다	guì
돈	qián

2단계

핵심 10문장 익히기

'사다(mǎi)'가 들어 있는 다양한 표현을 익힙니다. 중국어 구조는 신경 쓰지 말고 소리에만 집중합니다. 10번 이상 듣고 따라 하세요.

• nàme 그러면 상황의 전환을 나타냄

STEP 1	STEP 2
우리말을 보면서 소리만 들으세요. (10회 반복)	중국어 병음을 보면서 따라하세요.
너 오늘 사니?	Nǐ jīntiān mǎi ma?
오늘은 안 사요.	Jīntiān bù mǎi.
그럼, 언제 사니?	Nàme, shénme shíhou mǎi?
다음 주에 사요.	Xià xīngqī mǎi.
다음 주에 어디 가서 사니?	Xià xīngqī qù nǎr mǎi?
백화점에 가서 사요.	Qù bǎihuò gōngsī mǎi.
가서 무얼 사니?	Qù mǎi shénme?
가서 양복을 한 벌 사요.	Qù mǎi yí tào xīfú.
비싼 것을 사려고 하니?	Yào mǎi guì de ma?
나는 비싼 것을 살 돈이 없어요.	Wǒ méi yǒu qián mǎi guì de.

nǐ 는 바로 '너'!

인칭대명사 nǐ는 '너'라는 의미의 2인칭입니다. 지금까지 어떤 인칭대명사를 배웠는지 정리해 볼까요? 1인칭 '나'의 wǒ, 복수인 wǒmen, 2인칭을 가리키는 '너'의 nǐ, 3인칭 남자를 가리키는 tā 이렇게 배웠군요!

3단계

회화에 활용하기

2단계에서 배운 표현을 활용해 회화로 익혀봅니다. 동사 하나만 쓰고도 회화가 된다는 사실이 놀랍지 않나요? 10번 이상 듣고 따라하세요.

진	너 오늘 사니?	Nǐ jīntiān mǎi ma?
메이	아니요, 다음 주에 사요.	Bù, xià xīngqī mǎi.
진	다음 주에 어디 가서 사니?	Xià xīngqī qù nǎr mǎi?
메이	백화점에 가서 사요.	Qù bǎihuò gōngsī mǎi.

연습문제

🎧 예문 30-4.mp3

다음 우리말을 보고 중국어로 직접 말해보세요.

1. 너 오늘 사니?

🎤

2. 다음 주에 사요.

🎤

3. 어디 가서 사니?

🎤

4. 백화점에 가서 사요.

🎤

31 동사 '팔다(mài)'를 써서 말해보자

어제 몇 개 팔았어요?
Zuótiān mài le jǐ ge?

강의 및 예문듣기

'팔다(mài)'와 관련된 문장들입니다. '사다'와 뭔가 비슷한 느낌이지요? 발음은 같습니다. 하지만 성조가 다르지요. 3성과 4성의 차이가 뭔지 들리는 대로 느껴봅시다. 그리고 발음해보세요. '사다'와 같이 묶어 듣고 따라해 봅시다.

🎧 예문 31-1.mp3

1단계

기본 단어 익히기

이 과에 나오는 주요 단어입니다. 소리를 익힌다는 생각으로 10번 이상 듣고 그 이후부터 따라하세요.

STEP 1	STEP 2
우리말을 보면서 소리만 들으세요. (10회 반복)	중국어 병음을 보면서 따라하세요.
팔다	mài
~하고 싶다	xiǎng
언제?	shénme shíhou?
개 (양사)	ge
왜?	zěnme?
어제	zuótiān
~도, 역시	yě
상관없다	méi guānxi
알다	zhīdao

2단계

핵심 10문장 익히기

'팔다(mài)'가 들어 있는 다양한 표현을 익힙니다. 중국어 구조는 신경 쓰지 말고 소리에만 집중합니다. 10번 이상 듣고 따라 하세요.

STEP 1	STEP 2
우리말을 보면서 소리만 들으세요. (10회 반복)	중국어 병음을 보면서 따라하세요.

팔아요 안 팔아요?	Mài bu mài?
팔고 싶지 않아요.	Bù xiǎng mài.
어디서 팔아요?	Zài nǎr mài?
어떻게 팔아요?	Zěnme mài?
언제 팔았어요?	Shénme shíhou mài le?
안 팔았어요.	Méi mài.
왜 안 팔았어요?	Zěnme méi mài?
어제 몇 개 팔았어요?	Zuótiān mài le jǐ ge?
팔아도 상관없어요.	Mài yě méi guānxi.
누가 팔았는지 몰라요.	Bù zhīdào shéi mài le.

• ge 개
개수를 셀 때 쓰는 단위로 gè는 원래 4성이지만, 이 때 는 경성으로 발음함

• bù zhīdào 모르다
알다(zhīdào)의 부정 표현으 로, 이때는 dào를 4성으로 발음함

'사다'와 '팔다'를 하나로 합치면 '장사'?

'사다(mǎi)'와 '팔다(mài)'를 연결하면 정말로 '장사(mǎi mài)'라는 뜻이 됩니다. '사다'와 '팔다'는 한 자도 비슷하게 생겼으며 소리 또한 같습니다. 하지만 성조가 다르지요. 3성의 '사다 mǎi'와 4성의 '팔다 mài'를 연결시켜 'mǎimai'를 연습해 봅시다. 이때 뒤의 mài는 mai로 경성으로 약하게 발음하세요.

2단계에서 배운 표현을 활용해 회화로 익혀봅니다. 동사 하나만 쓰고도 회화가 된다는 사실이 놀랍지 않나요? 10번 이상 듣고 따라하세요.

진	어제 몇 개 팔았어요?	Zuótiān mài le jǐ ge?
메이	안 팔았어요.	Méi mài.
진	왜 안 팔았어요?	Zěnme méi mài?
메이	팔고 싶지 않아요.	Bù xiǎng mài.

연습문제

🎧 예문 31-4.mp3

다음 우리말을 보고 중국어로 직접 말해보세요.

1. 어디서 팔아요?

🖊 쓰지 말고 말해보세요.

2. 팔고 싶지 않아요.

🖊

3. 어제 몇 개 팔았어요?

🖊

4. 안 팔았어요.

🖊

중국어만의 특이한 소리 '권설음'

중국어로 '중국'은 Zhōngguó라고 합니다. 이 단어에 특이한 발음이 숨어 있는데, 바로 Zhōngguó의 Zh 발음입니다. 이것을 '권설음'이라고 하는데, 권설음은 첫째마당 발음편에서 한 번 나왔지만 수십 번 반복해도 전혀 아깝지 않을 만큼 중요한 중국어 발음입니다.

권설음에는 zh, ch, sh, r 가 있습니다. 각각 한 단어씩 발음할 때는 뒤에 모음 i 를 붙여서 zhi, chi, shi, ri 라고 발음합니다.

우선 많이 들어보는 것이 가장 좋습니다. 어떤 소리인지 많이 들어서 쉽게 따라할 수 있는 것만큼 좋은 방법은 없습니다. 하지만 많이 들어도 어렵다면 다음과 같이 한번 해봅시다. chi로 해볼까요?

1 우선 l(엘) 발음을 해봅시다.
2 l 발음을 하면 혀끝이 입천장에 닿지요. 이 상태에서 혀를 목구멍 쪽으로 1cm 정도 이동시킵니다.
3 2번 상태에서 위아래 어금니를 가볍게 맞닿게 합니다.
4 입 모양은 그대로 유지하면서 입가와 혀의 힘을 모두 빼버립니다.
5 4번 상태에서 살며시 입속의 공기를 내보냅니다. 혀가 입의 앞쪽을 막고 있지요? 혀의 양쪽 옆으로 공기가 나가도록 해봅시다. 이때 혀나 입 모양은 변화가 없어야 합니다.
6 혀나 입 모양은 변화가 없는 것을 확인한 후 살며시 '츠(chi)' 발음을 합니다. 이것이 바로 권설음입니다.

권설음 연습

zhi	zhī dao 알다	bù zhī dào 모르다	zhǐ 단지, 다만
chi	chī 먹다	chá (마시는) 차	chūn tiān 봄
shi	shí 10	shí sì 14	sì shí 40
ri	rì zi 날짜	niú ròu 쇠고기	rén 사람

넷째마디

·

동사
맛보기
❷

32

동사 '있다(yǒu)'를 써서 말해보자

있니 없니?
Yǒu méi yǒu?

강의 및 예문듣기

'있다(yǒu)'와 '없다(méi yǒu)'가 동시에 나왔습니다. 의문문이기 때문입니다. 동사의 긍정형과 부정형을 연결시키면 바로 의문문이 됩니다. 자, 반복해서 들어봅시다. '없다'라는 동사도 예습하게 되네요. 다음 과에서 '없다'와 관련된 문장들이 나옵니다. 이번 과에서 열심히 듣고 연습하면 다음 과는 더 수월하겠죠!

🎧 예문 32-1.mp3

1단계

기본 단어 익히기

이 과에 나오는 주요 단어입니다. 소리를 익힌다는 생각으로 10번 이상 듣고 그 이후부터 따라하세요.

STEP 1	STEP 2
우리말을 보면서 소리만 들으세요. (10회 반복)	중국어 병음을 보면서 따라하세요.
있다	yǒu
10, 열	shí
~지	ba
2개	liǎng ge
듣자하니	tīng shuō
단지, 다만	zhǐ
모두	yígòng
12, 열둘	shí'èr
곧, 즉시, 바로	jiù
충분하다	gòu

잠깐만요!

이미 들어본 '있다' 동사와 '없다' 동사네요. '없다'는 '있다' 앞에 'méi'만 붙이면 끝! 간단하죠?

2단계

핵심 10문장 익히기

'있다(yǒu)'가 들어 있는 다양한 표현을 익힙니다. 중국어 구조는 신경 쓰지 말고 소리에만 집중합니다. 10번 이상 듣고 따라 하세요.

STEP 1	STEP 2
우리말을 보면서 소리만 들으세요. (10회 반복)	중국어 병음을 보면서 따라하세요.

있어요?	Yǒu ma?
있니 없니?	Yǒu méi yǒu?
뭐가 있어요?	Yǒu shénme?
몇 개 있지?	Yǒu jǐ ge?
10개 있어.	Yǒu shí ge.
2개 있지?	Yǒu liǎng ge ba?
4개 있니 없니?	Yǒu méi yǒu sì ge?
들으니까 하나만 있대요.	Tīng shuō zhǐ yǒu yí ge.
모두 12개 있어요.	Yígòng yǒu shí'èr ge.
2개 있으면 충분해요?	Yǒu liǎng ge jiù gòu ma?

• ba ~지
문장 끝에 쓰여 추측의 어기를 나타냄

• yígòng 모두
합계로서의 '모두'를 의미함

• jiù 곧, 즉시, 바로
아주 짧은 시간 내에 이루어짐을 나타냄

편하게 읽고 넘어가세요!

yǒu méi yǒu? 있니 없니?

이번에는 동사의 긍정형 yǒu와 부정형 méi yǒu를 연결해서 의문문을 만들었습니다.
지금까지 의문문 만드는 방법 3가지를 배웠네요.
첫째, 문장 끝에 ma를 쓴다. 둘째, 의문대명사(shénme, zěnme, jǐ ge 등등)를 넣는다. 셋째, 동사의 긍정과 부정을 연결한다. 유형을 외울 필요는 없습니다. 말 그대로 편하게 읽고 넘어가세요.

3단계

회화에 활용하기

2단계에서 배운 표현을 활용해 회화로 익혀봅니다. 동사 하나만 쓰고도 회화가 된다는 사실이 놀랍지 않나요? 10번 이상 듣고 따라하세요.

진	있니 없니?	Yǒu méi yǒu?
메이	모르겠어요.	Bù zhīdào.
진	몇 개 있니?	Yǒu jǐ ge?
메이	들으니까 하나만 있대요.	Tīng shuō zhǐ yǒu yí ge.

다음 우리말을 보고 중국어로 직접 말해보세요.

1. 몇 개 있어요?

   🎤

2. 들으니까 하나만 있대요.

   🎤

3. 모두 10개 있어요.

   🎤

4. 2개 있으면 충분해요.

   🎤

33 동사 '없다(méi yǒu)'를 써서 말해보자

정말 없어요?
Zhēnde méi yǒu ma?

강의 및 예문듣기

앞에서 '있다' 동사를 들으면서 '없다' 동사도 들어보았으니 조금은 익숙하지요? 부정형 '없다' 동사만 있는 문장의 의문문을 만들 때는 끝에 간단히 ma만 붙이면 됩니다. ma 발음은 약하게 들립니다. 간단한 문장이니 잘 들어봅시다.

🎧 예문 33-1.mp3

1단계

기본 단어 익히기

이 과에 나오는 주요 단어입니다. 소리를 익힌다는 생각으로 10번 이상 듣고 그 이후부터 따라하세요.

STEP 1	STEP 2
우리말을 보면서 소리만 들으세요. (10회 반복)	중국어 병음을 보면서 따라하세요.
정말	zhēn de
없다	méi yǒu
돈	qián
시간	shíjiān
새롭다	xīn
과일	shuǐguǒ
듣자하니	tīng shuō
아직, 여전히	hái
검다	hēi

2단계

핵심 10문장 익히기

'없다(méi yǒu)'가 들어 있는 다양한 표현을 익힙 니다. 중국어 구조는 신경 쓰지 말고 소리에만 집중 합니다. 10번 이상 듣고 따라하세요.

STEP 1	STEP 2
우리말을 보면서 소리만 들으세요. (10회 반복)	중국어 병음을 보면서 따라하세요.
돈이 없어요.	Méi yǒu qián.
시간이 없어요.	Méi yǒu shíjiān.
새것은 없어요.	Méi yǒu xīn de.
과일은 없어요.	Méi yǒu shuǐguǒ.
하나도 없어요.	Yí ge yě méi yǒu.
정말 없어요?	Zhēnde méi yǒu ma?
너도 없니?	Nǐ yě méi yǒu ma?
나도 없어요.	Wǒ yě méi yǒu.
들으니까 아직 없대요.	Tīng shuō hái méi yǒu.
들으니까 검은 것은 없대요.	Tīng shuō méi yǒu hēi de.

• hái 아직, 여전히
상태가 지속됨을 나타냄

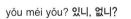

yǒu méi yǒu? 있니, 없니?

'있다'인 yǒu와 '없다'인 méi yǒu를 각각 의문형으로 만들려면 끝에 ma만 붙이세요.

zhēn de yǒu ma? 정말 있니?   zhēn de méi yǒu ma? 정말 없니?

yǒu와 méi yǒu가 함께 나온 문장은 그대로 의문문이 됩니다. 이때 ma는 붙이지 마세요. 절대로!

3단계

회화에 활용하기

2단계에서 배운 표현을 활용해 회화로 익혀봅니다. 동사 하나만 쓰고도 회화가 된다는 사실이 놀랍지 않나요? 10번 이상 듣고 따라하세요.

진	정말 없어요?	Zhēnde méi yǒu ma?
메이	하나도 없어요.	Yí ge yě méi yǒu.
진	너도 없니?	Nǐ yě méi yǒu ma?
메이	나도 없어요.	Wǒ yě méi yǒu.

연습문제

다음 우리말을 보고 중국어로 직접 말해보세요.

1. 시간이 없어요.

🎤 쓰지 말고 말해보세요

2. 하나도 없어요.

🎤

3. 들으니까 아직 없대요.

🎤

4. 너도 없니?

🎤

34

동사 '이다(shì)'를 써서 말해보자

나는 한국인입니다.
Wǒ shì Hánguó rén.

강의 및 예문듣기

이제 조금은 중국어를 들을 만하지요? 지금부터는 중국어의 발음과 성조를 좀 더 주의 깊게 들어봅시다. 들고 어떤 성조의 단어인지 잠깐만 생각해봅시다. '이다' 동사는 중국어의 특이한 발음인 '권설음'입니다. '한국인'과 '중국인'도 어려운 발음이니 천천히 따라해 볼까요?

🎧 예문 34-1.mp3

1단계

기본 단어 익히기

이 과에 나오는 주요 단어입니다. 소리를 익힌다는 생각으로 10번 이상 듣고 그 이후부터 따라하세요.

STEP 1	STEP 2
우리말을 보면서 소리만 들으세요. (10회 반복)	중국어 병음을 보면서 따라하세요.
이다	shì
한국인	Hánguó rén
토요일	xīngqī liù
저것	nà ge
중국인	Zhōngguó rén
친구	péngyou
어느 것?	nǎ ge?
두껍다	hòu
얇다	báo

2단계

핵심 10문장 익히기

'이다(shì)'가 들어 있는 다양한 표현을 익힙니다. 중국어 구조는 신경 쓰지 말고 소리에만 집중합니다. 10번 이상 듣고 따라 하세요.

STEP 1	STEP 2
우리말을 보면서 소리만 들으세요. (10회 반복)	중국어 병음을 보면서 따라하세요.

내일은 토요일이에요.	Míngtiān shì xīngqī liù.
저것은 무엇이에요?	Nà shì shénme?
그는 누구예요?	Tā shì shéi?
나는 한국인이에요.	Wǒ shì Hánguó rén.
당신도 중국인이에요?	Nǐ yě shì Zhōngguó rén ma?
그는 내 중국 친구예요.	Tā shì wǒ de Zhōngguó péngyou.
내 것은 좋은 것이에요.	Wǒ de shì hǎo de.
그가 산 것은 비싼 것이에요.	Tā mǎi de shì guì de.
어느 것이 두꺼운 것이에요?	Nǎ ge shì hòu de?
얇은 것은 누구 것이에요?	Báo de shì shéi de?

de의 쓰임!

❶ de가 인칭대명사나 동사, 의문사, 형용사와 결합하여 명사화 되는 경우가 있습니다.

wǒ(나) + de → wǒ de 나의 것   mǎi(사다) + de → mǎi de 산 것
guì(비싸다) + de → guì de 비싼 것   shéi(누구) + de → shéi de 누구 것

❷ de는 '~의'라는 뜻으로, 뒤에 오는 명사를 수식하기도 합니다.

wǒ de péngyou 나의 친구

2단계에서 배운 표현을 활용해 회화로 익혀봅니다. 동사 하나만 쓰고도 회화가 된다는 사실이 놀랍지 않나요? 10번 이상 듣고 따라하세요.

진	그는 누구예요?	Tā shì shéi?
메이	그는 내 중국 친구예요.	Tā shì wǒ de Zhōngguó péngyou.
진	당신도 중국인이에요?	Nǐ yě shì Zhōngguó rén ma?
메이	나는 한국인이에요.	Wǒ shì Hánguó rén.

연습문제

다음 우리말을 보고 중국어로 직접 말해보세요.

1. 내일은 토요일이에요.

🎤 쓰지 말고 말해보세요.

2. 나는 한국인이에요.

🎤

3. 그는 누구예요?

🎤

4. 그는 내 중국 친구예요.

🎤

35

동사 '아니다(bú shì)'를 써서 말해보자

오늘은 내 생일이 아니에요.
Jīntiān bú shì wǒ de shēngrì.

강의 및 예문듣기

'아니다'와 관련된 문장들입니다. '이다(shì)' 동사의 부정형으로, bù만 붙이면 됩니다. 성조 변화가 오는 대표적인 단어지만 지금은 들리는 대로 따라하기만 합시다. '이다'와 같이 연결시켜 연습해봅시다. 권설음과 성조 변화가 오기 때문에 많이 연습해야 합니다.

🔊 예문 35-1.mp3

1단계
기본 단어 익히기

이 과에 나오는 주요 단어입니다. 소리를 익힌다는 생각으로 10번 이상 듣고 그 이후부터 따라하세요.

STEP 1	STEP 2
우리말을 보면서 소리만 들으세요. (10회 반복)	중국어 병음을 보면서 따라하세요.
목요일	xīngqī sì
생일	shēngrì
운전기사	sījī
모두	dōu
선생님	lǎoshī
주다	gěi
빨갛다	hóng
(값이) 싸다	piányi
요리를 하다	zuò cài

2단계

핵심 10문장 익히기

'아니다(bú shì)'가 들어 있는 다양한 표현을 익힙니다. 중국어 구조는 신경 쓰지 말고 소리에만 집중합니다. 10번 이상 듣고 따라하세요.

STEP 1	STEP 2
우리말을 보면서 소리만 들으세요. (10회 반복)	중국어 병음을 보면서 따라하세요.
목요일이 아니에요.	Bú shì xīngqī sì.
나는 한국인이 아니에요.	Wǒ bú shì Hánguó rén.
오늘은 내 생일이 아니에요.	Jīntiān bú shì wǒ de shēngrì.
나는 운전기사가 아니에요.	Wǒ bú shì sījī.
그들은 모두 선생님이 아니에요.	Tāmen dōu bú shì lǎoshī.
내일이 그의 생일 아니에요?	Míngtiān bú shì tā de shēngrì ma?
저것은 산 것이 아니지요?	Nà bú shì mǎi de ba?
저것은 내가 준 것이 아니에요.	Nà bú shì wǒ gěi de.
빨간 것은 싼 것이 아니에요.	Hóng de bú shì piányi de.
이것은 내가 만든 요리가 아니에요.	Zhè bú shì wǒ zuò de cài.

❶ '아니다'를 뜻하는 bù는 원래 4성입니다.

뒤에 오는 단어의 성조가 무엇이냐에 따라 성조가 변하는 글자가 있습니다. bù는 원래 4성이지만 '~이다'의 shì 처럼 4성 앞에서는 2성으로 변해 bú shì가 되었답니다. 외우려 하지 말고 반복해서 듣고 들리는 대로 따라합시다.

❷ 중국어의 '생일'은 우리말 한자어 '생일'과 같은 한자를 쓸까?

중국어의 '생일[生日]'은 우리말 한자어의 '생일[生日]'과 같은 한자를 씁니다. 하지만 발음이 다르지요! '생'에 해당하는 shēng 과 '일'에 해당하는 rì 발음은 중국어에서 가장 어려운 발음 가운데 하나입니다. 성조와 같이 다시 한 번 발음해봅시다.

3단계

회화에 활용하기

2단계에서 배운 표현을 활용해 회화로 익혀봅니다. 동사 하나만 쓰고도 회화가 된다는 사실이 놀랍지 않나요? 10번 이상 듣고 따라하세요.

진	내일이 목요일인가요?	Míngtiān shì xīngqī sì ma?
메이	목요일이 아니에요.	Bú shì xīngqī sì.
진	오늘이 당신 생일이죠?	Jīntiān shì nǐ de shēngrì ba?
메이	오늘은 내 생일이 아니에요.	Jīntiān bú shì wǒ de shēngrì.

연습문제

다음 우리말을 보고 중국어로 직접 말해보세요.

1. 오늘은 내 생일이 아니에요.

🎤 쓰지 말고 말해보세요.

2. 나는 운전기사가 아니에요.

🎤

3. 이것은 내가 만든 것이 아니에요.

🎤

4. 나는 중국인이 아니에요.

🎤

 동사 '주다(gěi)'를 써서 말해보자

누가 그에게 주니?
Shéi gěi tā?

강의 및 예문듣기

새로운 동사 '주다(gěi)'가 나왔습니다. 3성이네요. 3성은 바로 이어지는 단어들과 발음하기 어려운 특징이 있어요. 그렇다고 겁낼 것은 없습니다. 어떻게 자연스럽게 이어지는지 자주 들어보면 됩니다. 뒤에 오는 단어의 성조에 따라 원래 성조가 변하기도 하지요. 듣고 따라해 봅시다.

🎧 예문 36-1.mp3

1단계
기본 단어 익히기

이 과에 나오는 주요 단어입니다. 소리를 익힌다는 생각으로 10번 이상 듣고 그 이후부터 따라하세요.

STEP 1	STEP 2
우리말을 보면서 소리만 들으세요. (10회 반복)	중국어 병음을 보면서 따라하세요.
누구?	shéi?
주다	gěi
몇 개?	jǐ ge?
~하지 마라	bié
만들다	zuò
상관없다, 괜찮아	méi guānxi
보다	kàn
쓰다	xiě

'주다(gěi)'가 들어 있는 다양한 표현을 익힙니다. 중국어 구조는 신경 쓰지 말고 소리에만 집중합니다. 10번 이상 듣고 따라 하세요.

STEP 1	STEP 2
우리말을 보면서 소리만 들으세요. (10회 반복)	중국어 병음을 보면서 따라하세요.
주지 말아요.	Bié gěi.
누가 그에게 주니?	Shéi gěi tā?
주니 안 주니?	Gěi bu gěi?
몇 개 주니?	Gěi jǐ ge?
안 주어도 괜찮아.	Bù gěi yě méi guānxi.
그에게 보여 주어라.	Gěi tā kàn ba.
그에게 써 주어라.	Gěi tā xiě ba.
그에게 만들어 주어라.	Gěi tā zuò ba.
네가 그에게 만들어 주어라.	Nǐ gěi tā zuò ba.
내가 그에게 만들어 줄게요.	Wǒ gěi tā zuò.

gěi는 '주다'!

gěi 는 '주다'라는 의미입니다. gěi 앞에는 주는 사람, 뒤에는 받는 사람을 넣었더니 바로 문장이 되네요. '내가 너에게 줄게'는 "Wǒ gěi nǐ."라고 하면 되겠죠! gěi는 '~에게 ~을 주다'라는 의미로도 쓰입니다.

Gěi tā zuò ba. 그에게 만들어 주어라.   Gěi tā xiě ba. 그에게 써 주어라.

3단계

회화에 활용하기

2단계에서 배운 표현을 활용해 회화로 익혀봅니다. 동사 하나만 쓰고도 회화가 된다는 사실이 놀랍지 않나요? 10번 이상 듣고 따라하세요.

진	누가 그에게 주나요?	Shéi gěi tā?
메이	몰라요.	Bù zhīdào.
진	당신이 그에게 만들어 주세요.	Nǐ gěi tā zuò ba.
메이	좋아요. 내가 그에게 만들어 줄게요.	Hǎo, wǒ gěi tā zuò.

연습문제

다음 우리말을 보고 중국어로 직접 말해보세요.

1. 누가 그에게 주니?

🎤 쓰지 말고 말해보세요.

_____

2. 몇 개 주니?

🎤

_____

3. 그에게 보여 줘라.

🎤

_____

4. 네가 그에게 만들어 줘라.

🎤

_____

37

동사 '필요하다(yào)'를 써서 말해보자

나는 이것이 필요해요.
Wǒ yào zhè ge.

강의 및 예문듣기

필요하다(yào)는 중국어 회화에서 많이 사용하는 동사입니다. 4성으로 뚜렷하고 강하게 발음하면 되지요. 다양한 뜻으로 자주 사용하는 동사인 만큼 열심히 듣고 따라해야 합니다. 지금은 해석과는 상관없이 소리에 만 집중합시다.

🎧 예문 37-1.mp3

1단계
기본 단어 익히기

이 과에 나오는 주요 단 어입니다. 소리를 익힌다 는 생각으로 10번 이상 듣고 그 이후부터 따라하 세요.

STEP 1	STEP 2
우리말을 보면서 소리만 들으세요. (10회 반복)	중국어 병음을 보면서 따라하세요.
필요하다, 원하다	yào
이것	zhè ge
어느 것?	nǎ ge?
6, 여섯	liù
정말	zhēnde
필요 없다	bú yào
둘	liǎng
새롭다	xīn

잠깐만요!

혹시 '필요하다' 동사가 많 은 뜻을 가진 것처럼 느껴진 다면 해석에 신경 쓰고 있는 것임에 틀림없습니다. 어떤 발음이 나는지, 성조가 어떻 게 들리는지만 열중합시 다.

2단계

핵심 10문장 익히기

'필요하다(yào)'가 들어 있는 다양한 표현을 익힙 니다. 중국어 구조는 신경 쓰지 말고 소리에만 집중 합니다. 10번 이상 듣고 따라하세요.

STEP 1	STEP 2
우리말을 보면서 소리만 들으세요. (10회 반복)	중국어 병음을 보면서 따라하세요.

나는 이것이 필요해요.	Wǒ yào zhè ge.
당신도 필요해요?	Nǐ yě yào ma?
그는 어느 것을 달래요?	Tā yào nǎ ge?
그가 몇 개 필요하대요?	Tā shuō yào jǐ ge?
오늘은 6개가 필요해요?	Jīntiān yào liù ge ma?
정말 안 필요해요?	Zhēnde bú yào ma?
아무것도 필요 없지요?	Shénme yě bú yào ba?
그는 새것이 2개 필요해요.	Tā yào liǎng ge xīn de.
(몇 개든) 있는 대로 필요해 요(가질래요).	Yǒu jǐ ge yào jǐ ge.
(몇 개든) 필요하다는(달라 는) 대로 준다.	Yào jǐ ge gěi jǐ ge.

편하게 읽고 넘어가세요!

yào '필요하다'의 반대말은 bú yào?

필요하다 yào의 부정형은 앞에 bù를 넣어 bú yào '필요하지 않다'입니다. yào가 들어간 문장의 의 문문은 문장 끝에 ma를 붙이거나(nǐ yào ma?), nǎ ge나 jǐ ge 등의 의문사를 사용한답니다. 참고 하세요.

Wǒ yào zhè ge. 나는 이것이 필요해요.　　　　　　　Wǒ bú yào zhè ge. 나는 이것이 필요없어요.

Nǐ yào bu yào zhè ge? 당신은 이것이 필요해요, 필요하지 않아요?

Nǐ yào nǎ ge? 당신은 어느 것이 필요해요?　　　　　Nǐ yào jǐ ge? 당신은 몇 개 필요해요?

3단계
회화에 활용하기

2단계에서 배운 표현을 활용해 회화로 익혀봅니다. 동사 하나만 쓰고도 회화가 된다는 사실이 놀랍지 않나요? 10번 이상 듣고 따라하세요.

진	그는 어느 것을 달래요?	Tā yào nǎ ge?
메이	그는 새것 2개 달래요.	Tā yào liǎng ge xīn de.
진	당신은요? 당신도 필요해요?	Nǐ ne? Nǐ yě yào ma?
메이	나는 이것이 필요해요.	Wǒ yào zhè ge.

연습문제

다음 우리말을 보고 중국어로 직접 말해보세요.

1. 당신도 필요해요?

🎤 쓰지 말고 말해보세요.

2. 나는 이것이 필요해요.

🎤

3. 정말 안 필요해요?

🎤

4. 오늘은 1개가 필요해요.

🎤

38

동사 '보다(kàn)'를 써서 말해보자

형이 봐요.

Gēge kàn.

강의 및 예문듣기

'보다' 동사는 4성으로 발음하기가 그다지 어렵지 않습니다. 잘 들어보면 '보다'를 비롯해 많은 단어들이 들립니다. 앞에서 이미 나온 단어가 많아서 조금은 익숙할 듯합니다. 기억을 되살려 듣고 몸에 저절로 흡수되도록 따라해 봅시다.

🎧 예문 38-1.mp3

1단계

기본 단어 익히기

이 과에 나오는 주요 단어입니다. 소리를 익힌다는 생각으로 10번 이상 듣고 그 이후부터 따라하세요.

STEP 1	STEP 2
우리말을 보면서 소리만 들으세요. (10회 반복)	중국어 병음을 보면서 따라하세요.
형, 오빠	gēge
보다	kàn
여동생	mèimei
어디?, 어느 곳?	nǎr?
~하고 싶다	xiǎng
~와, ~과	gēn
영화	diànyǐng
어제	zuótiān

2단계

핵심 10문장 익히기

'보다(kàn)'가 들어 있는 다양한 표현을 익힙니다. 중국어 구조는 신경 쓰지 말고 소리에만 집중합니다. 10번 이상 듣고 따라 하세요.

STEP 1	STEP 2
우리말을 보면서 소리만 들으세요. (10회 반복)	중국어 병음을 보면서 따라하세요.

형이 봐요.	Gēge kàn.
누가 보니?	Shéi kàn?
누가 안 보니?	Shéi bú kàn?
아무도 안 보니?	Shéi yě bú kàn ma?
여동생은 안 봐요.	Mèimei bú kàn.
어디서 보니?	Zài nǎr kàn?
정말 보고 싶지 않아.	Zhēnde bù xiǎng kàn.
나랑 가서 영화를 보자.	Gēn wǒ qù kàn diànyǐng ba.
누구든 보고 싶은 사람이 봐라.	Shéi xiǎng kàn shéi jiù kàn.
어제는 아무것도 안 봤다.	Zuótiān shénme yě méi kàn.

gēge는 '오빠'일까, '형'일까?

gēge는 말하는 사람이 남자인 경우에는 '형'이 되지만, 여자인 경우에는 '오빠'라고 해야 합니다. 우리말의 '형'과 '오빠'가 분리되어 있는 것과는 달리 중국어에서는 gēge가 '오빠'와 '형' 모두를 의미합니다. 그래서 문장을 보고 '오빠'의 의미로 쓰였는지, '형'의 의미로 쓰였는지 잘 파악해야 한답니다.

3단계

회화에 활용하기

2단계에서 배운 표현을 활용해 회화로 익혀봅니다. 동사 하나만 쓰고도 회화가 된다는 사실이 놀랍지 않나요? 10번 이상 듣고 따라하세요.

진	누가 안 보니?	Shéi bú kàn?
메이	여동생은 안 봐요.	Mèimei bú kàn.
진	아무도 안 보니?	Shéi yě bú kàn ma?
메이	형이 봐요.	Gēge kàn.

연습문제

다음 우리말을 보고 중국어로 직접 말해보세요.

1. 아무도 안 보니?

🎤 소리 내고 말해보세요.

2. 여동생은 안 봐요.

🎤

3. 나랑 가서 영화를 보자.

🎤

4. 어제는 아무것도 안 봤다.

🎤

39

동사 '배우다(xué)'를 써서 말해보자

누가 중국어를 배우니?
Shéi xué Hànyǔ?

강의 및 예문듣기

'배우다' 동사가 나왔습니다. 지금 여러분이 많이 써먹을 수 있는 동사지요? 발음에 조금 신경을 써야 합니다. 2성이기 때문입니다. 2성은 4개의 성조 가운데 가장 많은 연습이 필요할 정도로 한국인이 가장 어려워하는 성조이지요. 뒤에 나오는 단어들과 같이 발음할 때는 특히 주의를 합시다.

🎧 예문 39-1.mp3

1단계

기본 단어 익히기

이 과에 나오는 주요 단어입니다. 소리를 익힌다는 생각으로 10번 이상 듣고 그 이후부터 따라하세요.

STEP 1	STEP 2
우리말을 보면서 소리만 들으세요. (10회 반복)	중국어 병음을 보면서 따라하세요.
누구?	shéi?
배우다	xué
중국어	Hànyǔ
~에서	zài
회사	gōngsī
재미있다	yǒu yìsi
그들	tāmen

2단계

핵심 10문장 익히기

'배우다(xué)'가 들어 있는 다양한 표현을 익힙니다. 중국어 구조는 신경 쓰지 말고 소리에만 집중합니다. 10번 이상 듣고 따라하세요.

STEP 1	STEP 2
우리말을 보면서 소리만 들으세요. (10회 반복)	중국어 병음을 보면서 따라하세요.
무얼 배워요?	Xué shénme?
누가 배워요?	Shéi xué?
어디서 배워요?	Zài nǎr xué?
회사에서 배워요.	Zài gōngsī xué.
그는 무얼 배워요?	Tā xué shénme?
그는 중국어를 배워요.	Tā xué Hànyǔ.
누가 중국어를 배워요?	Shéi xué Hànyǔ?
그들이 중국어를 배워요.	Tāmen xué Hànyǔ.
중국어 배우는 것이 재미있어요?	Xué Hànyǔ yǒu yìsi ma?
중국어 배우는 것이 정말 재미있어요.	Xué Hànyǔ zhēnde yǒu yìsi.

편하게 읽고 넘어가세요!

Xué Hànyǔ zhēnde yǒu yìsi! 중국어 배우는 것이 정말 재미있어요!

이 문장은 열심히 듣고 따라해야겠죠? 이 책을 다 공부하고 끝낼 때쯤에는 꼭 필요한 표현일 거라고 믿습니다. 중국어는 일반적으로 Hànyǔ 라고 하지만, 'Zhōngguóhuà', 'Zhōngwén' 이라고도 한답니다. 참고하세요!

3단계

회화에 활용하기

2단계에서 배운 표현을 활용해 회화로 익혀봅니다. 동사 하나만 쓰고도 회화가 된다는 사실이 놀랍지 않나요? 10번 이상 듣고 따라하세요.

진	누가 중국어를 배워요?	Shéi xué Hànyǔ?
메이	그들이 중국어를 배워요.	Tāmen xué Hànyǔ.
진	중국어 배우는 것이 재미있어요?	Xué Hànyǔ yǒu yìsi ma?
메이	중국어 배우는 것은 정말 재미있어요.	Xué Hànyǔ zhēnde yǒu yìsi.

연습문제

다음 우리말을 보고 중국어로 직접 말해보세요.

1. 누가 중국어를 배우니?

   🎤 쓰지 말고 말해보세요.

2. 그들이 중국어를 배워요.

   🎤

3. 중국어를 배우는 것이 재미있어요?

   🎤

4. 중국어를 배우는 것이 정말 재미있어요.

   🎤

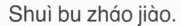

동사 '자다(shui)'를 써서 말해보자

잠을 잘 수가 없어요.

Shuì bu zháo jiào.

강의 및 예문듣기

중국어 동사들이 점점 익숙해지고 있으리라 생각합니다. 하지만 아직까지는 많이 들어본 것 같다는 정도의 느낌만 들 거예요. 귀에 익히는 과정이기 때문입니다. 여기서는 '자다(shui)'와 관련된 문장들이네요. 4성의 권설음 동사이기 때문에 어렵습니다. 듣고 따라해 볼까요?

🔊 예문 40-1.mp3

1단계

기본 단어 익히기

이 과에 나오는 주요 단어입니다. 소리를 익힌다는 생각으로 10번 이상 듣고 그 이후부터 따라하세요.

STEP 1	STEP 2
우리말을 보면서 소리만 들으세요. (10회 반복)	중국어 병음을 보면서 따라하세요.
(잠을) 자다	shuì
잠을 자다	shuì jiào
빨리	kuài
저녁	wǎnshang
10시, 열 시	shí diǎn
~하고 싶지 않다	bù xiǎng
어때요?	zěnme yàng?
시간	xiǎoshí

'자다(shuì)'가 들어 있는 다양한 표현을 익힙니다. 중국어 구조는 신경 쓰지 말고 소리에만 집중합니다. 10번 이상 듣고 따라 하세요.

• ~zháo
동사 뒤에 놓여 목적이 달성되었거나 결과가 있음을 나타냄

• xiǎoshí 시간
시간의 양을 나타냄

STEP 1

우리말을 보면서 소리만 들으세요. (10회 반복)

STEP 2

중국어 병음을 보면서 따라하세요.

STEP 1	STEP 2
어서 가서 자라.	Kuài qù shuì ba.
저녁 10시에 자요.	Wǎnshang shí diǎn shuì jiào.
잠을 잘 수가 없어요.	Shuì bu zháo jiào.
자고 싶지 않아요.	Bù xiǎng shuì jiào.
몇 시간 잤어요?	Shuì le jǐ ge xiǎoshí?
한 시간 잤어요.	Shuì le yí ge xiǎoshí.
한두 시간 잤어요.	Shuì le yì liǎng ge xiǎoshí.
4시간 잤어요.	Shuì le sì ge xiǎoshí.
우리 집에서 자면 어때요?	Zài wǒ jiā shuì zěnme yàng?
오늘 저녁은 여기서 자라.	Jīntiān wǎnshang zài zhèr shuì ba.

편하게 읽고 넘어가세요!

shuì 잠을 자다? shuì jiào 잠을 자다?

2음절 동사가 처음으로 등장했지만 긴장할 필요는 없습니다. 우리말에서 '잠을 자다'라고도 하지만, 그냥 '자다'라고 해도 뜻이 통하죠? 중국어도 마찬가지입니다. shuì jiào라고 하거나, shuì라고도 합니다. 단, shuì는 단독으로 쓰일 수 있지만, jiào는 단독으로 쓰이지 않습니다.

3단계

회화에 활용하기

2단계에서 배운 표현을 활용해 회화로 익혀봅니다. 동사 하나만 쓰고도 회화가 된다는 사실이 놀랍지 않나요? 10번 이상 듣고 따라하세요.

진	몇 시간 잤어요?	Shuì le jǐ ge xiǎoshí?
메이	한두 시간 잤어요.	Shuì le yì liǎng ge xiǎoshí.
진	왜요?	Wèi shénme?
메이	잠을 잘 수가 없어요.	Shuì bu zháo jiào.

연습문제

🎧 예문 40-4.mp3

다음 우리말을 보고 중국어로 직접 말해보세요.

1. 어서 가서 자라.

🎤 ~~쓰지 말고 말해보세요.~~

2. 잠을 잘 수가 없어요.

🎤

3. 자고 싶지 않아요.

🎤

4. 몇 시간 잤어요?

🎤

41

동사 '일어나다(qǐchuáng)'를 써서 말해보자

이미 일어났어요.
Yǐjīng qǐchuáng le.

강의 및 예문듣기

'자다' 동사를 알아보았으니 '일어나다(qǐchuáng)' 동사도 알아볼까요? 3성과 2성이 만났으니 발음이 쉽지 않네요. 같이 묶어서 들어봅시다. 대화 중에 '취침'에 대한 얘기가 나오면 반드시 '기상'에 대한 대화로 이어지게 됩니다. 듣고 따라해 볼까요?

🎧 예문 41-1.mp3

1단계
기본 단어 익히기

이 과에 나오는 주요 단어입니다. 소리를 익힌다는 생각으로 10번 이상 듣고 그 이후부터 따라하세요.

STEP 1	STEP 2
우리말을 보면서 소리만 들으세요. (10회 반복)	중국어 병음을 보면서 따라하세요.
일어나다, 기상하다	qǐchuáng
이미, 벌써	yǐjīng
왜?, 어째서?	zěnme?
~하게 하다	jiào
아침	zǎoshang
5시, 다섯 시	wǔ diǎn
아직도, 여전히	hái
졸리다	kùn
~해 죽겠다	sǐ le

잠깐만요!

'일어나다'의 발음은 두 단어가 연결되어 부드럽게 들립니다. [3성+2성] 어려운 발음입니다. 여러 번 듣고 따라해봅시다.

'일어나다(qǐchuáng)'가 들어 있는 다양한 표현을 익힙니다. 중국어 구조는 신경 쓰지 말고 소리에만 집중합니다. 10번 이상 듣고 따라하세요.

STEP 1	STEP 2
우리말을 보면서 소리만 들으세요. (10회 반복)	중국어 병음을 보면서 따라하세요.
일어나요.	Qǐchuáng.
일어났어요?	Qǐchuáng le ma?
빨리 일어나요.	Kuài qǐchuáng ba.
이미 일어났어요.	Yǐjīng qǐchuáng le.
왜 안 일어나요?	Zěnme bù qǐchuáng?
그들은 일어났지요?	Tāmen qǐchuáng le ba?
그들도 안 일어났어요?	Tāmen yě méi qǐchuáng ma?
그이더러 일어나라고 해요.	Jiào tā qǐchuáng ba.
내일 아침 5시에 일어나라.	Míngtiān zǎoshang wǔ diǎn qǐchuáng ba.
형은 아직 안 일어났죠?	Gēge hái méi qǐchuáng ba?

• zěnme 왜, 어째서 원인을 물음

• hái 아직도, 여전히 동작이나 상태가 그대로 유지되어 지속됨을 나타냄

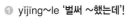

❶ yǐjīng~le '벌써 ~했는데'!

yǐjīng은 '이미, 벌써'라는 의미로, 문장 끝에 le를 동반하는 것이 일반적입니다. 동작이 완성되었거나 상태가 이미 완료되었음을 나타내죠! 실생활에서 많이 쓰이는 표현이랍니다. 참고하세요!

❷ Kùn sǐ le! 졸려 죽겠어!

이 문장에서 sǐ le는 '~해 죽겠다'는 뜻으로, sǐ는 死입니다. 글자 뜻 그대로 '죽겠다'는 뜻이지만 진짜 죽는 건 아니죠? sǐ le의 형태로 일반적으로 형용사 뒤에 쓰여, 정도가 극심함을 나타냅니다.

kùn sǐ le! 졸려 죽겠어!   lèi sǐ le! 피곤해 죽겠어!   è sǐ le! 배고파 죽겠어!

2단계에서 배운 표현을 활용해 회화로 익혀봅니다. 동사 하나만 쓰고도 회화가 된다는 사실이 놀랍지 않나요? 10번 이상 듣고 따라하세요.

진	빨리 일어나요.	Kuài qǐchuáng ba.
메이	졸려 죽겠어요.	Kùn sǐ le.
진	형은 아직 안 일어났지요?	Gēge hái méi qǐchuáng ba?
메이	이미 일어났어요.	Yǐjīng qǐchuáng le.

연습문제

🎧 예문 41-4.mp3

다음 우리말을 보고 중국어로 직접 말해보세요.

1. 빨리 일어나요.

🎤 쓰지 말고 말해보세요.

2. 이미 일어났어요.

🎤

3. 졸려 죽겠어요.

🎤

4. 형은 아직 안 일어났죠?

🎤

중국어 발음기호, 한어병음!

한어병음은 현재 중국에서 한자의 발음을 표시하는 공식 발음 표기법입니다. 소리글자 (표음문자)인 한글과는 달리 뜻글자(표의문자)인 중국어는 한 자 한 자씩 배워야만 읽을 수 있는 문자지요. 중국인이라도 처음 보는 글자는 읽을 수 없습니다. 그래서 발음을 표시하는 기호가 필요했던 것입니다.

한어병음은 1958년 〈한어병음방안〉에 따라 공식 제정된 표음부호로 영어 알파벳과 성조 표시로 이루어져 있지요. 영어 알파벳을 사용하지만 발음은 똑같지 않으므로 주의를 해야 합니다.

한어병음은 자음과 모음으로 이루어져 있습니다.
자음으로는 b, p, m, f, d, t, n, l, g, k, h, j, q, x, z, c, s, zh, ch, sh, r 총 21개가 있습니다.
모음은 a ,o, e, i, u, ü가 있습니다.
그럼 중국어의 발음은 어떻게 읽을까요?
한글을 생각해봅시다. 한글의 ㄱ, ㄴ, ㄷ 등 자음은 자신의 이름(기역, 니은, 디귿)이 있지만 혼자서는 소리가 나지 않고 가, 나, 다처럼 꼭 모음과 붙여서 소리를 냅니다.
중국어의 자음도 마찬가지입니다. 어떤 모음을 붙여서 읽는지 알아볼까요?

b(o)	p(o)	m(o)	f(o)
d(e)	t(e)	n(e)	l(e)
g(e)	k(e)	h(e)	
j(i)	q(i)	x(i)	
z(i)	c(i)	s(i)	
zh(i)	ch(i)	sh(i)	r(i)

중국어는 일괄적으로 같은 모음을 붙이지 않습니다. 자음에 따라서 실제로 없는 발음이 있기 때문이지요. 예를 들어 do, to, no 등은 중국어에는 없는 발음입니다. 그래서 e를 붙여 발음하지요. 위의 발음표를 보면서 한어병음을 다시 한번 연습해 봅시다.

다섯째마디

·

동사
맛보기
❸

42

조동사 '~하겠다(yào)'를 써서 말해보자

나는 중국어를 배울 거야.
Wǒ yào xué Hànyǔ.

강의 및 예문듣기

조동사 '~하겠다'가 등장했습니다. 조동사는 문장의 윤활유 역할을 하는 동사지요. 잘 들어봅시다. 많이 익숙하지 않나요? 이미 앞부분에서 본동사로서 나온 적이 있는 조동사입니다. 중요하게 많이 사용되기 때문에 다시 나왔습니다. 발음하기는 그다지 어렵지 않죠!

🎧 예문 42-1.mp3

1단계

기본 단어 익히기

이 과에 나오는 주요 단어입니다. 소리를 익힌다는 생각으로 10번 이상 듣고 그 이후부터 따라하세요.

STEP 1	STEP 2
우리말을 보면서 소리만 들으세요. (10회 반복)	중국어 병음을 보면서 따라하세요.
~하겠다	yào
~와, ~과	gēn
먹다	chī
사과	píngguǒ
꼭, 반드시	yídìng
중국 신문	Zhōngguó bào
기다리다	děng
마시다	hē
맥주	píjiǔ

잠깐만요

중요한 문장이 나왔네요. '나는 중국어를 배울 거야.' 이 문장은 큰 소리로 따라하세요. 지금 여러분의 심정을 표현한 문장일테니!

121

2단계

핵심 10문장 익히기

'~하겠다(yào)'가 들어 있는 다양한 표현을 익힙니다. 중국어 구조는 신경 쓰지 말고 소리에만 집중합니다. 10번 이상 듣고 따라하세요.

STEP 1	STEP 2
우리말을 보면서 소리만 들으세요. (10회 반복)	중국어 병음을 보면서 따라하세요.

뭘 할 거야?	Yào zuò shénme?
배울래 안 배울래?	Yào bu yào xué?
누구한테 배울 거니?	Yào gēn shéi xué?
맥주 마실래?	Yào hē píjiǔ ma?
지금 사과를 먹을래?	Xiànzài yào chī píngguǒ ma?
나는 꼭 중국에 갈 거야.	Wǒ yídìng yào qù Zhōngguó.
중국 신문을 볼래?	Yào kàn Zhōngguó bào ma?
너는 그를 기다릴 거니?	Nǐ yào děng tā ma?
나는 중국어를 배울 거야.	Wǒ yào xué Hànyǔ.
나는 그한테 배울 거야.	Wǒ yào gēn tā xué.

굳센 의지를 나타내는 yào!

yào는 조동사로서 꼭 하고야 말겠다는 굳은 의지나 염원을 나타냅니다. 앞에서 yào는 '필요하다'라는 동사로 쓰였지만, 이번 과에서는 '~하겠다'라는 의지를 나타내는 조동사로 쓰였습니다. yào가 조동사인 경우 yào 뒤에 반드시 다른 동사가 와야 합니다. 'yào xué (배우겠다)' 처럼 말이죠.

3단계

회화에 활용하기

2단계에서 배운 표현을 활용해 회화로 익혀봅니다. 10번 이상 듣고 따라 하세요.

진	뭘 할 거예요?	Yào zuò shénme?
메이	나는 중국어를 배울 거예요.	Wǒ yào xué Hànyǔ.
진	누구한테 배울 거예요?	Yào gēn shéi xué?
메이	나는 그한테 배울 거예요.	Wǒ yào gēn tā xué.

연습문제

다음 우리말을 보고 중국어로 직접 말해보세요.

1. 뭘 할 거야?

   🎤

2. 나는 중국어를 배울 거야.

   🎤

3. 너는 그를 기다릴 거니?

   🎤

4. 누구한테 배울 거니?

   🎤

43

조동사 '~하고 싶다(xiǎng)'를 써서 말해보자

꽃을 사고 싶어.
Xiǎng mǎi huā.

강의 및 예문듣기

조동사 '~하고 싶다'가 등장했습니다. 여러분은 중국어 회화를 잘하고 싶지요? 그런 염원을 담아 들어봅시다. 3성 단어이니 뒤의 단어와 연결해 발음하는 부분을 주의하세요. 앞으로 많이 사용할 동사라고 생각하면서 열심히 따라해 봅시다.

🔊 예문 43-1.mp3

1단계

기본 단어 익히기

이 과에 나오는 주요 단어입니다. 소리를 익힌다는 생각으로 10번 이상 듣고 그 이후부터 따라하세요.

STEP 1	STEP 2
우리말을 보면서 소리만 들으세요. (10회 반복)	중국어 병음을 보면서 따라하세요.
~하고 싶다	xiǎng
사다	mǎi
꽃	huā
베이징(북경)	Běijīng
장미꽃	méiguihuā
중국 노래	Zhōngguó gē
영화	diànyǐng
(탈 것을) 타다	zuò
배	chuán

'~하고 싶다(xiǎng)'가 들어 있는 다양한 표현을 익힙니다. 중국어 구조는 신경 쓰지 말고 소리에만 집중합니다. 10번 이상 듣고 따라하세요.

STEP 1	STEP 2
우리말을 보면서 소리만 들으세요. (10회 반복)	중국어 병음을 보면서 따라하세요.
베이징에 가고 싶어요.	Xiǎng qù Běijīng.
꽃을 사고 싶어.	Xiǎng mǎi huā.
무슨 꽃을 사고 싶니?	Xiǎng mǎi shénme huā?
장미꽃을 사고 싶어.	Xiǎng mǎi méiguihuā.
중국 노래가 듣고 싶어.	Xiǎng tīng Zhōngguó gē.
가고 싶으면 가자.	Xiǎng qù jiù qù ba.
영화는 보고 싶지 않아요.	Bù xiǎng kàn diànyǐng.
맥주는 마시고 싶지 않아요.	Bù xiǎng hē píjiǔ.
오늘 뭘 하고 싶어?	Jīntiān xiǎng zuò shénme?
배를 타고 가고 싶어요.	Xiǎng zuò chuán qù.

바람을 나타내는 xiǎng!
조동사 xiǎng은 '~하고 싶다'라는 의미로, 말하는 사람의 염원을 나타냅니다.
즉 희망을 나타내는 조동사라고 할 수 있죠. 뒤에 희망사항을 넣어볼까요! 노래가 듣고 싶으면 'xiǎng tīng gē, 영화가 보고 싶으면 'xiǎng kàn diànyǐng'라고 하면 됩니다. xiǎng은 반복해서 들으면 들을수록 맘에 드는 단어 아닌가요?

2단계에서 배운 표현을 활용해 회화로 익혀봅니다. 10번 이상 듣고 따라 하세요.

진	오늘 뭘 하고 싶어요?	Jīntiān xiǎng zuò shénme?
메이	꽃을 사고 싶어요.	Xiǎng mǎi huā.
진	무슨 꽃을 사고 싶어요?	Xiǎng mǎi shénme huā?
메이	장미꽃을 사고 싶어요.	Xiǎng mǎi méiguihuā.

연습문제

다음 우리말을 보고 중국어로 직접 말해보세요.

1. 베이징에 가고 싶어요.

🎤 쓰지 말고 말해보세요.

2. 중국 노래가 듣고 싶어.

🎤

3. 영화는 보고 싶지 않아요.

🎤

4. 오늘 뭘 하고 싶어?

🎤

44 조동사 '~할 줄 알다(huì)'를 써서 말해보자

누가 중국어를 할 줄 알죠?
Shéi huì shuō Hànyǔ?

강의 및 예문듣기

조동사 '~할 줄 알다'와 관련된 문장들이 나왔습니다. 배워서 할 수 있는 능력을 말하지요. 4성으로 강하게 발음하면 됩니다. 곧 여러분이 자신 있게 말할 수 있는 동사입니다. 조만간 '중국어를 할 줄 알아요'라고 말할 수 있는 날을 목표로 삼고 열심히 듣고 따라합시다.

🔊 예문 44-1.mp3

1단계
기본 단어 익히기

이 과에 나오는 주요 단어입니다. 소리를 익힌다는 생각으로 10번 이상 듣고 그 이후부터 따라하세요.

STEP 1	STEP 2
우리말을 보면서 소리만 들으세요. (10회 반복)	중국어 병음을 보면서 따라하세요.
~할 줄 알다	huì
읽다	niàn
말하다	shuō
중국어	Hànyǔ
쓰다	xiě
한자	Hànzì
큰언니	dàjiě
중국 음식, 중국 요리	Zhōngguó cài

'~할 줄 알다(huì)'가 들어 있는 다양한 표현을 익힙니다. 중국어 구조는 신경 쓰지 말고 소리에만 집중합니다. 10번 이상 듣고 따라하세요.

STEP 1	STEP 2
우리말을 보면서 소리만 들으세요. (10회 반복)	중국어 병음을 보면서 따라하세요.
누가 볼 줄 알아요?	Shéi huì kàn?
나도 읽을 줄 알아요.	Wǒ yě huì niàn.
누가 중국어를 할 줄 아니?	Shéi huì shuō Hànyǔ?
그는 중국어를 할 줄 알아요.	Tā huì shuō Hànyǔ.
중국어를 할 줄 모르지?	Bú huì shuō Hànyǔ ba?
너는 중국어를 할 줄 아니 모르니?	Nǐ huì bu huì shuō Hànyǔ?
한자를 쓸 줄 모르니?	Bú huì xiě Hànzì ma?
너는 중국 음식을 할 줄 아니 모르니?	Nǐ huì bu huì zuò Zhōngguó cài?
나는 중국 음식을 할 줄 알아요.	Wǒ huì zuò Zhōngguó cài.
큰언니도 만들 줄 알아요.	Dàjiě yě huì zuò.

능력을 나타내는 huì !

조동사 huì는 외국어를 할 줄 안다거나, 운동을 할 줄 안다거나, 악기를 연주할 수 있는 등등 학습을 통해 '할 줄 알다'의 의미입니다. 할 줄 모른다고 할 때는 huì 앞에 부정부사 bù만 넣으면 됩니다. 단 bù는 4성 앞에서는 2성 bú로 발음됩니다. 따라서 'bú huì(할 줄 모른다)'가 됩니다. 알겠죠!

3단계

회화에 활용하기

2단계에서 배운 표현을 활용해 회화로 익혀봅니다. 10번 이상 듣고 따라 하세요.

진	누가 중국어를 할 줄 알죠?	Shéi huì shuō Hànyǔ?
메이	그가 중국어를 할 줄 알아요.	Tā huì shuō Hànyǔ.
진	당신은 읽을 줄 아나요 모르나요?	Nǐ huì bu huì niàn?
메이	나도 읽을 줄 알아요.	Wǒ yě huì niàn.

연습문제

🎧 예문 44-4.mp3

다음 우리말을 보고 중국어로 직접 말해보세요.

1. 누가 중국어를 할 줄 아니?

🎤 _____

2. 그는 중국어를 할 줄 알아요.

🎤 _____

3. 나는 중국 음식을 할 줄 알아요.

🎤 _____

4. 나는 한자를 쓸 줄 알아요.

🎤 _____

45

조동사 '~할 수 있다(néng)'를 써서 말해보자

목요일에 올 수 있어요?
Xīngqī sì néng lái ma?

강의 및 예문듣기

조동사 '~할 수 있다'와 관련된 문장들이 나왔습니다. néng은 개인의 능력으로 '할 수 있다'는 것을 표현할 때 사용합니다. 지금은 뜻보다 발음과 성조에 신경 써야 한다는 사실을 잊지는 않았지요? 특히 많이 듣고 연습해야 하는 2성 조동사입니다.

🎧 예문 45-1.mp3

1단계

기본 단어 익히기

이 과에 나오는 주요 단어입니다. 소리를 익힌다는 생각으로 10번 이상 듣고 그 이후부터 따라하세요.

STEP 1	STEP 2
우리말을 보면서 소리만 들으세요. (10회 반복)	중국어 병음을 보면서 따라하세요.
~할 수 있다	néng
언제?	shénme shíhou?
혼자	yí ge rén
오전	shàngwǔ
목요일	xīngqī sì
오후	xiàwǔ
지금, 현재	xiànzài
다음 주	xià xīngqī
바쁘다	máng

2단계

핵심 10문장 익히기

'～할 수 있다(néng)'가 들어 있는 다양한 표현을 익힙니다. 중국어 구조는 신경 쓰지 말고 소리에만 집중합니다. 10번 이상 듣고 따라하세요.

STEP 1	STEP 2
우리말을 보면서 소리만 들어요. (10회 반복)	중국어 병음을 보면서 따라하세요.
내일 갈 수 있어요?	Míngtiān néng qù ma?
언제 갈 수 있어요?	Shénme shíhou néng qù?
당신 혼자서 갈 수 있어요?	Nǐ yí ge rén néng qù ma?
오전에 올 수 있어요?	Shàngwǔ néng lái ma?
목요일에 올 수 있어요?	Xīngqī sì néng lái ma?
왜 갈 수 없죠?	Zěnme bù néng qù?
오후에는 올 수 있죠?	Xiàwǔ néng lái ba?
저녁에 올 수 있어요.	Wǎnshang néng lái.
지금 3개 살 수 있어요?	Xiànzài néng mǎi sān ge ma?
다음 주에 갈 수 있어요 없어요?	Xià xīngqī néng bu néng qù?

편하게 읽고 넘어가세요!

❶ **néng 과 huì 가 헷갈려요!**

néng은 '～할 수 있다'라는 의미의 동사로, huì(～할 줄 알다)와 뜻을 착각하기 쉬운 동사입니다. néng은 능력을 나타내고, huì는 배워서 할 수 있는 것을 뜻하니 문맥을 잘 파악한다면 헷갈리지 않을 겁니다. 자, 문장을 잘 들어보고 그 안에 무엇이 쓰였는지 한 번 더 귀 기울여 보세요!

❷ **중국어 요일!**

xīngqī 는 '요일'이란 뜻으로, xīngqī 뒤에 숫자를 순서대로 붙입니다. 'xīngqī yī(월요일), xīngqī èr(화요일), xīngqī sān(수요일), xīngqī sì(목요일), xīngqī wǔ(금요일), xīngqī liù(토요일)'라고 합니다. 단, 일요일은 숫자가 들어가지 않고 xīngqī tiān 또는 xīngqī rì라고 합니다.

3단계

회화에 활용하기

2단계에서 배운 표현을 활용해 회화로 익혀봅니다. 10번 이상 듣고 따라 하세요.

진	목요일에 올 수 있어요?	Xīngqī sì néng lái ma?
메이	목요일은 매우 바빠요.	Xīngqī sì hěn máng.
진	오후에는 올 수 있죠?	Xiàwǔ néng lái ba?
메이	저녁에 올 수 있어요.	Wǎnshang néng lái.

연습문제

다음 우리말을 보고 중국어로 직접 말해보세요.

1. 언제 갈 수 있니?

🎤 녹음하고 말해보세요.

2. 왜 갈 수 없니?

🎤

3. 저녁에는 올 수 있어요.

🎤

4. 다음 주에 갈 수 있니 없니?

🎤

46

동사 '만들다 · 하다(zuò)'를 써서 말해보자

몇 개 만들어요?
Zuò jǐ ge?

강의 및 예문듣기

'만들다, 하다'와 관련된 문장들입니다. 우리말로 하면 긴 문장이 중국어로 하면 짧아지지요. 대신 성조와 발음에 신경을 써야 합니다. '만들다' 동사는 그다지 어려운 발음은 아닙니다. 쉽게 따라해 봅시다.

🎧 예문 46-1.mp3

1단계

기본 단어 익히기

이 과에 나오는 주요 단어입니다. 소리를 익힌다는 생각으로 10번 이상 듣고 그 이후부터 따라하세요.

STEP 1	STEP 2
우리말을 보면서 소리만 들으세요. (10회 반복)	중국어 병음을 보면서 따라하세요.
만들다, 하다	zuò
몇 개?	jǐ ge?
좋다	hǎo
오늘	jīntiān
일	shì
사용하다, 쓰다	yòng
매매, 장사	mǎimai
장사하다	zuò mǎimai
~에서	zài

2단계
핵심 10문장 익히기

'만들다, 하다(zuò)'가 들어 있는 다양한 표현을 익힙니다. 중국어 구조는 신경 쓰지 말고 소리에만 집중합니다. 10번 이상 듣고 따라하세요.

STEP 1	STEP 2
우리말을 보면서 소리만 들으세요. (10회 반복)	중국어 병음을 보면서 따라하세요.

몇 개 만들어요?	Zuò jǐ ge?
3개 만들어요.	Zuò sān ge.
내가 만든 것이 좋아요.	Wǒ zuò de hǎo.
오늘은 누가 만들어요?	Jīntiān shéi zuò?
뭐가 하고 싶어요?	Xiǎng zuò shénme?
할 일이 없어요.	Méi yǒu shì zuò.
아무것도 안 해요.	Shénme yě bú zuò.
무엇으로 만들어요?	Yòng shénme zuò?
베이징에서 뭐 해요?	Zài Běijīng zuò shénme?
베이징에서 장사를 해요.	Zài Běijīng zuò mǎimai.

jǐ ge는 '몇 개'라는 뜻이에요?

jǐ ge는 '몇 개'라는 뜻입니다.

여기서 jǐ 는 10 이하의 수를 물을 때 쓰는 의문사입니다. ge 는 수를 세는 양사로, 가장 널리 쓰이는 아주 쉽고 편리한 양사입니다. 혹 어떤 양사를 쓰는지 확신이 서지 않을 때는 무조건 ge 를 쓰세요!

3단계

회화에 활용하기

2단계에서 배운 표현을 활용해 회화로 익혀봅니다. 10번 이상 듣고 따라 하세요.

진	몇 개 만들어요?	Zuò jǐ ge?
메이	3개 만들어요.	Zuò sān ge.
진	베이징에서 뭐 해요?	Zài Běijīng zuò shénme?
메이	베이징에서 장사를 해요.	Zài Běijīng zuò mǎimai.

연습문제

다음 우리말을 보고 중국어로 직접 말해보세요.

1. 뭐가 하고 싶어요?

   🎤 보기 멀고 말해보세요.

2. 할 일이 없어요.

   🎤

3. 아무것도 안 해요.

   🎤

4. 베이징에서 장사를 해요.

   🎤

47

동사 '앉다(zuò)'를 써서 말해보자

잠시 앉으세요.
Zuò yíhu(ì)r ba.

강의 및 예문듣기

'앉다' 동사 zuò는 많이 들어본 듯합니다. 바로 앞장의 '만들다, 하다' 동사인 zuò와 같은 발음이기 때문이지요. 성조도 같습니다. 하지만 글자 모양과 뜻은 다르니 주의하세요. 중국어에서는 흔히 있는 일입니다. 자, 발음은 똑같으니 문장 속에서 어떻게 활용되는지 들어봅시다.

🎧 예문 47-1.mp3

1단계
기본 단어 익히기

이 과에 나오는 주요 단어입니다. 소리를 익힌다는 생각으로 10번 이상 듣고 그 이후부터 따라하세요.

STEP 1	STEP 2
우리말을 보면서 소리만 들으세요. (10회 반복)	중국어 병음을 보면서 따라하세요.
잠시, 잠깐	yíhu(ì)r
앉다	zuò
왜?, 어째서?	zěnme?
빨리	kuài
거기	nàr
여기	zhèr
어디?	nǎr?
곳, 장소	dìfang

'앉다(zuò)'가 들어 있는 다양한 표현을 익힙니다. 중국어 구조는 신경 쓰지 말고 소리에만 집중합니다. 10번 이상 듣고 따라 하세요.

STEP 1	STEP 2
우리말을 보면서 소리만 들으세요. (10회 반복)	중국어 병음을 보면서 따라하세요.

왜 앉지 않아요?	Zěnme bú zuò?
가서 앉아요.	Qù zuò ba.
빨리 앉아요.	Kuài zuò ba.
저기 앉아요.	Zuò nàr ba.
여기 앉을게요.	Zuò zhèr.
어디에 앉지요?	Zuò nǎr ne?
앉고 싶지 않아요.	Bù xiǎng zuò.
앉으세요.	Qǐng zuò.
잠시 앉으세요.	Zuò yíhu(ì)r ba.
앉을 데가 없어요.	Méi yǒu dìfang zuò.

zuò 에는 여러 가지 뜻이 있어요!

zuò는 이미 앞에서 접한 단어입니다. 단 앞에서는 '만들다, 하다(做)'라는 의미로 쓰였지만, 이번 과에 는 순수하게 '앉다(坐)'의 의미입니다. 중국어는 글자는 다르지만 발음이 같은 경우가 많아요. zuò 가 바로 그 예입니다. 문장 전체를 통해서 어떤 의미로 쓰였는지 파악해야 한답니다.

2단계에서 배운 표현을 활용해 회화로 익혀봅니다. 10번 이상 듣고 따라 하세요.

진	잠시 앉으세요.	Zuò yíhu(ì)r ba.
메이	어디에 앉지요?	Zuò nǎr ne?
진	저기 앉아요.	Zuò nàr ba.
메이	여기 앉을게요.	Zuò zhèr.

연습문제

다음 우리말을 보고 중국어로 직접 말해보세요.

1. 빨리 앉아요.

🎤

2. 어디에 앉죠?

🎤

3. 잠시 앉으세요.

🎤

4. 여기 앉을게요.

🎤

48 동사 '울다(kū)'를 써서 말해보자

왜 울었어요?
Wèi shénme kū le?

강의 및 예문듣기

'울다'와 관련된 문장들입니다. '울다(kū)' 동사는 1성으로 높고 평평하게 발음하면 됩니다. 이 동사는 발음을 하다 보면 진짜 울고 있는 듯한 느낌이 들지요. 감정을 느끼면서 듣고 따라하는 방법도 좋을 듯합니다. 정말 울고 있는 심정으로 열심히 연습해봅시다.

🎧 예문 48-1.mp3

1단계

기본 단어 익히기

이 과에 나오는 주요 단어입니다. 소리를 익힌다는 생각으로 10번 이상 듣고 그 이후부터 따라하세요.

STEP 1	STEP 2
우리말을 보면서 소리만 들으세요. (10회 반복)	중국어 병음을 보면서 따라하세요.
왜?	wèi shénme?
울다	kū
~하지 마라	bié
오늘	jīntiān
막내	lǎoyāo
온종일	yì zhěng tiān
이	yá
아프다	téng
어제	zuótiān
저녁	wǎnshang

139

'울다(kū)'가 들어 있는 다양한 표현을 익힙니다. 중국어 구조는 신경 쓰지 말고 소리에만 집중합니다. 10번 이상 듣고 따라 하세요.

STEP 1	STEP 2
우리말을 보면서 소리만 들으세요. (10회 반복)	중국어 병음을 보면서 따라하세요.
너 울지 마라.	Nǐ bié kū.
오늘 울었어요.	Jīntiān kū le.
왜 우니?	Wèi shénme kū?
왜 울었니?	Wèi shénme kū le?
막내가 울었어요.	Lǎoyāo kū le.
울어 안 울어?	Kū bu kū?
울었어 안 울었어?	Kū le méi yǒu?
울기는 울었어요.	Kū shi kū le.
온종일 울었어요.	Kū le yì zhěng tiān.
엊저녁에 누가 울었니?	Zuótiān wǎnshang shéi kū le?

완료를 나타내는 le !

le는 동사 바로 뒤에 붙어서 동작이 완료되었음을 나타냅니다. 한 꼬마 여자아이가 울고 있는데 옆에 남자아이가 다가와서 말합니다. "Bié kū. 울지 마" 그래서 그 꼬마 여자아이는 울음을 그쳤습니다. 그 여자아이가 저녁에 엄마에게 말합니다. "Māma, wǒ jīntiān kū le. 엄마, 나 오늘 울었어."라고 말이 죠. le 가 붙은 동사(kū le)와 그렇지 않은 동사(kū)의 다른 점이 느껴지나요?

2단계에서 배운 표현을 활용해 회화로 익혀봅니다. 10번 이상 듣고 따라 하세요.

진	엊저녁에 누가 울었어요?	Zuótiān wǎnshang shéi kū le?
메이	막내가 울었어요.	Lǎoyāo kū le.
진	왜 울었어요?	Wèi shénme kū le?
메이	(그가) 이가 아프대요.	Tā shuō yá téng.

연습문제

다음 우리말을 보고 중국어로 직접 말해보세요.

1. 왜 울었니?

🎤 소리 듣고 말해보세요.

2. (그가) 이가 아프대요.

🎤

3. 온종일 울었어요.

🎤

4. 너 울지 마라.

🎤

49

동사 '웃다(xiào)'를 써서 말해보자

그만 웃어요.

Bié xiào le.

강의 및 예문듣기

'웃다'와 관련된 문장들입니다. '울다'와는 달리 4성으로 내리꽂듯 강하게 발음하면 됩니다. '울다' 동사와 같이 묶어서 듣고 발음해봅시다. '웃다'는 즐거운 마음으로 연습해볼까요?

🎧 예문 49-1.mp3

1단계

기본 단어 익히기

이 과에 나오는 주요 단어입니다. 소리를 익힌다는 생각으로 10번 이상 듣고 그 이후부터 따라하세요.

STEP 1	STEP 2
우리말을 보면서 소리만 들으세요. (10회 반복)	중국어 병음을 보면서 따라하세요.
~하지 마라	bié
웃다, 비웃다	xiào
~해라	ba
정말	zhēnde
우습다	kěxiào
~도	yě
누구?	shéi?
왜?	wèi shénme?

'웃다(xiào)'가 들어 있는 다양한 표현을 익힙니다. 중국어 구조는 신경 쓰지 말고 소리에만 집중합니다. 10번 이상 듣고 따라 하세요.

STEP 1	STEP 2
우리말을 보면서 소리만 들으세요. (10회 반복)	중국어 병음을 보면서 따라하세요.
내가 웃었어요.	Wǒ xiào le.
좀 웃어요.	Xiào yi xiào ba.
정말 우스워요.	Zhēnde kěxiào.
안 웃어요?	Bú xiào ma?
웃어 안 웃어?	Xiào bu xiào?
당신도 웃었어요?	Nǐ yě xiào le ma?
누가 웃었니?	Shéi xiào le?
왜 웃어요?	Wèi shénme xiào?
그만 웃어요.	Bié xiào le.
당신 날 비웃지 말아요.	Nǐ bié xiào wǒ.

bié 는 '하지 마'!

bié 는 '~하지 마라'라는 명령의 뜻으로, 동사 앞에 놓입니다. Bié xiào는 "웃지 마!"라는 의미겠죠. 문장 끝에 le가 오면 Bié xiào le "그만 웃어!"라는 의미로, 좀 더 부드러운 표현입니다.

🎧 예문 49-3.mp3

3단계

회화에 활용하기

2단계에서 배운 표현을 활용해 회화로 익혀봅니다. 10번 이상 듣고 따라 하세요.

진	누가 웃었어요?	Shéi xiào le?
메이	내가 웃었어요.	Wǒ xiào le.
진	왜 웃어요? 그만 웃어요.	Wèi shénme xiào? Bié xiào le.
메이	정말 우스워요.	Zhēnde kěxiào.

연습문제

🎧 예문 49-4.mp3

다음 우리말을 보고 중국어로 직접 말해보세요.

1. 누가 웃었니?

🎤 쓰지 말고 말해보세요

2. 내가 웃었어요.

🎤

3. 그만 웃어요.

🎤

4. 정말 우습다.

🎤

동사 '기다리다(dĕng)'를 써서 말해보자

누구 전화를 기다려요?
Dĕng shéi de diànhuà?

강의 및 예문듣기

'기다리다(dĕng)'와 관련된 문장들입니다. 3성으로 지금까지 많이 들어본 다른 동사처럼 듣고 따라하면 됩니다. 실생활에 많이 쓰이는 동사인 만큼 익히는 것이 중요하지요. 그다지 어려운 발음이 아닙니다. 바로 따라합시다.

🎧 예문 50-1.mp3

1단계

기본 단어 익히기

이 과에 나오는 주요 단어입니다. 소리를 익힌다는 생각으로 10번 이상 듣고 그 이후부터 따라하세요.

STEP 1	STEP 2
우리말을 보면서 소리만 들으세요. (10회 반복)	중국어 병음을 보면서 따라하세요.
기다리다	dĕng
전화	diànhuà
~에서	zài
집	jiā
일주일	yí ge xīngqī
~할 필요가 없다	bú yòng
미안합니다	duì bu qǐ
~하려고 하다	yào
보다	kàn
영화	diànyǐng

145

2단계

핵심 10문장 익히기

'기다리다(dĕng)'가 들어 있는 다양한 표현을 익힙니다. 중국어 구조는 신경 쓰지 말고 소리에만 집중합니다. 10번 이상 듣고 따라하세요.

STEP 1	STEP 2
우리말을 보면서 소리만 들으세요. (10회 반복)	중국어 병음을 보면서 따라하세요.

집에서 나를 기다리세요.	Zài jiā dĕng wŏ ba.
왜 기다려요?	Wèi shénme dĕng?
기다리지 말아요.	Bié dĕng.
일주일 동안 기다렸어요.	Dĕng le yí ge xīngqī.
누구 전화를 기다려요?	Dĕng shéi de diànhuà?
그의 전화를 기다려요.	Dĕng tā de diànhuà.
그를 기다릴 필요 없어요.	Bú yòng dĕng tā.
나도 그를 기다리지 않아요.	Wŏ yĕ bù dĕng tā.
미안해요, 나는 기다릴 수 없어요.	Duì bu qĭ, wŏ bù néng dĕng.
당신 집에서 그가 오기를 기다리세요.	Zài nĭ jiā dĕng tā lái ba.

'오늘'과 '내일', 그리고 '모레'!

중국어로 오늘은 jīntiān, 내일은 míngtiān 이었죠! 그렇다면 중국어로 다른 날은 어떻게 표현하는지 알아보겠습니다. 외우지는 마세요. 그냥 편하게 읽고 넘어가면 됩니다!

그저께 ← 어제 ← 오늘 → 내일 → 모레
　　　　　　　　　　 jīntiān
qiántiān　　zuótiān　　　　　míngtiān　　hòutiān

3단계

회화에 활용하기

2단계에서 배운 표현을 활용해 회화로 익혀봅니다. 10번 이상 듣고 따라 하세요.

진	누구 전화를 기다려요?	Děng shéi de diànhuà?
메이	그의 전화를 기다려요.	Děng tā de diànhuà.
진	왜 기다려요?	Wèi shénme děng?
메이	내일 영화 보러 가려고 해요.	Míngtiān yào qù kàn diànyǐng.

연습문제

다음 우리말을 보고 중국어로 직접 말해보세요.

1. 왜 기다려요?

🎤 _____

2. 일주일 동안 기다렸어요.

🎤 _____

3. 누구 전화를 기다려요?

🎤 _____

4. 그를 기다릴 필요가 없어요.

🎤 _____

51

동사 '전화 걸다(dǎ diànhuà)'를 써서 말해보자

중국 친구에게 전화를 걸다.

Gěi Zhōngguó péngyou dǎ diànhuà.

강의 및 예문듣기

둘째마당 마지막 동사입니다. '전화를 걸다'는 동사와 목적어(명사)를 연결시킨 형태입니다. 항상 짝을 이루는 문장이지요. '(전화를) 걸다' 동사는 3성이지요. 전화는 4성과 4성으로 읽어야 합니다. 자, 듣고 따라해 볼까요?

🎧 예문 51-1.mp3

1단계

기본 단어 익히기

이 과에 나오는 주요 단어입니다. 소리를 익힌다는 생각으로 10번 이상 듣고 그 이후부터 따라하세요.

STEP 1	STEP 2
우리말을 보면서 소리만 들으세요. (10회 반복)	중국어 병음을 보면서 따라하세요.
~에게 ~를 하다	gěi
전화를 걸다	dǎ diànhuà
지금, 현재	xiànzài
몇 시?	jǐ diǎn?
은행	yínháng
매일, 날마다	tiāntiān
거의	chà bu duō
매일	měitiān
낮	báitiān

잠깐만요!

마지막 동사까지 왔군요! 이제 귀에 익은 듯한 느낌이 드나요? 네~ 하지만 듣는 연습을 게을리 해서는 안 됩니다. 형용사와 부사까지 열심히 합시다.

'전화 걸다(dǎ diànhuà)' 가 들어 있는 다양한 표현을 익힙니다. 중국어 구조는 신경 쓰지 말고 소리에만 집중합니다. 10번 이상 듣고 따라하세요.

STEP 1	STEP 2
우리말을 보면서 소리만 들으세요. (10회 반복)	중국어 병음을 보면서 따라하세요.
지금 전화를 걸어요.	Xiànzài dǎ diànhuà.
몇 시에 전화를 걸어요?	Jǐ diǎn dǎ diànhuà?
어디서 전화를 걸어요?	Zài nǎr dǎ diànhuà?
은행에서 전화를 걸어요.	Zài yínháng dǎ diànhuà.
날마다 전화를 걸어요?	Tiāntiān dǎ diànhuà ma?
거의 매일 전화를 걸어요.	Chà bu duō měitiān dōu dǎ diànhuà.
저녁에 전화를 걸어요.	Wǎnshang dǎ diànhuà.
낮에는 전화하지 마세요.	Báitiān bié dǎ diànhuà.
누구에게 전화를 걸어요?	Gěi shéi dǎ diànhuà?
중국 친구에게 전화를 걸어요.	Gěi Zhōngguó péngyou dǎ diànhuà.

• gěi ~에게 ~를 하다
  뒤에 전화를 거는 대상이 옴

편하게 읽고
넘어가세요!

전화를 거세요~!

dǎ diànhuà 는 '전화(diànhuà)를 걸다(dǎ)'라는 뜻으로, 동사와 목적어로 이루어진 낱말입니다. 우리말의 구나 절과 같다고 생각하면 됩니다. 항상 짝을 이루니 통으로 연습하도록 합니다.
gěi 는 '~에게 ~를 하다'라는 뜻으로, 뒤에는 전화를 거는 대상이 옵니다. 그렇다면 "나에게 전화주세요."는 중국어로 "Gěi wǒ dǎ diànhuà."가 되겠죠!

3단계

회화에 활용하기

2단계에서 배운 표현을 활용해 회화로 익혀봅니다. 10번 이상 듣고 따라 하세요.

진	누구에게 전화를 걸어요?	Gěi shéi dǎ diànhuà?
메이	중국 친구에게 전화를 걸어요.	Gěi Zhōngguó péngyou dǎ diànhuà.
진	날마다 전화를 걸어요?	Tiāntiān dǎ diànhuà ma?
메이	거의 매일 전화를 걸어요.	Chà bu duō měitiān dōu dǎ diànhuà.

연습문제

🎧 예문 51-4.mp3

다음 우리말을 보고 중국어로 직접 말해보세요.

1. 누구에게 전화를 걸어요?

   🎤 소리 내어 말해보세요.

2. 몇 시에 전화를 걸어요?

   🎤

3. 거의 매일 전화를 걸어요.

   🎤

4. 중국 친구에게 전화를 걸어요.

   🎤

다양한 민족의 천국~ 중국!

'중국' 하면 생각나는 게 뭐가 있을까요?

광대한 국토, 많은 인구, 수많은 소수민족 등등 중국은 한마디로 정말 거대한(?) 나라입니다. 중국의 인구는 약 13억 명이 넘은지 오래이며, 56개의 소수민족으로 이루어졌지만 한족이 94%를 차지합니다. 대다수가 한족이지만 워낙 전체 인구수가 많다 보니 나머지 소수민족의 수 또한 적은 것은 아니지요. 특히 내륙 쪽으로 들어갈수록 발전 속도나 민족의 종류는 비교할 수 없을 정도로 차이가 납니다.

중국 정부는 대표적인 소수민족의 거주지를 '자치구'라는 구획으로 지정하여 각각의 문화를 인정하면서도 '중국' 안으로 점차적으로 수용하는 방법을 취하고 있습니다. 대표적인 자치구인 닝샤후이족자치구(宁夏回族自治区)는 이슬람교를 믿는 몽골계 회족이 집단 거주하고 있는 자치구로 중국 본토의 분위기와는 확연히 다르지요. 신장웨이우얼자치구(新疆维吾尔自治区) 역시 터키계 이슬람교도가 많기 때문에 외모만 보면 중국인이라는 생각이 들지 않습니다. 도시 곳곳에는 각 민족 특유의 사원이나 건물양식을 흔히 볼 수 있지요. 네이멍구자치구(内蒙古自治区)도 그곳만의 독특한 분위기로 관광객이 끊이지 않습니다. 우리가 흔히 말하는 '내몽골'을 뜻하며, 우리나라처럼 사막이 없는 나라에 사는 외국인들에게는 한 번 가보고 싶은 관광명소로 인기가 많지요.

중국은 너무 많은 민족이 살고 있고 그만큼 각양각색의 문화가 녹아 있기 때문에 한마디로 정의를 내리기 힘든 나라입니다. 베이징 한 번 가보았다고 중국을 다 안다고 말하는 것만큼 우스운 말은 없겠지요!

형용사 · 부사
간단하게 끝내기

중국어 동사를 활용한 문장들을 듣고 따라할 수 있나요? 그렇다면 이제 다음 단계인 중국어의 형용사와 부사로 넘어가겠습니다. 셋째마당에서는 중국어 학습자들이 일상생활에서 쓸 수 있는 가장 기본적인 형용사와 부사를 활용한 문장들을 배웁니다. 어순은 신경 쓰지 말고 그냥 들리는 대로 따라하세요.

부사는 문장에서 어떤 역할을 할까요? 부사는 문장에 없어도 화자의 의사를 전달할 수 있습니다. 하지만 부사를 적절하게 사용한다면 훨씬 고급스러운 문장을 말할 수 있게 됩니다. 부사를 자유자재로 사용하게 된다면 진정한 능력자! 지금의 여러분은? 무조건 들으세요. 진정한 중국어 능력자가 되기 위해서는 많이 듣고 따라하는 게 최고랍니다.

여섯째마디

•

형용사
들어가기
①

52 형용사 '쉽다(róngyì)'를 써서 말해보자

오늘 배운 것이 쉬워요?
Jīntiān xué de róngyì ma?

강의 및 예문듣기

형용사의 시작입니다. 동사를 공부했던 방법 그대로 열심히 듣고 따라해 봅시다. 형용사는 어떤 발음이 나는지, 성조는 몇 성인지 주의 깊게 들어봅시다. 형용사 '쉽다'와 관련된 문장들이 나오네요. 여러분도 곧 '중국어가 쉽다'라고 말할 수 있을 거라 믿습니다. 그날을 생각하면서 들어볼까요?

🎧 예문 52-1.mp3

1단계

기본 단어 익히기

이 과에 나오는 주요 단어입니다. 소리를 익힌다는 생각으로 10번 이상 듣고 그 이후부터 따라하세요.

STEP 1	STEP 2
우리말을 보면서 소리만 들으세요. (10회 반복)	중국어 병음을 보면서 따라하세요.
쉽다	róngyì
중국어	Hànyǔ
발음	fāyīn
어느 것?	nǎ ge?
~보다	bǐ
중국어	Zhōngguóhuà
점점, ~하면 할수록 …하다	yuè~yuè…
재미있다	yǒu yìsi
~하기도 하고 …하기도 하다	yòu~yòu…

잠깐만요!

'쉽다'의 발음이 어떻게 들리나요? 'róngyì'의 'r' 발음은 쉽지 않습니다. 권설음의 하나이기 때문이지요. 주의 깊게 많이 듣고 따라해 봅시다.

2단계

핵심 10문장 익히기

'쉽다(róngyì)'가 들어 있는 다양한 표현을 익힙니다. 중국어 구조는 신경 쓰지 말고 소리에만 집중합니다. 10번 이상 듣고 따라하세요.

STEP 1	STEP 2
우리말을 보면서 소리만 들으세요. (10회 반복)	중국어 병음을 보면서 따라하세요.

정말 쉬워요.	Zhēnde róngyì.
중국어가 쉽죠?	Hànyǔ róngyì ba?
쉽기는 쉬워요.	Róngyì shi róngyì.
발음이 쉽지 않아요.	Fāyīn bù róngyì.
오늘 배운 것이 쉬워요?	Jīntiān xué de róngyì ma?
배우기 쉬워요.	Róngyì xué.
어느 것이 쉽지 않아요?	Nǎ ge bù róngyì?
중국어보다 쉬워요?	Bǐ Zhōngguóhuà róngyì ma?
배울수록 쉬워요.	Yuè xué yuè róngyì.
쉽기도 하고, 재미도 있어요.	Yòu róngyì, yòu yǒu yìsi.

• bǐ ~보다
비교를 나타냄

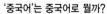
편하게 읽고 넘어가세요!

'중국어'는 중국어로 뭘까?

'중국어'를 뜻하는 단어는 뭐였나요? 네, 바로 **Hànyǔ** 입니다. **Zhōngguóhuà** 또한 말 그대로 '중국말'이란 뜻입니다. 두 가지 표현 모두 알아두세요. 이 정도는 기본이니까!

3단계

회화에 활용하기

2단계에서 배운 표현을
활용해 회화로 익혀봅니
다. 10번 이상 듣고 따라
하세요.

진	오늘 배운 것이 쉬워요?	Jīntiān xué de róngyì ma?
메이	쉽기도 하고, 재미도 있어요.	Yòu róngyì, yòu yǒu yìsi.
진	어느 것이 쉽지 않아요?	Nǎ ge bù róngyì?
메이	발음이 쉽지 않아요.	Fāyīn bù róngyì.

연습문제

🎧 예문 52-4.mp3

다음 우리말을 보고 중국어로 직접 말해보세요.

1. 중국어가 쉽죠?

🎤 쓰지 말고 말해보세요.

_____

2. 중국어보다 쉬워요.

🎤

_____

3. 배울수록 쉬워요.

🎤

_____

4. 쉽기도 하고 재미도 있어요.

🎤

_____

53

형용사 '어렵다(nán)'를 써서 말해보자

어렵기는 조금 어려워요.

Nán shì yǒu diǎ(n)r nán.

강의 및 예문듣기

'어렵다' 형용사가 나왔습니다. 아직은 '쉽다'보다는 '어렵다'는 말이 더 필요하다구요? 맞습니다. 지금까지는 어려울 수 있습니다. 하지만 점점 이것은 어렵고, 저것은 안 어려울 거예요. 그리고 좀 더 지나면 대부분 어렵지 않게 됩니다. 여러분의 심정이 담긴 문장들이니 열심히 들어봅시다.

🔊 예문 53-1.mp3

1단계

기본 단어 익히기

이 과에 나오는 주요 단어입니다. 소리를 익힌다는 생각으로 10번 이상 듣고 그 이후부터 따라하세요.

STEP 1 우리말을 보면서 소리만 들으세요. (10회 반복)	STEP 2 중국어 병음을 보면서 따라하세요.
어렵다	nán
조금	yǒu diǎ(n)r
배우다	xué
이것	zhè ge
저것	nà ge
중국어	Zhōngguóhuà
~보다	bǐ
한국어	Hánguóhuà

'어렵다(nán)'가 들어 있는 다양한 표현을 익힙니다. 중국어 구조는 신경 쓰지 말고 소리에만 집중합니다. 10번 이상 듣고 따라하세요.

STEP 1	STEP 2
우리말을 보면서 소리만 들으세요. (10회 반복)	중국어 병음을 보면서 따라하세요.
어렵기는 어렵지?	Nán shi nán ba?
어렵기는 조금 어려워요.	Nán shì yǒu diǎ(n)r nán.
배우기 어려워요?	Nán xué ma?
어렵지 않니?	Bù nán ma?
어려운 것이 있어요?	Yǒu nán de ma?
배우기 어렵지 않지요?	Bù nán xué ba?
어느 것이 어려워요?	Nǎ ge nán?
어느 것이 안 어려워요?	Nǎ ge bù nán?
이것은 어렵고, 저것은 안 어려워요.	Zhè ge nán, nà ge bù nán.
중국어가 한국어보다 어려워요?	Zhōngguóhuà bǐ Hánguóhuà nán ma?

편하게 읽고
넘어가세요!

지시대명사 zhè 와 nà !

우리말에서는 지시대명사가 이것, 저것, 그것 세 가지로 나뉘어집니다. 하지만 중국어는 가까운 것을 가리키는 zhè, 먼 것을 가리키는 nà 두 가지랍니다. 그래서 문맥에 따라 알맞게 해석해야 하니, 기억하세요.

3단계
회화에 활용하기

2단계에서 배운 표현을 활용해 회화로 익혀봅니다. 10번 이상 듣고 따라 하세요.

진	중국어가 한국어보다 어려워요?	Zhōngguóhuà bǐ Hánguóhuà nán ma?
메이	어렵기는 조금 어려워요.	Nán shì yǒu diǎ(n)r nán.
진	어느 것이 안 어려워요?	Nǎ ge bù nán?
메이	이것은 어렵고, 저것은 안 어려워요.	Zhè ge nán, nà ge bù nán.

연습문제

다음 우리말을 보고 중국어로 직접 말해보세요.

1. 어렵지 않니?

✎ 쓰지 말고 말해보세요.

2. 어렵기는 조금 어려워요.

3. 배우기 어려워요.

4. 중국어가 한국어보다 어려워요.

54

형용사 '바쁘다(máng)'를 써서 말해보자

다음 달도 바빠요?
Xià ge yuè yě máng ma?

강의 및 예문듣기

요즘 중국어 공부하느라고 바쁘지요? 누가 물어보면 바로 사용할 수 있는 문장들이 나왔습니다. '바쁘다'와 관련된 문장들입니다. 어려운 2성의 단어니까 많이 들어야겠죠? 자, 열심히 따라해 봅시다.

🎧 예문 54-1.mp3

1단계
기본 단어 익히기

이 과에 나오는 주요 단어입니다. 소리를 익힌다는 생각으로 10번 이상 듣고 그 이후부터 따라하세요.

STEP 1	STEP 2
우리말을 보면서 소리만 들으세요. (10회 반복)	중국어 병음을 보면서 따라하세요.
매일, 날마다	tiāntiān
바쁘다	máng
아침	zǎoshang
점점 ~하다	yuè lái yuè~
다음 달	xià ge yuè
~해 죽겠다	~sǐ le
이후	yǐhòu
가장	zuì
최근, 요즘	zuìjìn
여동생	mèimei

형용사 '바쁘다(máng)'가 들어 있는 다양한 표현을 익힙니다. 중국어 구조는 신경 쓰지 말고 소리에만 집중합니다. 10번 이상 듣고 따라하세요.

STEP 1	STEP 2
우리말을 보면서 소리만 들으세요. (10회 반복)	중국어 병음을 보면서 따라하세요.

날마다 바빠요.	Tiāntiān máng.
아침에는 바빠요.	Zǎoshang máng.
바빠요 안 바빠요?	Máng bu máng?
점점 바빠져요.	Yuè lái yuè máng.
다음 달도 바빠요?	Xià ge yuè yě máng ma?
다음 달에는 안 바빠요.	Xià ge yuè bù máng.
바빠 죽겠어요.	Máng sǐ le.
요즘 누가 제일 바빠요?	Zuìjìn shéi zuì máng?
제 여동생이 제일 바빠요.	Wǒ mèimei zuì máng.
10시 이후에는 안 바빠요.	Shí diǎn yǐhòu bù máng.

• ~sǐ le ~해 죽겠다
형용사 뒤에 붙어서 어떤 상황이 극에 달했음을 나타냄

shàng(上)과 xià(下)의 상반된 의미!

중국어에서 shàng과 xià 를 써서 상반된 의미를 가지는 단어를 알아볼까요?

'xià ge yuè'는 '다음 달'이라는 의미이며, 이와 상반된 의미를 가지는 단어는 'shàng ge yuè(지난달)'입니다. 또 다른 예로 '오전'의 shàngwǔ와 '오후'의 xiàwǔ 등이 있습니다.

shàngwǔ 오전 ↔ xiàwǔ 오후
shàng ge yuè 지난달 ↔ xià ge yuè 다음 달
shàng biān 위쪽 ↔ xià biān 아래쪽

3단계

회화에 활용하기

2단계에서 배운 표현을 활용해 회화로 익혀봅니다. 10번 이상 듣고 따라하세요.

진	요즘 누가 제일 바빠요?	Zuìjìn shéi zuì máng?
메이	제 여동생이 제일 바빠요.	Wǒ mèimei zuì máng.
진	다음 달도 바빠요?	Xià ge yuè yě máng ma?
메이	다음 달에는 안 바빠요.	Xià ge yuè bù máng.

연습문제

다음 우리말을 보고 중국어로 직접 말해보세요.

1. 점점 바빠져요.

🎤 쓰지 말고 말해보세요.

2. 바빠 죽겠어요.

🎤

3. 다음 달에는 안 바빠요.

🎤

4. 요즘 누가 제일 바빠요?

🎤

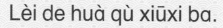

55

형용사 '피곤하다(lèi)'를 써서 말해보자

피곤하면 가서 쉬어요.

Lèi de huà qù xiūxi ba.

강의 및 예문듣기

형용사 편에는 지금 여러분의 심정을 표현한 문장이 많이 나옵니다. 중국어 공부하느라 바쁘고 피곤하지요? '피곤하다' 형용사는 4성으로 비교적 쉬운 발음입니다.

🎧 예문 55-1.mp3

1단계

기본 단어 익히기

이 과에 나오는 주요 단어입니다. 소리를 익힌다는 생각으로 10번 이상 듣고 그 이후부터 따라하세요.

STEP 1	STEP 2
우리말을 보면서 소리만 들으세요. (10회 반복)	중국어 병음을 보면서 따라하세요.
피곤하다	lèi
오늘	jīntiān
그다지 ~하지 않다	bú dà~
걷다	zǒu
만약 ~하다면	~de huà
쉬다, 휴식하다	xiūxi
~하지 마라	bú yào
내일	míngtiān
아침	zǎoshang

164

🎧 예문 55-2.mp3

'피곤하다(lèi)'가 들어 있는 다양한 표현을 익힙니다. 중국어 구조는 신경 쓰지 말고 소리에만 집중합니다. 10번 이상 듣고 따라하세요.

STEP 1	STEP 2
우리말을 보면서 소리만 들으세요. (10회 반복)	중국어 병음을 보면서 따라하세요.
많이 피곤해요.	Hěn lèi.
피곤하기는 피곤해요.	Lèi shi lèi.
오늘 피곤하지요?	Jīntiān lèi ba?
그리 피곤하지 않아요.	Bú dà lèi.
피곤해요 안 피곤해요?	Lèi bu lèi?
조금도 피곤하지 않아요.	Yìdiǎ(n)r yě bú lèi.
정말 안 피곤해요?	Zhēnde bú lèi ma?
걸어서 피곤해요.	Zǒu lèi le.
피곤하면 가서 쉬어요.	Lèi de huà qù xiūxi ba.
피곤하면 오늘은 가지 마세요.	Lèi de huà jīntiān bú yào qù.

• bú yào ~하지 마
금지의 뜻으로 bié 와 같은
의미임

편하게 읽고
넘어가세요!

변신의 귀재 bù !
bù는 원래 4성으로 발음해야 합니다. 하지만 여러 음절을 연이어 발음할 때, 다른 성조의 영향을 받아 본래의 성조가 변하기도 합니다. bù는 4성 앞에서는 2성으로 변합니다. 그래서 bú yào의 경우 bù가 2성 bú로 변한 것입니다.

진	오늘은 피곤하지요?	Jīntiān lèi ba?
메이	걸어서 피곤해요.	Zǒu lèi le.
진	피곤하면 오늘은 가지 말아요.	Lèi de huà jīntiān bú yào qù.
메이	그럼, 내일 아침에 갑시다.	Nàme, míngtiān zǎoshang qù ba.

연습문제

🎧 예문 55-4.mp3

다음 우리말을 보고 중국어로 직접 말해보세요.

1. 걸어서 피곤해요.

   🎤 쓰지 말고 말해보세요.
   _____

2. 피곤하면 가서 쉬어요.

   🎤
   _____

3. 조금도 피곤하지 않아요.

   🎤
   _____

4. 그리 피곤하지 않아요.

   🎤
   _____

형용사 '맛있다(hǎochī)'를 써서 말해보자

어느 것이 맛있어요?
Nǎ ge hǎochī?

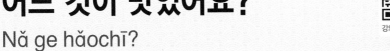

강의 및 예문듣기

일상생활에서 중요한 의식주 가운데 하나는 '먹는 것'이지요. 그만큼 관련 표현도 많이 사용합니다. 이번 과에서는 '맛있다'를 활용한 표현들이 나왔습니다. 이 형용사는 hǎo와 chī 두 단어로 이루어져 있지요. 열심히 듣고 따라해 봅시다.

🎧 예문 56-1.mp3

1단계

기본 단어 익히기

이 과에 나오는 주요 단어입니다. 소리를 익힌다는 생각으로 10번 이상 듣고 그 이후부터 따라하세요.

STEP 1	STEP 2
우리말을 보면서 소리만 들으세요. (10회 반복)	중국어 병음을 보면서 따라하세요.
맛있다	hǎochī
정말, 진짜로	zhēnde
저것	nà ge
과일	shuǐguǒ
~보다 …하지 않다	bù bǐ
중국 요리	Zhōngguó cài
어느 것?	nǎ ge?
만들다	zuò

2단계
핵심 10문장 익히기

'맛있다(hǎochī)'가 들어 있는 다양한 표현을 익힙니다. 중국어 구조는 신경 쓰지 말고 소리에만 집중합니다. 10번 이상 듣고 따라하세요.

STEP 1	STEP 2
우리말을 보면서 소리만 들으세요. (10회 반복)	중국어 병음을 보면서 따라하세요.
맛없어요?	Bù hǎochī ma?
정말 맛없어요.	Zhēnde bù hǎochī.
맛이 있기는 있어요.	Hǎochī shi hǎochī.
과일이 맛있지요?	Shuǐguǒ hǎochī ba?
저것보다 맛있어요?	Bǐ nà ge hǎochī ma?
저것보다 맛있지 않아요.	Bù bǐ nà ge hǎochī.
어느 것이 맛있어요?	Nǎ ge hǎochī?
중국 요리가 맛있어요.	Zhōngguó cài hǎochī.
그가 만든 것은 맛있어요 맛없어요?	Tā zuò de hǎochī bu hǎochī?
어느 것이 맛있는 거예요?	Nǎ ge shì hǎochī de?

• zuò 만들다
  음식을 만든다는 의미임

편하게 읽고
넘어가세요!

아~ 맛있다 hǎochī !

'맛있다'는 뜻의 hǎochī는 hǎo와 chī 두 단어로 이루어진 형용사입니다.
둘 다 많이 들어본 듯하지요? 특히 chī는 '먹다'라는 뜻의 동사로 이미 나왔습니다.
'마시다'는 뜻의 동사 hē 기억나나요? 'hē kāfēi(커피를 마시다)'는 앞에서 배운 표현입니다. 음료가 맛있다고 할 때는 hǎochī의 'chī(먹다)' 대신 'hē(마시다)'를 넣어서 hǎo hē라고 합니다. 어때요? 쉽죠!

3단계

회화에 활용하기

2단계에서 배운 표현을 활용해 회화로 익혀봅니다. 10번 이상 듣고 따라 하세요.

진	어느 것이 맛있어요?	Nǎ ge hǎochī?
메이	중국 요리가 맛있어요.	Zhōngguó cài hǎochī.
진	그가 만든 것은 맛있어요 맛없어요?	Tā zuò de hǎochī bu hǎochī?
메이	정말 맛없어요.	Zhēnde bù hǎochī.

연습문제

다음 우리말을 보고 중국어로 직접 말해보세요.

1. 어느 것이 맛있어요?

🎤 _____

2. 중국 요리가 맛있어요.

🎤 _____

3. 과일이 맛있죠?

🎤 _____

4. 정말 맛없어요.

🎤 _____

57 형용사 '좋다(hǎo)'를 써서 말해보자

그의 발음이 좋아요?
Tā de fāyīn hǎo ma?

강의 및 예문듣기

'좋다'라는 표현은 자주 사용할수록 좋은(?) 단어이지요. 간단한 문장들을 통해 발음과 성조를 익혀봅시다. 그리고 주위 사람들에게 발음이 좋은지 연습 삼아 물어봅시다. 부담 없이 읽고 따라하니까 분명히 좋을 거라고 믿습니다.

🎧 예문 57-1.mp3

1단계

기본 단어 익히기

이 과에 나오는 주요 단어입니다. 소리를 익힌다는 생각으로 10번 이상 듣고 그 이후부터 따라하세요.

STEP 1	STEP 2
우리말을 보면서 소리만 들으세요. (10회 반복)	중국어 병음을 보면서 따라하세요.
발음	fāyīn
좋다	hǎo
~보다	bǐ
또한, 역시	yě
더욱, 한층	gèng
모두	dōu
아주, 매우	hěn

2단계

핵심 10문장 익히기

'좋다(hǎo)'가 들어 있는 다양한 표현을 익힙니다. 중국어 구조는 신경 쓰지 말고 소리에만 집중합니다. 10번 이상 듣고 따라하세요.

STEP 1	STEP 2
우리말을 보면서 소리만 들으세요. (10회 반복)	중국어 병음을 보면서 따라하세요.

안 좋아요?	Bù hǎo ma?
안 좋지?	Bù hǎo ba?
좋기는 좋아요.	Hǎo shi hǎo.
좋기는 좋지?	Hǎo shi hǎo ba?
그의 발음이 좋아요?	Tā de fāyīn hǎo ma?
그의 발음은 정말 좋아요.	Tā de fāyīn zhēnde hǎo.
나 역시 매우 좋아요.	Wǒ yě hěn hǎo.
우리는 모두 좋아요.	Wǒmen dōu hěn hǎo.
당신보다 좋아요?	Bǐ nǐ hǎo ma?
나보다 훨씬 좋아요.	Bǐ wǒ gèng hǎo.

'발음'은 fāyīn !

fāyīn은 '발음'이라는 뜻으로, 'tā de fāyīn'에서 대명사 tā가 명사 fāyīn을 수식할 때는 중간에 de를 써서 '~의'라고 해석합니다.

2단계에서 배운 표현을 활용해 회화로 익혀봅니다. 10번 이상 듣고 따라 하세요.

진	그의 발음이 좋아요?	Tā de fāyīn hǎo ma?
메이	그의 발음은 정말 좋아요.	Tā de fāyīn zhēnde hǎo.
진	당신보다 좋아요?	Bǐ nǐ hǎo ma?
메이	나보다 훨씬 좋아요.	Bǐ wǒ gèng hǎo.

연습문제

다음 우리말을 보고 중국어로 직접 말해보세요.

1. 그의 발음이 좋아요?

🎤 쓰지 말고 말해보세요.

2. 그의 발음은 정말 좋아요.

🎤

3. 당신보다 좋아요?

🎤

4. 나보다 훨씬 좋아요.

🎤

58

형용사 '길다(cháng)'를 써서 말해보자

어제 산 것은 길어요?

Zuótiān mǎi de cháng ma?

강의 및 예문듣기

형용사 '길다'와 관련된 문장들이 나오네요. 여전히 큰 문제는 없지요? 동사와 같이 다양한 표현을 배우고 있는 중입니다. 아직까지는 열심히 듣고 따라만 하면 됩니다. 귀에 점점 익어가지요? '길다'는 2성 발음입니다. 2성은 어려운 발음인 만큼 자주 연습합시다.

🎧 예문 58-1.mp3

1단계

기본 단어 익히기

이 과에 나오는 주요 단어입니다. 소리를 익힌다는 생각으로 10번 이상 듣고 그 이후부터 따라하세요.

STEP 1	STEP 2
우리말을 보면서 소리만 들으세요. (10회 반복)	중국어 병음을 보면서 따라하세요.
저것	nà ge
길다	cháng
어제	zuótiān
사다	mǎi
왜?	wèi shénme?
필요 없다	bú yào
우리 집	wǒ jiā
둘	liǎng
짧다	duǎn
~이 아니고, …이다	bú shì~, shì...

2단계

핵심 10문장 익히기

'길다(cháng)'가 들어 있는 다양한 표현을 익힙니다. 중국어 구조는 신경 쓰지 말고 소리에만 집중합니다. 10번 이상 듣고 따라하세요.

STEP 1	STEP 2
우리말을 보면서 소리만 들으세요. (10회 반복)	중국어 병음을 보면서 따라하세요.
저것이 긴 것인가요?	Nà ge shì cháng de ma?
긴 것이 몇 개 있어요?	Yǒu jǐ ge cháng de?
긴 것이 있기는 있어요.	Cháng de yǒu shi yǒu.
어제 산 것은 길어요?	Zuótiān mǎi de cháng ma?
어제 산 것은 길지 않아요.	Zuótiān mǎi de bù cháng.
왜 긴 것을 사지 않아요?	Wèi shénme bù mǎi cháng de?
긴 것이 필요 없어요.	Bú yào cháng de.
긴 것이 하나도 필요 없어요?	Cháng de yí ge yě bú yào ma?
우리 집에 긴 것이 2개 있어요.	Wǒ jiā yǒu liǎng ge cháng de.
긴 것이 아니고 짧은 것이에요.	Bú shì cháng de, shì duǎn de.

• bú yào 필요가 없다
여기서 bú yào는 '~하지 마라'의 뜻이 아니라 '필요 없다'의 의미로 쓰였음

명사화 시켜주는 de !

"Zuótiān mǎi de cháng ma?"라는 문장에서 mǎi de는 뒤에 명사가 생략되었지만 명사처럼 쓰이고, 어제 산 물건을 가리키게 됩니다. 이처럼 de는 앞에 인칭대명사나 형용사, 동사 등과 결합하여 명사화 시켜주는 역할을 한답니다.

wǒ(인칭대명사) + de → wǒ de 나의 것

cháng(형용사) + de → cháng de 긴 것

mǎi(동사) + de → mǎi de 산 것

3단계

회화에 활용하기

2단계에서 배운 표현을 활용해 회화로 익혀봅니 다. 10번 이상 듣고 따라 하세요.

진	어제 산 것은 길어요?	Zuótiān mǎi de cháng ma?
메이	어제 산 것은 길지 않아요.	Zuótiān mǎi de bù cháng.
진	저것이 긴 것인가요?	Nà ge shì cháng de ma?
메이	긴 것이 아니고, 짧은 것이에요.	Bú shì cháng de, shì duǎn de.

🎧 예문 58-4.mp3

다음 우리말을 보고 중국어로 직접 말해보세요.

1. 긴 것이 몇 개 있어요?

🎤

2. 어제 산 것은 길어요?

🎤

3. 왜 긴 것을 사지 않아요?

🎤

4. 긴 것이 필요 없어요.

🎤

59

형용사 '짧다(duǎn)'를 써서 말해보자

짧은 것이 좋아요?
Duǎn de hǎo ma?

강의 및 예문듣기

바로 앞에서 '길다'와 관련된 문장을 들으면서 '짧다' 형용사도 잠깐 나왔습니다. 자, '짧다' 형용사는 3성이지요. '길다'의 2성과 '짧다'의 3성을 연결해서 연습해봅시다.

🎧 예문 59-1.mp3

1단계

기본 단어 익히기

이 과에 나오는 주요 단어입니다. 소리를 익힌다는 생각으로 10번 이상 듣고 그 이후부터 따라하세요.

STEP 1	STEP 2
우리말을 보면서 소리만 들으세요. (10회 반복)	중국어 병음을 보면서 따라하세요.
짧다	duǎn
사다	mǎi
조금	yǒu diǎ(n)r
비싸다	guì
싸다	piányi
~하기도 하고, …하기도 하다	yòu~yòu…
~보다	bǐ
길다	cháng

'짧다(duǎn)'가 들어 있는 다양한 표현을 익힙니다. 중국어 구조는 신경 쓰지 말고 소리에만 집중합니다. 10번 이상 듣고 따라하세요.

STEP 1	STEP 2
우리말을 보면서 소리만 들으세요. (10회 반복)	중국어 병음을 보면서 따라하세요.
내가 산 것은 짧아요.	Wǒ mǎi de duǎn.
짧은 것이 좋아요?	Duǎn de hǎo ma?
조금 짧아요.	Yǒu diǎ(n)r duǎn.
짧은 것은 사지 말아요.	Bié mǎi duǎn de.
짧은 것은 비싸지 않아요.	Duǎn de bú guì.
짧은 것이 싸요.	Duǎn de piányi.
짧은 것이 싸고 좋아요.	Duǎn de yòu piányi yòu hǎo.
내 것은 짧지 않아요.	Wǒ de bù duǎn.
짧은 것은 내 것이 아니에요.	Duǎn de bú shì wǒ de.
짧은 것이 긴 것보다 좋아요.	Duǎn de bǐ cháng de hǎo.

길다 cháng, 짧다 duǎn!
'길다'의 cháng 과 '짧다'의 duǎn 을 연결해서 발음 연습을 하도록 합니다.
또한 'cháng(길다)'과 'duǎn(짧다)'를 결합한 chángduǎn 은 '길이'를 뜻하는 또 하나의 명사가 된답니다. 참고하세요!

3단계
회화에 활용하기

2단계에서 배운 표현을 활용해 회화로 익혀봅니다. 10번 이상 듣고 따라 하세요.

진	짧은 것이 좋아요?	Duǎn de hǎo ma?
메이	짧은 것이 긴 것보다 좋아요.	Duǎn de bǐ cháng de hǎo.
진	비싸지 않아요?	Bú guì ma?
메이	짧은 것이 싸고 좋아요.	Duǎn de yòu piányi yòu hǎo.

연습문제

다음 우리말을 보고 중국어로 직접 말해보세요.

1. 조금 짧아요.

🎤 쓰지 말고 말해보세요.

2. 짧은 것이 좋아요?

🎤

3. 짧은 것이 싸고 좋아요.

🎤

4. 짧은 것이 긴 것보다 좋아요.

🎤

8은 최고의 숫자

1988년 8월 8일은 중국에서 가장 많은 사람들이 결혼식을 올린 날입니다. 8이 4번이나 겹쳐 중국인들 사이에서는 길일(吉日)로 알려져 있지요. 중국인들은 왜 그렇게 8에 열광하는 것일까요?

우리나라 사람들이 7을 행운의 숫자로 여기는 것과는 비교도 안 될 만큼 중국에서는 8을 최고의 숫자로 여깁니다. 바로 발음 때문입니다. 8은 bā라고 발음하는데 发의 발음인 fā와 비슷합니다. fā(发)자에는 fācái(发财), 즉 '돈을 벌다, 재산을 모으다'라는 뜻으로, 숫자 8을 이와 같은 의미로 생각하는 것이지요. '돈을 많이 버는 것'이 중국에서는 가장 좋은 일로 여겨지는 듯합니다. 그래서 8이 들어가는 전화번호는 물론 휴대전화 번호, 차 번호 등이 엄청난 인기를 누립니다. 물건의 가격 역시 8원으로 끝나는 경우를 흔히 볼 수 있지요. 흥정하기 좋아하는 중국인들도 8원으로 끝나는 물건은 바로 사가는 경우가 많다고 합니다. 우리나라에서 '88올림픽'이 열린 것 알고 있죠? 중국 사람들이 그때 가장 부러워했다고 하네요.

8 다음으로 중국인이 좋아하는 숫자는 9(jiǔ)입니다. jiǔ 역시 발음이 '길다, 장수한다'는 뜻을 가진 久(jiǔ) 자와 같기 때문입니다.

그렇다면 중국 사람들은 어떤 숫자를 싫어할까요? 그건 바로 sì(四)입니다. '죽는다'는 뜻인 sǐ(死) 자와 발음이 같기 때문이지요. 그건 우리도 마찬가지네요!

일곱째마디

•

형용사
들어가기
②

형용사 '춥다(lěng)'를 써서 말해보자

한국의 겨울은 춥지요?

Hánguó de dōngtiān lěng ba?

강의 및 예문듣기

'춥다' 형용사는 3성으로 발음에 주의해야 합니다. l 발음이 어떻게 소리 나는지 자세히 들어봅시다. 그럼, 한번 듣고 따라해 봅시다. 그다지 어렵지는 않지요? 다양한 표현을 듣고 따라합시다.

🎧 예문 60-1.mp3

1단계

기본 단어 익히기

이 과에 나오는 주요 단어입니다. 소리를 익힌다는 생각으로 10번 이상 듣고 그 이후부터 따라하세요.

STEP 1	STEP 2
우리말을 보면서 소리만 들으세요. (10회 반복)	중국어 병음을 보면서 따라하세요.
겨울	dōngtiān
춥다	lěng
날씨	tiānqì
상당히, 꽤	xiāngdāng
갈수록 점점 더~, 더욱더~	yuè lái yuè~
너무 ~하다	tài~le
어제	zuótiān
오늘	jīntiān
한국	Hánguó

2단계

핵심 10문장 익히기

'춥다(lěng)'가 들어 있는 다양한 표현을 익힙니다. 중국어 구조는 신경 쓰지 말고 소리에만 집중합니다. 10번 이상 듣고 따라하세요.

STEP 1	STEP 2
우리말을 보면서 소리만 들으세요. (10회 반복)	중국어 병음을 보면서 따라하세요.
날씨가 추워졌어요.	Tiānqì lěng le.
날씨가 매우 추워요.	Tiānqì hěn lěng.
날씨가 정말 추워요.	Tiānqì zhēnde lěng.
날씨가 상당히 추워요.	Tiānqì xiāngdāng lěng.
날씨가 추워요 안 추워요?	Tiānqì lěng bu lěng?
날씨가 점점 추워져요.	Tiānqì yuè lái yuè lěng.
너무 추워요, 가고 싶지 않아요.	Tài lěng le, bù xiǎng qù.
날씨가 어제보다 춥지요?	Tiānqì bǐ zuótiān lěng ba?
오늘 날씨 춥지 않아요?	Jīntiān tiānqì bù lěng ma?
한국의 겨울은 춥지요?	Hánguó de dōngtiān lěng ba?

• tài~le 너무 ~하다
주관적 견해에 많이 쓰임

추측을 의미하는 ba!

ba 는 상대방에게 권유하거나 명령의 의미를 가지고 있습니다. 또 하나, 문장 끝에 쓰여 자신의 추측에 대한 상대방의 확인을 구하는 데 쓰이기도 합니다. "Hánguó de dōngtiān lěng ba?"이 문장은 "한국의 겨울은 추운데, 그렇죠?"의 의미입니다. 만약 문장 끝에 ba가 아닌 ma를 쓴다면 "한국의 겨울은 추운가요?"라고 정말 궁금해 하는 상황이랍니다.

3단계

회화에 활용하기

2단계에서 배운 표현을 활용해 회화로 익혀봅니다. 10번 이상 듣고 따라 하세요.

진	한국의 겨울은 춥지요?	Hánguó de dōngtiān lěng ba?
메이	정말 추워요.	Zhēnde lěng.
진	날씨가 어제보다 춥지요?	Tiānqì bǐ zuótiān lěng ba?
메이	날씨가 점점 추워져요.	Tiānqì yuè lái yuè lěng.

연습문제

🎧 예문 60-4.mp3

다음 우리말을 보고 중국어로 직접 말해보세요.

1. 날씨가 추워졌어요.

🎤 쓰지 말고 말해보세요

2. 날씨가 점점 추워져요.

🎤

3. 날씨가 어제보다 춥죠?

🎤

4. 한국의 겨울은 춥죠?

🎤

61

형용사 '덥다(rè)'를 써서 말해보자

요즘 날씨가 더워요.

Zhè jǐtiān tiānqì rè.

강의 및 예문듣기

'덥다' 형용사가 나왔습니다. 발음이 특이합니다. 자세히 들어보고 '춥다'의 형용사와 어떤 점이 다른지 느껴보세요. r과 l 발음이 다르니 주의합시다. 뭔가 특이한 듯하면서 어렵지요? 많이 들어 익숙해지도록 합시다. 물론 따라하는 것을 잊으면 안 됩니다.

🎧 예문 61-1.mp3

1단계

기본 단어 익히기

이 과에 나오는 주요 단어입니다. 소리를 익힌다는 생각으로 10번 이상 듣고 그 이후부터 따라하세요.

STEP 1	STEP 2
우리말을 보면서 소리만 들으세요. (10회 반복)	중국어 병음을 보면서 따라하세요.
요 며칠, 요즘	zhè jǐtiān
덥다	rè
베이징(북경)	Běijīng
너무 ~하다	tài ~le
여름	xiàtiān
홍콩	Xiānggǎng
점점 더~	yuè lái yuè~
이곳	zhèli
~보다	bǐ
~보다 …하지 않다	bù bǐ

잠깐만요!

'덥다'라는 뜻의 형용사 'rè'에서 'r' 발음은 어려운 권설음 발음 가운데 하나입니다. '춥다 lěng'과는 확연히 다르지요. 많이 들으면서 그 차이를 느껴봅시다.

2단계

핵심 10문장 익히기

'덥다(rè)'가 들어 있는 다양한 표현을 익힙니다. 중국어 구조는 신경 쓰지 말고 소리에만 집중합니다. 10번 이상 듣고 따라하세요.

STEP 1	STEP 2
우리말을 보면서 소리만 들으세요. (10회 반복)	중국어 병음을 보면서 따라하세요.

요즘 날씨가 더워요.	Zhè jǐtiān tiānqì rè.
베이징 날씨는 매우 더워요.	Běijīng de tiānqì hěn rè.
덥기는 더워요.	Rè shi rè.
날씨가 더워요 안 더워요?	Tiānqì rè bu rè?
오늘은 너무 더워요.	Jīntiān tài rè le.
한국의 여름은 덥죠?	Hánguó de xiàtiān rè ba?
홍콩의 날씨가 더워요 안 더워요?	Xiānggǎng de tiānqì rè bu rè?
이곳의 날씨가 점점 더워져요.	Zhèli de tiānqì yuè lái yuè rè.
날씨가 어제보다 덥지요?	Tiānqì bǐ zuótiān rè ba?
날씨가 어제보다 덥지 않나요?	Tiānqì bù bǐ zuótiān rè ma?

더워요 rè !

'tiānqì rè.'에서 tiānqì는 '날씨'라는 뜻이고 rè는 '덥다'라는 뜻입니다. 지금까지 배운 형용사 중에서 날씨를 표현할 수 있는 단어를 생각나는 대로 말해볼까요!

날씨가 덥다 tiānqì rè　　　　　날씨가 춥다 tiānqì lěng　　　　　날씨가 좋다 tiānqì hǎo

3단계

회화에 활용하기

2단계에서 배운 표현을 활용해 회화로 익혀봅니다. 10번 이상 듣고 따라 하세요.

진	날씨가 더워요 안 더워요?	Tiānqì rè bu rè?
메이	덥기는 더워요.	Rè shi rè.
진	날씨가 어제보다 덥지요?	Tiānqì bǐ zuótiān rè ba?
메이	요즘 날씨가 더워요.	Zhè jǐtiān tiānqì rè.

연습문제

🎧 예문 61-4.mp3

다음 우리말을 보고 중국어로 직접 말해보세요.

1. 베이징의 날씨는 정말 더워요.

🎤 _____

2. 날씨가 어제보다 덥지 않나요?

🎤 _____

3. 이곳의 날씨가 점점 더워져요.

🎤 _____

4. 한국의 여름은 덥죠?

🎤 _____

62 형용사 '많다(duō)'를 써서 말해보자

누가 만든 것이 많아요?
Shéi zuò de duō?

강의 및 예문듣기

'많다' 형용사는 1성으로 높고 평평한 발음입니다. 발음하기에는 그다지 어렵지 않습니다. 자세히 듣고 들리는 대로 따라해 봅시다.

🎧 예문 62-1.mp3

1단계

기본 단어 익히기

이 과에 나오는 주요 단어입니다. 소리를 익힌다는 생각으로 10번 이상 듣고 그 이후부터 따라하세요.

STEP 1	STEP 2
우리말을 보면서 소리만 들으세요. (10회 반복)	중국어 병음을 보면서 따라하세요.
누구	shéi
많다	duō
먹다	chī
약간, 조금	diǎ(n)r
듣다	tīng
노랗다	huáng
희다	bái
작다	xiǎo
크다	dà
~보다 …하지 않다	bù bǐ

2단계
핵심 10문장 익히기

'많다(duō)'가 들어 있는 다양한 표현을 익힙니다. 중국어 구조는 신경 쓰지 말고 소리에만 집중합니다. 10번 이상 듣고 따라 하세요.

STEP 1	STEP 2
우리말을 보면서 소리만 들으세요. (10회 반복)	중국어 병음을 보면서 따라하세요.

누가 많아요?	Shéi duō?
어느 것이 많아요?	Nǎ ge duō?
많이 좀 먹어라.	Duō chī diǎ(n)r ba.
많이 좀 들으세요.	Duō tīng diǎ(n)r ba.
노란 것도 많지요?	Huáng de yě duō ba?
흰 것은 많지 않아요?	Bái de bù duō ma?
누가 만든 것이 많아요?	Shéi zuò de duō?
그는 나보다 많아요.	Tā bǐ wǒ duō.
작은 것이 큰 것보다 많아요.	Xiǎo de bǐ dà de duō.
노란 것은 흰 것보다 많지 않아요.	Huáng de bù bǐ bái de duō.

비교의 bǐ !

bǐ 는 '~에 비하여, ~보다'라는 의미로, 정도의 차이를 비교할 때 쓰입니다. 비교문을 부정할 때는 bǐ 앞에 부정부사 bù 를 써서 bù bǐ가 됩니다.

Xiǎo de bǐ dà de duō. 작은 것이 큰 것보다 많다.
Xiǎo de bù bǐ dà de duō. 작은 것이 큰 것보다 많지 않다.

3단계

회화에 활용하기

2단계에서 배운 표현을 활용해 회화로 익혀봅니다. 10번 이상 듣고 따라 하세요.

진	어느 것이 많아요?	Nǎ ge duō?
메이	작은 것이 큰 것보다 많아요.	Xiǎo de bǐ dà de duō.
진	노란 것도 많지요?	Huáng de yě duō ba?
메이	노란 것은 흰 것보다 많지 않아요.	Huáng de bù bǐ bái de duō.

연습문제

다음 우리말을 보고 중국어로 직접 말해보세요.

1. 많이 좀 먹어라.

🎤 소리 듣고 말해보세요.

2. 그는 나보다 많아요.

🎤

3. 어떤 것이 많아요?

🎤

4. 작은 것이 큰 것보다 많아요.

🎤

63

형용사 '적다(shǎo)'를 써서 말해보자

누가 만든 것이 적어요?
Shéi zuò de shǎo?

강의 및 예문듣기

'적다' 형용사는 3성으로 권설음이 들어간 발음입니다. 3성의 성조 변화와 권설음에 주의해야 합니다. 잘 들어보세요. '많다'와 연결해서 같이 연습합시다.

🎧 예문 63-1.mp3

1단계

기본 단어 익히기

이 과에 나오는 주요 단어입니다. 소리를 익힌다는 생각으로 10번 이상 듣고 그 이후부터 따라하세요.

STEP 1	STEP 2
우리말을 보면서 소리만 들으세요. (10회 반복)	중국어 병음을 보면서 따라하세요.
누구?	shéi?
만들다	zuò
적다	shǎo
~보다	bǐ
어제	zuótiān
사다	mǎi
노랗다	huáng
3개	sān ge
희다	bái

2단계

핵심 10문장 익히기

'적다(shǎo)'가 들어 있는 다양한 표현을 익힙니다. 중국어 구조는 신경 쓰지 말고 소리에만 집중합니다. 10번 이상 듣고 따라하세요.

STEP 1	STEP 2
우리말을 보면서 소리만 들으세요. (10회 반복)	중국어 병음을 보면서 따라하세요.

누구 것이 적어요?	Shéi de shǎo?
내 것이 그의 것보다 적어요.	Wǒ de bǐ tā de shǎo.
누가 그보다 적어요?	Shéi bǐ tā shǎo?
어제 산 것이 적어요, 안 적어요?	Zuótiān mǎi de shǎo bu shǎo?
노란 것도 적지요?	Huáng de yě shǎo ba?
누가 만든 것이 적어요?	Shéi zuò de shǎo?
나는 그보다 3개 적어요.	Wǒ bǐ tā shǎo sān ge.
흰 것이 적지 않아요?	Bái de bù shǎo ma?
작은 것이 큰 것보다 적어요.	Xiǎo de bǐ dà de shǎo.
당신은 그보다 몇 개 적어요?	Nǐ bǐ tā shǎo jǐ ge?

편하게 읽고 넘어가세요!

duō(많다)와 shǎo(적다) !

'duō(많다)'와 'shǎo(적다)'를 연결해서 발음을 연습해 보세요. 2개의 단어를 연결한 duōshao는 '얼마'라는 뜻을 가지고 있는 의문사랍니다.

Nǐ de duō. wǒ de shǎo. 네 것은 많고, 내 것은 적다.

Duōshao qián? 얼마예요?

3단계

회화에 활용하기

2단계에서 배운 표현을 활용해 회화로 익혀봅니다. 10번 이상 듣고 따라 하세요.

진   누구 것이 적어요?   Shéi de shǎo?

메이 내 것이 그의 것보다 적   Wǒ de bǐ tā de shǎo.
      어요?

진   당신은 그보다 몇 개 적   Nǐ bǐ tā shǎo jǐ ge?
      어요?

메이 나는 그보다 3개 적어요.   Wǒ bǐ tā shǎo sān ge.

연습문제

다음 우리말을 보고 중국어로 직접 말해보세요.

1. 누구 것이 적어요?

   🎤 쓰지 말고 말해보세요

2. 누가 그보다 적어요?

   🎤

3. 누가 만든 것이 적어요?

   🎤

4. 나는 그보다 3개 적어요.

   🎤

64

형용사 '빠르다(kuài)'를 써서 말해보자

어느 것이 빨라요?
Nǎ ge kuài?

강의 및 예문듣기

셋째마당도 절반을 훌쩍 지나 거의 막바지에 이르고 있습니다. 이젠 귀에 많이 익숙하지요? 아직도 다소 생소한 듯 느껴져도 계속 앞으로 나갑시다. 물론 열심히 듣고 따라하면서 말이죠. 설마 정확히 들리지 않는다고, 무슨 소리인지 모르겠다고 단념하는 사람은 없겠죠? 4성 형용사 '빠르다'를 연습해봅시다.

🎧 예문 64-1.mp3

1단계
기본 단어 익히기

이 과에 나오는 주요 단어입니다. 소리를 익힌다는 생각으로 10번 이상 듣고 그 이후부터 따라하세요.

STEP 1	STEP 2
우리말을 보면서 소리만 들으세요. (10회 반복)	중국어 병음을 보면서 따라하세요.
빠르다	kuài
시계	biǎo
5분	wǔ fēn
15분	shíwǔ fēn
기차	huǒchē
~와, ~과	gēn
자동차	qìchē
조금도	yì diǎ(n)r yě

'빠르다(kuài)'가 들어 있는 다양한 표현을 익힙니다. 중국어 구조는 신경 쓰지 말고 소리에만 집중합니다. 10번 이상 듣고 따라하세요.

STEP 1	STEP 2
우리말을 보면서 소리만 들으세요. (10회 반복)	중국어 병음을 보면서 따라하세요.
누구 것이 빨라요?	Shéi de kuài?
어느 것이 빨라요?	Nǎ ge kuài?
이것이 빨라요.	Zhè ge kuài.
내 시계는 5분 빨라요.	Wǒ de biǎo kuài wǔ fēn.
이것이 저것보다 빨라요.	Zhè ge bǐ nà ge kuài.
이것은 저것보다 15분 빨라요.	Zhè ge bǐ nà ge kuài shíwǔ fēn.
기차와 자동차 중 어느 것이 빨라요?	Huǒchē gēn qìchē nǎ ge kuài?
기차가 자동차보다 빨라요.	Huǒchē bǐ qìchē kuài.
내 시계는 조금도 빠르지 않아요.	Wǒ de biǎo yìdiǎ(n)r yě bú kuài.
어느 것이 빠른지 비교해 봅시다.	Bǐ yi bǐ nǎ ge kuài.

nǎ ge 와 nà ge 어느 것이 '어느 것'이란 뜻일까?

앞에서 '그것'을 의미하는 nà ge 를 배웠습니다. 중국어는 글자는 달라도 발음이 같은 경우의 단어가 많습니다. 바로 nǎ ge 와 nà ge 처럼 말이죠! 두 단어 모두 이미 여러 번 접한 단어라 생소하지는 않을 겁니다. 4성인 nà ge 는 '그것'을 의미하는 지시대명사, "Nǎ ge kuài?"에서 3성인 nǎ ge 는 '어느 것'이라는 뜻의 의문대명사입니다. 발음은 같지만 성조도 다르고 쓰임도 다르니 주의하세요!

예문 64-3.mp3

회화에 활용하기

2단계에서 배운 표현을 활용해 회화로 익혀봅니다. 10번 이상 듣고 따라 하세요.

진	어느 것이 빨라요?	Nǎ ge kuài?
메이	이것이 저것보다 빨라요.	Zhè ge bǐ nà ge kuài.
진	기차와 자동차 중 어느 것이 빨라요?	Huǒchē gēn qìchē nǎ ge kuài?
메이	기차가 자동차보다 빨라요.	Huǒchē bǐ qìchē kuài.

연습문제

예문 64-4.mp3

다음 우리말을 보고 중국어로 직접 말해보세요.

1. 어느 것이 빨라요?

　🎤　쓰지 말고 말해보세요.

2. 내 시계는 5분 빨라요.

　🎤

3. 기차와 자동차 중 어느 것이 빨라요?

　🎤

4. 기차가 자동차보다 빨라요.

　🎤

65

형용사 '느리다(màn)'를 써서 말해보자

그는 말을 아주 느리게 해요.
Tā shuō huà shuō de hěn màn.

강의 및 예문듣기

'늦다'와 관련된 표현들입니다. 이 형용사의 발음은 뜻과 조금은 비슷합니다. 하지만 4성이라 강하게 소리 내야 하는 부분은 조금 다르지요. 아직 느릿느릿 중국어를 연습하는 여러분 스스로를 표현할 수 있는 형용사입니다. 관심을 갖고 따라해 볼까요?

🎧 예문 65-1.mp3

1단계

기본 단어 익히기

이 과에 나오는 주요 단어입니다. 소리를 익힌다는 생각으로 10번 이상 듣고 그 이후부터 따라하세요.

STEP 1	STEP 2
우리말을 보면서 소리만 들으세요. (10회 반복)	중국어 병음을 보면서 따라하세요.
말을 하다, 이야기하다	shuō huà
말하다	shuō
느리다	màn
비교적	bǐjiào
살펴 가세요, 안녕히 가세요	màn zǒu
천천히	mànmā(n)r (de)
읽다	niàn
걷다	zǒu
이것	zhè ge

잠깐만요!

'빠르다(kuài)'와 '늦다(màn)'를 같이 연습해봅시다. 똑같은 4성이지요? 같은 4성이어도 느낌은 많이 다릅니다. 각각의 뜻을 연상할 수 있는 발음이 나는 듯합니다. 연습해봅시다.

2단계
핵심 10문장 익히기

'느리다(màn)'가 들어 있는 다양한 표현을 익힙니다. 중국어 구조는 신경 쓰지 말고 소리에만 집중합니다. 10번 이상 듣고 따라하세요.

• màn zǒu 살펴 가세요
  손님을 배웅할 때 쓰는 말임

• mànmā(n)r 천천히
  원래는 mànmānr이지만 er(儿) 화되면서 뒤의 n은 묵음으로 처리됨

STEP 1	STEP 2
우리말을 보면서 소리만 들으세요. (10회 반복)	중국어 병음을 보면서 따라하세요.
느려요 안 느려요?	Màn bu màn?
느리기는 느려요.	Màn shi màn.
비교적 느려요.	Bǐjiào màn.
살펴 가세요!	Màn zǒu!
그는 말을 아주 느리게 해요.	Tā shuō huà shuō de hěn màn.
천천히 읽어요.	Mànmā(n)r de niàn ba.
그는 말이 느려요?	Tā shuō de màn ma?
그는 걸음도 느려요?	Tā zǒu de yě màn ma?
이것은 저것보다 느려요?	Zhè ge bǐ nà ge màn ma?
이것은 저것보다 안 느리지요?	Zhè ge bù bǐ nà ge màn ba?

아주 hěn !
형용사가 술어로 쓰였을 경우, 대부분은 형용사 앞에 hěn 을 씁니다. 이때 hěn 은 '매우'의 의미는 거의 없고, 가볍게 읽습니다. 하지만 "tā shuō huà shuō de hěn màn."처럼 말을 하는데 말을 하는 정도가 아주 느리다며 '아주'를 강조할 때는 hěn 을 의식적으로 강하게 읽습니다.
하나 더! 이 문장에는 정도보어 de 가 쓰였네요. '말을 하는 정도가 아주 느리다(shuō huà shuō de)'는 표현을 강조하기 위해서죠. 지금 단계에서는 신경 쓸 필요 없습니다. 이런 게 있구나 하고 읽고 넘어가세요.

2단계에서 배운 표현을 활용해 회화로 익혀봅니다. 10번 이상 듣고 따라 하세요.

진	그는 말이 느려요?	Tā shuō de màn ma?
메이	예, 그는 말을 아주 느리게 해요.	Shì, tā shuō huà shuō de hěn màn.
진	그는 걸음도 느려요?	Tā zǒu de yě màn ma?
메이	느리기는 느려요.	Màn shi màn.

연습문제

다음 우리말을 보고 중국어로 직접 말해보세요.

1. 비교적 느려요.

🎤 쓰지 말고 말해보세요.

2. 그는 말을 아주 느리게 해요.

🎤

3. 그는 걸음도 느려요.

🎤

4. 천천히 읽어요.

🎤

66 형용사 '작다(xiǎo)'를 써서 말해보자

작은 것이 맛있다.
Xiǎo de hǎochī.

강의 및 예문듣기

'작다'와 관련된 표현들입니다. 비교적 어렵지 않은 3성 발음입니다. 발음 자체도 '작은(?)'느낌이 들지요?
잘 들어보고 열심히 따라합시다.

🎧 예문 66-1.mp3

1단계

기본 단어 익히기

이 과에 나오는 주요 단어입니다. 소리를 익힌다는 생각으로 10번 이상 듣고 그 이후부터 따라하세요.

STEP 1	STEP 2
우리말을 보면서 소리만 들으세요. (10회 반복)	중국어 병음을 보면서 따라하세요.
작다	xiǎo
맛있다	hǎochī
아주	hěn
~이다	shì
바로 ~이다	jiù shì
어제	zuótiān
사다	mǎi
2개	liǎng ge

2단계

핵심 10문장 익히기

'작다(xiǎo)'가 들어 있는 다양한 표현을 익힙니다. 중국어 구조는 신경 쓰지 말고 소리에만 집중합니다. 10번 이상 듣고 따라 하세요.

STEP 1	STEP 2
우리말을 보면서 소리만 들으세요. (10회 반복)	중국어 병음을 보면서 따라하세요.
아주 작아요.	Hěn xiǎo.
어느 것이 작아요?	Nǎ ge xiǎo?
작은 것이 맛있어요.	Xiǎo de hǎochī.
작은 것도 맛있어요.	Xiǎo de yě hǎochī.
내 것은 작은 것이에요.	Wǒ de shì xiǎo de.
작은 것이 바로 내 것이에요.	Xiǎo de jiù shì wǒ de.
작은 것이 당신 것이에요?	Xiǎo de shì nǐ de ma?
작은 것이 있어요?	Yǒu xiǎo de ma?
어제 작은 것을 샀어요?	Zuótiān mǎi le xiǎo de ma?
어제 작은 것 2개를 샀어요.	Zuótiān mǎi le liǎng ge xiǎo de.

편하게 읽고 넘어가세요!

2는 èr 일까 liǎng 일까?

숫자 2는 èr 이라고 읽어야 할까요, liǎng 이라고 읽어야 할까요? 1, 2, 3, 4, 5 … 중국어로 숫자 세는 법 알고 있죠? 그런데 가끔 중국어 문장에서 숫자 2를 liǎng 으로 읽는 것을 보았을 겁니다. 구분하는 방법은 간단합니다. 숫자 뒤에 ge 처럼 양사가 나오면 liǎng 으로 발음해야 한답니다.

3단계

회화에 활용하기

2단계에서 배운 표현을 활용해 회화로 익혀봅니다. 10번 이상 듣고 따라 하세요.

진	어제 작은 것을 샀어요?	Zuótiān mǎi le xiǎo de ma?
메이	어제 작은 것 2개를 샀어요.	Zuótiān mǎi le liǎng ge xiǎo de.
진	작은 것이 당신 것이에요?	Xiǎo de shì nǐ de ma?
메이	작은 것이 바로 내 것이에요.	Xiǎo de jiù shì wǒ de.

연습문제

다음 우리말을 보고 중국어로 직접 말해보세요.

1. 작은 것이 맛있다.

   🎤 쓰지 말고 말해보세요.

   _____

2. 어제 작은 것을 샀어요?

   🎤
   _____

3. 작은 것이 바로 내 것이에요.

   🎤
   _____

4. 어제 작은 것 2개를 샀어요.

   🎤
   _____

67

형용사 '크다(dà)'를 써서 말해보자

큰 것은 사지 마세요.
Bié mǎi dà de.

강의 및 예문듣기

'크다' 형용사가 나왔습니다. 발음을 해보면 '큰(?)'느낌이 들 정도로 강합니다. 4성이라서 더 그렇지요? 쉬운 발음입니다. 듣고 바로 따라합시다.

🎧 예문 67-1.mp3

1단계

기본 단어 익히기

이 과에 나오는 주요 단어입니다. 소리를 익힌다는 생각으로 10번 이상 듣고 그 이후부터 따라하세요.

STEP 1	STEP 2
우리말을 보면서 소리만 들으세요. (10회 반복)	중국어 병음을 보면서 따라하세요.
크다	dà
~하지 마라	bié
사다	mǎi
맵다	là
~하기도 하고, …하기도 하다	yòu~ yòu…
10개	shí ge
~하려고 하다	yào
5개	wǔ ge
~하고 싶다	xiǎng
비싸다	guì

2단계

핵심 10문장 익히기

'크다(dà)'가 들어 있는 다양한 표현을 익힙니다. 중국어 구조는 신경 쓰지 말고 소리에만 집중합니다. 10번 이상 듣고 따라 하세요.

STEP 1	STEP 2
우리말을 보면서 소리만 들으세요. (10회 반복)	중국어 병음을 보면서 따라하세요.

큰 것 있어요?	Yǒu dà de ma?
안 크지요?	Bú dà ba?
큰 것은 사지 말아요.	Bié mǎi dà de.
큰 것이 안 좋아요?	Dà de bù hǎo ma?
큰 것을 사요 안 사요?	Mǎi bu mǎi dà de?
큰 것은 맵지 않아요.	Dà de bú là.
크기도 하고, 좋기도 해요.	Yòu dà yòu hǎo.
큰 것을 10개 샀어요.	Mǎi le shí ge dà de.
큰 것을 5개 사려고 해요.	Yào mǎi wǔ ge dà de.
나는 큰 것을 사고 싶지 않아요.	Wǒ bù xiǎng mǎi dà de.

dà(크다)와 xiǎo(작다)!

dà 는 진짜 큰 느낌이 들도록 강하게, xiǎo 는 정말 작은 듯한 느낌이 나도록 약하게 발음해 봅시다. 2개의 단어를 연결하면 dàxiǎo 가 되고 '크기'라는 뜻을 가지고 있어요. 한 가지 더! '작다' xiǎo 와 '적다' shǎo, 헷갈리지 마세요!

203

3단계

회화에 활용하기

2단계에서 배운 표현을 활용해 회화로 익혀봅니다. 10번 이상 듣고 따라 하세요.

진	큰 것 있어요?	Yǒu dà de ma?
메이	큰 것은 사지 말아요.	Bié mǎi dà de.
진	왜요? 큰 것이 안 좋아요?	Wèi shénme? Dà de bù hǎo ma?
메이	좋기는 좋은데, 조금 비싸요.	Hǎo shi hǎo, yǒu diǎ(n)r guì.

연습문제

다음 우리말을 보고 중국어로 직접 말해보세요.

1. 큰 것은 맵지 않아요.

🎤 쓰지 말고 말해보세요.

2. 큰 것을 5개 사려고 해요.

🎤

3. 나는 큰 것을 사고 싶지 않아요.

🎤

4. 크기도 하고, 좋기도 해요.

🎤

가격 흥정의 천국~ 중국!

중국에 가려고 한다면 반드시 알아두어야 할 표현들이 있습니다.

바로 '가격을 깎아달라'는 말입니다. 중국은 바가지의 천국(?)입니다. 특히 외국인에게 물건을 파는 중국 상인들의 말은 100% 거짓말이라고 생각해도 될 정도지요. 그래서 가격 흥정은 필수입니다. 익숙하지 않더라도 가격 흥정을 해야 하며, 하지 않으면 손해를 보게 됩니다. 우리나라 관광지에서도 관광객들을 상대로 일명 '바가지'라는 것을 씌우지만, 중국의 경우에는 상상도 되지 않을 정도랍니다. 보통 50~70%를 깎아야 하며, 심하면 원래 가격의 10배 이상을 부르기도 합니다.

가격 흥정을 할 때 처음에는 부르는 가격의 반값부터 제안하고 시작합니다. 상인이 '말도 안 된다'며 과장을 하겠죠? 그럼 미련 없이 돌아서는 척하세요. 그러면 대부분의 상인들은 다시 흥정을 하자고 붙잡습니다. 반값보다 더 싸게 살 수 있는 기회이니 놓치면 손해입니다. 그런데 돌아서는 척하는데도 잡지 않는 상인이 있으면 반값 미만으로 살 수 없다는 뜻이니 다시 생각해보아야 합니다.

혹 가격 흥정이 쑥스러우면 백화점이나 외국인 전용 상점에서 물건을 살 수도 있습니다. 이런 곳은 정찰제이기 때문에 가격을 깎을 필요가 없지만 대신 좀 비싸지요.

물건을 살 때 필요한 중국어

얼마예요?	Duōshao qián(多少钱)?
모두 얼마예요?	Yígòng duōshao qián(一共多少钱)?
너무 비싸요.	Tài guì le(太贵了).
왜 이렇게 비싸요?	Zěnme zhème guì(怎么这么贵)?
싸게 해 주세요.	Piányi yìdiă(n)r(便宜一点儿).
좀 깎아주세요.	Shǎo suàn diă(n)r ba(少算点儿吧).

여덟째마디

•

부사
발 담그기

68

부사 '모두(dōu)'를 써서 말해보자

우리는 모두 중국어를 배워요.

Wǒmen dōu xué Hànyǔ.

강의 및 예문듣기

부사의 시작입니다. 부사는 전체 문장을 매끄럽고 섬세하게 만들어줍니다. 회화를 잘하는 사람은 부사를 잘 사용하는 사람이죠. '모두' 부사가 나왔습니다. 그런데 두 가지 종류가 있네요. 자, 부사를 한번 들어볼까요?

🎧 예문 68-1.mp3

1단계

기본 단어 익히기

이 과에 나오는 주요 단어입니다. 소리를 익힌다는 생각으로 10번 이상 듣고 그 이후부터 따라하세요.

STEP 1	STEP 2
우리말을 보면서 소리만 들으세요. (10회 반복)	중국어 병음을 보면서 따라하세요.
모두	dōu
배우다	xué
중국어	Hànyǔ
좋다	hǎo
작다	xiǎo
무엇?	shénme?
모두, 전부	yígòng
몇 년?	jǐ nián?
4년	sì nián

'모두(dōu)'가 들어 있는 다양한 표현을 익힙니다. 중국어 구조는 신경 쓰지 말고 소리에만 집중합니다. 10번 이상 듣고 따라 하세요.

STEP 1	STEP 2
우리말을 보면서 소리만 들으세요. (10회 반복)	중국어 병음을 보면서 따라하세요.
모두 좋아요?	Dōu hǎo ma?
모두 작아요?	Dōu xiǎo ma?
모두 무엇을 샀어요?	Dōu mǎi le shénme?
모두 다 작지는 않아요.	Bù dōu xiǎo.
내 것은 모두 좋아요.	Wǒ de dōu hǎo.
그의 것은 모두 좋지요?	Tā de dōu hǎo ba?
모두 몇 년 배웠어요?	Yígòng xué le jǐ nián?
모두 4년 배웠어요.	Yígòng xué le sì nián.
당신들은 모두 무엇을 배워요?	Nǐmen dōu xué shénme?
우린 모두 중국어를 배워요.	Wǒmen dōu xué Hànyǔ.

• yígòng 모두, 전부
  합계로써의 '모두'를 나타냄

'모두'를 의미하는 dōu와 yígòng !

dōu는 '모두'라는 뜻으로, 일반 문장에서는 dōu 앞에 복수를 나타내는 단어가 옵니다.
"Wǒmen dōu xué Hànyǔ.(우리는 모두 중국어를 공부합니다.)"에서 내가 아닌 '우리'를 뜻하는 wǒmen 이 온 것 보면 알 수 있죠!
yígòng 또한 '모두'라는 의미입니다. 하지만 여기서는 합계로서의 '모두'라는 의미로, 수량사와 함께 쓰입니다. "Xué Hànyǔ yígòng xué le sì nián.(중국어를 모두 4년 배웠습니다.)"처럼 말이죠!

진	당신들은 모두 무엇을 배워요?	Nǐmen dōu xué shénme?
메이	우린 모두 중국어를 배워요.	Wǒmen dōu xué Hànyǔ.
진	모두 몇 년 배웠어요?	Yígòng xué le jǐ nián?
메이	모두 4년 배웠어요.	Yígòng xué le sì nián.

연습문제

다음 우리말을 보고 중국어로 직접 말해보세요.

1. 당신들은 모두 무엇을 배워요?

🎤 쓰지 말고 말해보세요.

2. 우리는 모두 중국어를 배워요.

🎤

3. 모두 몇 년 배웠어요?

🎤

4. 모두 다 작지는 않아요.

🎤

69 부사 '함께(yíkuà(i)r)'를 써서 말해보자

우리 함께 차 마셔요.
Wǒmen yíkuà(i)r hē chá ba.

강의 및 예문듣기

'함께'라는 표현도 일상생활에서 많이 쓰는 단어입니다. 두 단어로 이루어져 있지요. 발음이 약간 특이하지요? 단어 끝의 r 발음에 주의하면서 따라해 봅시다.

🎧 예문 69-1.mp3

1단계

기본 단어 익히기

이 과에 나오는 주요 단어입니다. 소리를 익힌다는 생각으로 10번 이상 듣고 그 이후부터 따라하세요.

STEP 1	STEP 2
우리말을 보면서 소리만 들으세요. (10회 반복)	중국어 병음을 보면서 따라하세요.
함께, 같이	yíkuà(i)r
마시다	hē
(마시는) 차	chá
~와, ~과	gēn
~하고 싶다	xiǎng
먹다	chī
저녁식사	wǎnfàn
7시	qī diǎn
보다	kàn
중국 영화	Zhōngguó diànyǐng

2단계

핵심 10문장 익히기

'함께(yíkuà(i)r)'가 들어 있는 다양한 표현을 익힙 니다. 중국어 구조는 신경 쓰지 말고 소리에만 집중 합니다. 10번 이상 듣고 따라하세요.

• yí kuà(i)r 함께, 같이 er화 되면서 i는 묵음으로 처 리됨

STEP 1	STEP 2
우리말을 보면서 소리만 들으세요. (10회 반복)	중국어 병음을 보면서 따라하세요.
우리 함께 차 마셔요.	Wǒmen yíkuà(i)r hē chá ba.
그와 함께 가나요?	Gēn tā yíkuà(i)r qù ma?
나하고 함께 만들어요.	Gēn wǒ yíkuà(i)r zuò ba.
저녁에 당신도 함께 가나요?	Wǎnshang nǐ yě yíkuà(i)r qù ma?
우리 함께 저녁식사를 해요.	Wǒmen yíkuà(i)r chī wǎnfàn ba.
우리 함께 중국어를 배워요.	Wǒmen yíkuà(i)r xué Hànyǔ ba.
나는 당신과 함께 가고 싶어 요.	Wǒ xiǎng gēn nǐ yíkuà(i)r qù.
7시에 함께 가면 어때요?	Qī diǎn yíkuà(i)r qù hǎo bu hǎo?
내일 그와 함께 오는 거 어때 요?	Míngtiān gēn tā yíkuà(i)r lái, zěnme yàng?
우리 함께 중국 영화를 보러 가요.	Wǒmen yíkuà(i)r qù kàn Zhōngguó diànyǐng ba.

편하게 읽고 넘어가세요!

함께 해서 즐거운 yíkuà(i)r !

yíkuà(i)r 은 '함께'라는 뜻으로, yíkuà(i)r 이 쓰인 문장은 주어가 wǒmen 처럼 복수이거나, '~와'라 는 뜻의 gēn 등이 쓰여서 혼자가 아닌 2명 이상이 행동에 참여했음을 알 수 있답니다.

3단계

회화에 활용하기

2단계에서 배운 표현을 활용해 회화로 익혀봅니다. 10번 이상 듣고 따라 하세요.

진	내일 그와 함께 오면 어때요?	Míngtiān gēn tā yíkuà(i)r lái, zěnme yàng?
메이	왜요?	Wèi shénme?
진	우리 함께 중국 영화를 보러 가요.	Wǒmen yíkuà(i)r qù kàn Zhōngguó diànyǐng ba.
메이	좋아요, 나는 당신과 함께 가고 싶어요.	Hǎo, wǒ xiǎng gēn nǐ yíkuà(i)r qù.

연습문제

🎧 예문 69-4.mp3

다음 우리말을 보고 중국어로 직접 말해보세요.

1. 우리 함께 차를 마셔요.

🎤 쓰지 말고 말해보세요.

2. 우리 함께 중국어를 배워요.

🎤

3. 나는 당신과 함께 가고 싶어요.

🎤

4. 우리 함께 중국 영화를 보러 가요.

🎤

강의 및 예문듣기

70

부사 '조금(yìdiǎ(n)r)'를 써서 말해보자

조금도 비싸지 않아요.
Yìdiǎ(n)r yě bú guì.

'조금도'는 강조하는 듯한 느낌을 주지요. 일반 문장에 '조금도'를 넣으면 더 고급스런 문장을 구사할 수 있습니다. 단어 끝의 r 발음에 주의하면서 따라해 봅시다.

🎧 예문 70-1.mp3

1단계

기본 단어 익히기

이 과에 나오는 주요 단어입니다. 소리를 익힌다는 생각으로 10번 이상 듣고 그 이후부터 따라하세요.

STEP 1	STEP 2
우리말을 보면서 소리만 들으세요. (10회 반복)	중국어 병음을 보면서 따라하세요.
조금, 약간	yìdiǎ(n)r
~도	yě
비싸다	guì
길다	cháng
맵다	là
조금, 약간	yǒu diǎ(n)r
바쁘다	máng
어렵다	nán

2단계

핵심 10문장 익히기

'조금(yìdiǎ(n)r)'이 들어 있는 다양한 표현을 익힙니다. 중국어 구조는 신경 쓰지 말고 소리에만 집중합니다. 10번 이상 듣고 따라하세요.

• yǒu diǎ(n)r 조금
  yǒu diǎ(n)r 은 yǒu yì diǎ(n)r 에서 yī(一)가 생략된 표현임
  er화 되면서 n은 묵음으로 처리됨

STEP 1	STEP 2
우리말을 보면서 소리만 들으세요. (10회 반복)	중국어 병음을 보면서 따라하세요.
조금 바빠요.	Yǒu diǎ(n)r máng.
조금 어려워요.	Yǒu diǎ(n)r nán.
조금 비싸요.	Yǒu diǎ(n)r guì.
조금 길어요.	Yǒu diǎ(n)r cháng.
저것보다 조금 비싸요.	Bǐ nà ge guì yìdiǎ(n)r.
조금도 비싸지 않아요.	Yìdiǎ(n)r yě bú guì.
조금도 안 길어요.	Yìdiǎ(n)r yě bù cháng.
조금도 안 매워요.	Yìdiǎ(n)r yě bú là.
당신이 산 것은 조금 비싸요?	Nǐ mǎi de yǒu diǎ(n)r guì ma?
이것이 저것보다 조금 비싸죠?	Zhè ge bǐ nà ge guì yìdiǎ(n)r ba?

강조 뉘앙스의 yìdiǎ(n)r yě !

yìdiǎ(n)r 은 '조금'이라는 뜻입니다. 여기에 yě 가 결합하여 '조금도'라는 뜻으로, 심지어 최소의 수량 단위인 'yī(하나)'에도 못 미친다는 표현입니다. "yìdiǎ(n)r yě bú guì."는 값이 전혀 비싸지 않다는 것을 강조하는 문장이랍니다.

3단계

회화에 활용하기

2단계에서 배운 표현을 활용해 회화로 익혀봅니다. 10번 이상 듣고 따라 하세요.

진	이것이 저것보다 조금 비싸지요?	Zhè ge bǐ nà ge guì yìdiǎ(n)r ba?
메이	저것보다 조금 비싸요.	Bǐ nà ge guì yìdiǎ(n)r.
진	당신이 산 것은 조금 비싸요?	Nǐ mǎi de yǒu diǎ(n)r guì ma?
메이	내 것은 조금도 비싸지 않아요.	Wǒ de yìdiǎ(n)r yě bú guì.

연습문제

다음 우리말을 보고 중국어로 직접 말해보세요.

1. 이것이 저것보다 조금 비싸죠?

🎤 쓰지 말고 말해보세요.

2. 조금도 비싸지 않아요.

🎤

3. 조금 바빠요.

🎤

4. 조금도 안 매워요.

🎤

71

부사 '잠시(yíhu(ì)r)'를 써서 말해보자

잠시 쉬자.
Xiūxi yíhu(ì)r ba.

강의 및 예문듣기

발음을 들어보니 어떤가요? 왠지 많이 들은 것 같은 느낌이 들지요? 바로 'yíkuà(i)r(함께)'와 유사합니다. k 발음과 h 발음의 차이가 나지요. 지금은 들리는 대로 연습하면 됩니다. yíkuà(i)r 과 yíhu(ì)r 이 어떤 차이가 있는지만 느껴보세요.

🔊 예문 71-1.mp3

1단계

기본 단어 익히기

이 과에 나오는 주요 단어입니다. 소리를 익힌다는 생각으로 10번 이상 듣고 그 이후부터 따라하세요.

STEP 1	STEP 2
우리말을 보면서 소리만 들으세요. (10회 반복)	중국어 병음을 보면서 따라하세요.
쉬다, 휴식하다	xiūxi
잠깐 동안, 짧은 시간	yíhu(ì)r
~해 주세요	qǐng
잠시, 조금	shāo
기다리다	děng
자다	shuì
사과	píngguǒ
밥을 먹다, 식사하다	chī fàn
차례, 번	tàng
다시, 재차	zài
전화를 걸다	dǎ diànhuà

'잠시(yíhu(ì)r)'가 들어 있는 다양한 표현을 익힙니다. 중국어 구조는 신경 쓰지 말고 소리에만 집중합니다. 10번 이상 듣고 따라하세요.

• qǐng ~해 주세요
부탁할 때 쓰는 표현으로, 청유형을 나타냄

• tàng 차례, 번
왕복 횟수를 나타냄

• yíhu(ì)r 잠시
er화 되면서 i는 묵음으로 처리됨

STEP 1	STEP 2
우리말을 보면서 소리만 들으세요. (10회 반복)	중국어 병음을 보면서 따라하세요.
잠시 기다려 주세요.	Qǐng shāo děng yíhu(ì)r.
잠시 앉으세요.	Qǐng zuò yíhu(ì)r ba.
잠시 쉬고 싶어요.	Xiǎng xiūxi yíhu(ì)r.
잠시 쉬어요.	Xiūxi yíhu(ì)r ba.
잠시 주무세요.	Shuì yíhu(ì)r ba.
잠시 있다가 사과를 먹어요.	Děng yíhu(ì)r chī píngguǒ ba.
잠시 있다가 우리 식사해요.	Děng yíhu(ì)r wǒmen chī fàn ba.
잠시 있다가 당신이 다녀가세요.	Děng yíhu(ì)r nǐ lái yí tàng ba.
여기서 잠시 쉬는 거 어때요?	Zài zhèr xiūxi yíhu(ì)r, zěnme yàng?
잠시 있다가 다시 그에게 전화합시다.	Děng yíhu(ì)r zài gěi tā dǎ diànhuà ba.

편하게 읽고
넘어가세요!

yī 의 변신!

'하나'를 뜻하는 yī 는 원래 1성으로 발음해야 합니다. 하지만 여러 음절을 연이어 발음할 때, 다른 성조의 영향을 받아 본래의 성조가 변하기도 합니다. yī 는 4성 앞에서는 2성으로 변하기 때문에 [yī + huìr]은 yíhu(ì)r 이라고 발음합니다.

3단계

회화에 활용하기

2단계에서 배운 표현을 활용해 회화로 익혀봅니다. 10번 이상 듣고 따라 하세요.

진	걸어서 힘들지요?	Zǒu lèi le ba?
메이	잠시 쉬고 싶어요.	Xiǎng xiūxi yíhu(ì)r.
진	여기서 잠시 쉬는거 어때요?	Zài zhèr xiūxi yíhu(ì)r, zěnme yàng?
메이	좋아요. 잠시 쉬어요.	Hǎo, xiūxi yíhu(ì)r ba.

연습문제

다음 우리말을 보고 중국어로 직접 말해보세요.

1. 잠시 쉬고 싶어요.

🎤 쓰지 말고 말해보세요.

2. 여기서 잠시 쉬면 어때요?

🎤

3. 잠시 있다가 우리 식사해요.

🎤

4. 잠시 주무세요.

🎤

중국인에게 시계를 선물하지 마세요!

우리나라 사람들은 사람 사이의 '관계'를 아주 중요하게 생각합니다. 그런데 우리나라 사람들 이상으로 관계를 중요시 하는 사람들이 바로 중국인입니다. 관계를 돈독히 하기 위해서 선물을 해야 하는 경우도 있지요? 이때 중국에서는 선물해서는 안 되는 리스트가 있습니다.

그렇다면 중국인들이 가장 싫어하는 선물은 뭐가 있을까요?

첫 번째는 시계(钟 zhōng)입니다. zhōng은 '끝, 죽음'이란 뜻의 zhōng(终)과 같습니다. '시계를 선물하다'는 sòng zhōng(送钟)인데, 이 단어의 발음이 '임종하다, 장례를 치르다'란 뜻의 sòng zhōng(送终)과 같아지지요. 어때요? 시계 (钟 zhōng)을 싫어할 만한가요?

두 번째로 중국인들은 동물 가운데 '거북'을 가장 싫어합니다. 중국어로 거북은 guī(龟)입니다. 이 단어는 중국인들이 욕할 때 쓰는 '~놈, ~새끼'라는 말인 guǐ(鬼)와 발음이 비슷하기 때문입니다. 그러니 우리나라의 경우만 생각하고 거북 모양의 시계를 선물한다면 관계가 완전히 끝날(?) 수도 있지요. 중국인들이 귀하게 여기는 용, 뱀, 봉황 등의 무늬가 있는 선물을 하는 것이 좋습니다.

세 번째, 중국인에게 과일 중에서 '배'를 선물하는 것도 금물입니다. 배는 중국어로 lí(梨)인데 '이별하다'의 lí(离)와 발음이 같기 때문입니다.

네 번째, '우산'도 선물해서는 안 됩니다. 우산(雨伞 yǔsǎn)은 '헤어지다'의 sàn(散)과 발음이 같기 때문입니다.

중국인들은 '관계' 일명 '꽌시(关系)'를 아주 중요하게 생각합니다. 좋은 관계를 맺으려고 신경써서 선물했는데 선물 때문에 낭패를 보면 안 되겠죠!

동사 · 형용사 · 부사
완전 정복하기

지금까지 게으름 피우지 않고 착실히 했나요? 이제 듣는 게 어느 정도 익숙해졌을 거예요. 하지만 아직도 입에서 중국어가 술술 나오지는 않습니다. 당연합니다. 지금은 발음이 귀에 익숙한 정도면 성공! 넷째마당은 둘째마당과 셋째마당에서 배운 내용들입니다. 다시 시작하는 마음으로 열심히 듣고 따라 해 봅시다.

넷째마당에서는 중국어 한자가 여러분을 기다리고 있어요. 하지만 외우려 하지 마세요. 글자에 신경을 쓰다 보면 발음을 망칩니다. 그냥 중국어 한자는 이렇게 생겼구나 참고만 하면 됩니다.

아홉째마디

•

동사
정복하기
①

72

동사 '듣다(听 tīng) · 말하다(说 shuō)'를 써서 말해보자

당신은 말하고, 나는 들어요.
你说，我听。　Nǐ shuō, wǒ tīng.

강의 및 예문듣기

자, 여러분 이제 듣는 게 어느 정도 익숙해졌나요? 하지만 아직도 입에서 중국어가 술술 나오지 않는다구요? 당연합니다! 지금은 발음이 귀에 익숙한 정도면 OK! 다시 시작하는 마음으로 열심히 듣고 따라합시다. 이번 과에서는 '듣다 · 말하다'를 활용한 문장을 공부합니다.

🎧 예문 72-1.mp3

1단계

표현 복습하기

22과에서 배운 핵심 10문장입니다. 한자까지 참고하면서 다시 한번 복습해 보세요.

단어

听 tīng 듣다
不 bù 아니다
为什么 wèi shénme 왜
谁 shéi 누구

잠깐만요!

대화 내용이 어디서 많이 본 듯하지요? 둘째마당 22과와 23과에서 공부한 동사 관련 문장들입니다. 이번에 확실하게 복습하고 넘어갑시다.

STEP 1	STEP 2
중국어 병음을 보면서 읽으세요. (10회 반복)	우리말을 보면서 중국어로 말해보세요.
듣니?	听吗? Tīng ma?
안 들어.	不听。 Bù tīng.
듣자.	听吧。 Tīng ba.
우리 듣자.	我们听吧。 Wǒmen tīng ba.
듣니 안 듣니?	听不听? Tīng bu tīng?
난 안 들어.	我不听。 Wǒ bù tīng.
왜 안 듣니?	为什么不听? Wèi shénme bù tīng?
왜 안 들었니?	为什么没听? Wèi shénme méi tīng?
누가 안 듣니?	谁不听? Shéi bù tīng?
누가 안 들었니?	谁没听? Shéi méi tīng?

23과에서 배운 핵심 10문장입니다. 한자까지 참고하면서 다시 한번 복습해 보세요.

말했니?	说了吗? Shuō le ma?
그가 말했어.	他说了。 Tā shuō le.
말하지 마.	别说。 Bié shuō.
너도 말했니?	你也说了吗? Nǐ yě shuō le ma?
오늘 말했니?	今天说了吗? Jīntiān shuō le ma?
말 좀 해.	说一说吧。 Shuō yi shuō ba.
그에게 말해.	跟他说吧。 Gēn tā shuō ba.
나는 말 안 했어.	我没说。 Wǒ méi shuō.
오늘 누가 말했어?	今天谁说了? Jīntiān shéi shuō le?
그에게 말하지 마.	别跟他说。 Bié gēn tā shuō.

단어

说 shuō 말하다
别 bié ～하지 마라
今天 jīntiān 오늘
跟 gēn ～와, ～과

① **의문문 만들기**

중국어에서 의문문 만드는 방법은 간단합니다. 첫째, 동사의 긍정형과 부정형을 연결시킨다. 둘째, 문장 끝에 ma를 붙인다.

Tīng bu tīng? 듣니 안 듣니?　　　　　　　shuō bu shuō? 말하니 말 안 하니?
Tīng ma? 듣니?　　　　　　　　　　　　shuō ma? 말하니?

② **의문사가 들어간 의문문 만들기**

'누구', '왜' 등 의문사를 넣어 의문문을 만드는 방법입니다. 그냥 'wèi shénme(왜), shéi(누구)' 등의 의문사만 붙이면 됩니다.

Wèi shénme bù tīng? 왜 안 듣니?　　　　Shéi shuō? 누가 말하니?

224

2단계

응용표현 익히기

1단계에서 배운 핵심문장을 기본으로 한 응용표현을 배웁니다. 새로 나온 단어와 한자를 참고해서 연습해보세요.

STEP 1	STEP 2
중국어 병음을 보면서 읽으세요. (10회 반복)	우리말을 보면서 중국어로 말해보세요.

나는 들어요.	我听。 Wǒ tīng.
당신도 들어요.	你也听。 Nǐ yě tīng.
그도 들어요.	他也听。 Tā yě tīng.
우리는 모두 들어요.	我们都听。 Wǒmen dōu tīng.
엄마는 말해요.	妈妈说。 Māma shuō.
아빠도 말해요.	爸爸也说。 Bàba yě shuō.
그들은 모두 와서 말해요.	他们都来说。 Tāmen dōu lái shuō.
그들이 모두 와서 들어요.	他们都来听。 Tāmen dōu lái tīng.
당신은 말하고, 나는 들어요.	你说，我听。 Nǐ shuō, wǒ tīng.
선생님은 말씀하시고, 학생은 들어요.	老师说，学生听。 Lǎoshī shuō, xuésheng tīng.

단어

妈妈 māma 엄마
爸爸 bàba 아빠
老师 lǎoshī 선생님
学生 xuésheng 학생

잠깐만요!

처음에는 듣기만 하고 따라 하세요. 그 후에 한어병음을 보면서, 그 다음에 해석까지 보면서 연습하세요. '듣다'와 '말하다'동사 모두 1성입니다. 1성 연습을 충분히 하세요. '말하다 shuō'의 권설음 (sh) 연습도 놓치지 마세요.

다음 대화를 중국어로 직접 말해보세요. 중국어가 바로 나오지 않는다면 다시 앞으로 돌아가서 연습합니다.

1. A 당신은 말하고, 나는 들어요. 🎤 쓰지 말고 말해보세요.

 B 그도 들어요. 🎤

2. A 선생님은 말씀하시고, 학생은 들어요. 🎤

 B 그들이 모두 와서 들어요. 🎤

한자 맛보기 이번 과에서 반복되어 나온 중요한 글자만 수록하였습니다. 외워야 한다는 생각은 하지 말고 부담 없이 써 보세요.

1. shuō	说 说 说 说 说 说 说 说 说
说	

2. tīng	听 听 听 听 听 听 听
听	

3. lǎo	老 老 老 老 老 老
老	

4. shī	师 师 师 师 师 师
师	

73

동사 '읽다(念 niàn) · 쓰다(写 xiě)'를 써서 말해보자

우리는 모두 읽어요.
我们都念。   Wǒmen dōu niàn.

강의 및 예문듣기

'듣기'와 '말하기' 다음에 중요한 것이 '읽기'와 '쓰기'입니다. 사실 어느 것 하나 더 중요하다 덜 중요하다 말할 수 없이 모두 중요하답니다. 먼저 들어보고 정확한 성조와 발음을 따라합시다.

🎧 예문 73-1.mp3

1단계
표현 복습하기

24과에서 배운 핵심 10문장입니다. 한자까지 참고하면서 다시 한번 복습해보세요.

STEP 1	STEP 2
중국어 병음을 보면서 읽으세요. (10회 반복)	우리말을 보면서 중국어로 말해보세요.
누가 읽었니?	谁念了? Shéi niàn le?
지금 읽자.	现在念吧。 Xiànzài niàn ba.
지금 읽지 마.	现在别念。 Xiànzài bié niàn.
읽었니 안 읽었니?	念了没有? Niàn le méi yǒu?
읽은 적 있니?	念过吗? Niàn guo ma?
한 번 읽었어.	念了一次。 Niàn le yí cì.
나는 읽을 줄 몰라요.	我不会念。 Wǒ bú huì niàn.
읽은 적 없어요.	没念过。 Méi niàn guo.
너는 읽고 싶니?	你想念吗? Nǐ xiǎng niàn ma?
아무도 읽을 줄 몰라요.	谁也不会念。 Shéi yě bú huì niàn.

단어

念 niàn 읽다
现在 xiànzài 지금
吗 ma ~입니까?
次 cì 번, 차례
会 huì ~할 줄 안다
想 xiǎng ~하고 싶다

25과에서 배운 핵심 10문장입니다. 한자까지 참고하면서 다시 한번 복습해 보세요.

너는 무얼 쓰니?	你写什么? Nǐ xiě shénme?
일기를 써요.	写日记。 Xiě rìjì.
당신도 좀 써요.	你也写一写吧。 Nǐ yě xiě yi xiě ba.
언제 쓰니?	什么时候写? Shénme shíhou xiě?
언제 일기를 쓰니?	什么时候写日记? Shénme shíhou xiě rìjì?
왜 안 쓰니?	怎么不写? Zěnme bù xiě?
언제 쓴 것이니?	什么时候写的? Shénme shíhou xiě de?
내일 저녁에 쓰자.	明天晚上写吧。 Míngtiān wǎnshang xiě ba.
우리 집에서 쓰면 어때?	在我家写好不好? Zài wǒ jiā xiě hǎo bu hǎo?
날마다 저녁에 일기를 써요.	天天晚上写日记。 Tiāntiān wǎnshang xiě rìjì.

단어

写 xiě 쓰다
日记 rìjì 일기
吧 ba ~해라
什么时候
shénme shíhou 언제
怎么 zěnme 왜
天天 tiāntiān 매일,
날마다

 잠깐만요!

'내일'의 원래 성조는 míng tiān이지만 실제로 tiān은 경성으로 처리되는 경우가 많습니다.

 편하게 읽고 넘어가세요!

❶ ou 발음 연습하기

dōu는 높고 평평한 1성입니다. 주의할 것은 ou 부분입니다. 한국어로 표현하자면 '어우'처럼 발음해야 합니다.

dōu 모두   Tāmen dōu niàn. 그들은 모두 읽어요.

❷ '~한 적 있다' 구문 만들기

과거 경험을 나타내는 구문으로, 동사 뒤에 guò를 넣어주면 되지요. 원래는 4성이지만, 이 경우에는 경성으로 발음하면 됩니다.

guo ~한 적 있다   Niàn guo ma? 읽은 적 있니?

❸ bù 변신

bù(不)는 4성 앞에서는 2성으로 변합니다.

bù 아니다   bú huì 할 줄 모른다   Bú huì niàn. 읽을 줄 모른다.

228

2단계

응용표현 익히기

1단계에서 배운 핵심문장을 기본으로 한 응용표현을 배웁니다. 새로 나온 단어와 한자를 참고해서 연습해보세요.

STEP 1	STEP 2
중국어 병음을 보면서 읽으세요. (10회 반복)	우리말을 보면서 중국어로 말해보세요.

형은 읽어요?

哥哥念吗?
Gēge niàn ma?

형도 읽어요.

哥哥也念。
Gēge yě niàn.

너희는 모두 읽니?

你们都念吗?
Nǐmen dōu niàn ma?

우리는 모두 읽어요.

我们都念。
Wǒmen dōu niàn.

그들은 모두 읽어요.

他们都念。
Tāmen dōu niàn.

선생님이 써요?

老师写吗?
Lǎoshī xiě ma?

선생님도 써요.

老师也写。
Lǎoshī yě xiě.

우리는 모두 써요.

我们都写。
Wǒmen dōu xiě.

선생님이 쓴 것은 어느 것인가요?

老师写的是哪个?
Lǎoshī xiě de shì nǎ ge?

선생님이 쓴 것은 바로 이것이에요.

老师写的就是这个。
Lǎoshī xiě de jiù shì zhè ge.

단어

哥哥 gēge 형
也 yě ~도
都 dōu 모두
哪个 nǎ ge 어느 것
就是 jiù shì 바로 ~이다
这个 zhè ge 이것

잠깐만요!

둘째 마당에서 귀를 훈련시키고 다시 한 번 더 복습했으니 이제는 익숙할 듯합니다. '쓰다 xiě'의 3성에 다시 한 번 주의하세요. bù 성조 변화도 연습해봅시다.

다음 대화를 중국어로 직접 말해보세요. 중국어가 바로 나오지 않는다면 다시 앞으로 돌아가서 연습합니다.

1. A 형은 읽어요?　　🎤 쓰지 말고 말해보세요.

   B 형도 읽어요.　　🎤

2. A 선생님이 쓴 것은 어느 것인가요?　🎤

   B 선생님이 쓴 것은 바로 이것이에요.　🎤

한자
맛보기 이번 과에서 반복되어 나온 중요한 글자만 수록하였습니다. 외워야 한다는 생각은 하지 말고 부담 없이 써 보세요.

1. niàn	念 念 念 念 念 念 念 念		
念			
2. xiě	写 写 写 写 写		
写			
3. rì	日 日 日 日		
日			
4. jì	记 记 记 记 记		
记			

동사 '먹다(吃 chī) · 마시다(喝 hē)'를 써서 말해보자

지금 먹고 싶지 않아요?

现在不想吃吗? Xiànzài bù xiǎng chī ma?

'먹다 · 마시다'와 관련된 표현들이 나왔습니다. 특히 주의해야 할 권설음 chī의 ch 와 '마시다 hē'의 h 발음은 권설음은 아니지만 쉽지 않은 발음입니다. 귀 기울여 잘 듣고 따라하세요!

🎧 예문 74-1.mp3

1단계

표현 복습하기

26과에서 배운 핵심 10문장입니다. 한자까지 참고하면서 다시 한번 복습해보세요.

STEP 1	STEP 2
중국어 병음을 보면서 읽으세요. (10회 반복)	우리말을 보면서 중국어로 말해보세요.
무얼 먹니?	吃什么? Chī shénme?
쇠고기를 먹어.	吃牛肉。 Chī niúròu.
고기 먹기를 좋아해.	爱吃肉。 Ài chī ròu.
무슨 고기를 먹니?	吃什么肉? Chī shénme ròu?
뭐가 먹고 싶니?	想吃什么? Xiǎng chī shénme?
오늘은 뭐가 먹고 싶니?	今天想吃什么? Jīntiān xiǎng chī shénme?
돼지고기는 먹니 안 먹니?	吃不吃猪肉? Chī bu chī zhūròu?
나는 돼지고기를 좋아하지 않아.	我不喜欢吃猪肉。 Wǒ bù xǐhuan chī zhūròu.
중국 요리는 먹니 안 먹니?	吃不吃中国菜? Chī bu chī Zhōngguó cài?
나는 먹을 수는 있지만, 만들 줄은 몰라.	我能吃，不会做。 Wǒ néng chī, bú huì zuò.

단어

吃 chī 먹다

牛肉 niúròu 쇠고기

爱 ài ~하기 좋아하다

猪肉 zhūròu 돼지고기

中国菜 zhōngguó cài 중국 음식

做 zuò 만들다

27과에서 배운 핵심 10문장입니다. 한자까지 참고하면서 다시 한번 복습해 보세요.

누가 마시니?	谁喝? Shéi hē?
정말 마셨니?	真的喝了吗? Zhēnde hē le ma?
너 커피 마시니?	你喝咖啡吗? Nǐ hē kāfēi ma?
너도 좀 마셔라.	你也喝一点儿吧 Nǐ yě hē yìdiǎ(n)r ba.
내일 어디서 마시니?	明天在哪儿喝? Míngtiān zài nǎr hē?
나랑 한 잔 마시면 어때?	跟我喝一杯好不好? Gēn wǒ hē yì bēi hǎo bu hǎo?
마시고 싶지 않아.	不想喝。 Bù xiǎng hē.
마시고 싶지 않니?	不想喝吗? Bù xiǎng hē ma?
한두 잔 마셨어.	喝了一两杯。 Hē le yì liǎng bēi.
이미 여러 잔 마셨어.	已经喝了好几杯。 Yǐjīng hē le hǎo jǐ bēi.

단어

喝 hē 마시다
咖啡 kāfēi 커피
明天 míngtiān 내일
杯 bēi 잔
已经 yǐjīng 이미

편하게 읽고 넘어가세요!

❶ hē 발음 연습하기

hē(喝)는 1성입니다. 이 단어를 '허'라고 발음하면 중국어가 아니라 한국어처럼 들립니다. '흐어'처럼 2음절로 발음해야 더 정확합니다. 1성이니까 높고 평평하게 발음해봅시다.

hē 마시다 　　　　　　　Gēge hē ma? 형이 마셔요?

❷ 권설음 연습하기

shi, chi, zhi, ri는 중국어에만 있는 어려운 발음인 권설음입니다. 많이 듣고 따라해 보세요. 혀를 구부려서 입천장에 가볍게 댄 후 혀의 양 옆으로 바람이 나가도록 발음하면 됩니다.

shénme 무엇 　　　　　chī 먹다 　　　　　zhūròu 돼지고기

❸ yī 의 다양한 성조 변화

첫째, yī(一), èr(二), sān(三)처럼 수를 셀 때와 숫자의 끝에 오는 경우는 1성으로 읽습니다.
둘째, 4성 앞에서는 2성으로 읽어야 합니다.
yīgòng → yígòng 모두(합계)
셋째, 첫째와 둘째의 경우를 제외한 1성, 2성, 3성 단어 앞에서는 4성으로 읽어야 합니다.
yī bēi → yì bēi 한 잔 　　　　yī huí → yì huí 한 번 　　　　yī wǎn → yì wǎn 한 그릇

2단계

응용표현 익히기

1단계에서 배운 핵심문장을 기본으로 한 응용표현을 배웁니다. 새로 나온 단어와 한자를 참고해서 연습해보세요.

STEP 1	STEP 2
중국어 병음을 보면서 읽으세요. (10회 반복)	우리말을 보면서 중국어로 말해보세요.

지금 뭐 먹어요?

现在吃什么?
Xiànzài chī shénme?

그럼, 내일 먹어요?

那么，明天吃吗?
Nàme,　míngtiān chī ma?

내일 먹어요.

明天吃。
Míngtiān chī.

그들은 안 마셔요?

他们不喝吗?
Tāmen bù hē ma?

그들도 마셔요.

他们也喝。
Tāmen yě hē.

언니가 마셔요?

姐姐喝吗?
Jiějie hē ma?

형이 맥주를 마셔요?

哥哥喝啤酒吗?
Gēge hē píjiǔ ma?

형은 맥주를 안 마셔요.

哥哥不喝啤酒。
Gēge bù hē píjiǔ.

지금 먹고 싶지 않아요?

现在不想吃吗?
Xiànzài bù xiǎng chī ma?

지금은 아무것도 먹고 싶지 않아요.

现在什么也不想吃。
Xiànzài shénme yě bù xiǎng chī.

단어

那么 nàme 그러면
姐姐 jiějie 언니, 누나
啤酒 píjiǔ 맥주

잠깐만요!

권설음 단어 '먹다 chī', '돼지고기 zhūròu', '무엇 shénme' 등의 발음에 주의합시다.

다음 대화를 중국어로 직접 말해보세요. 중국어가 바로 나오지 않는다면 다시 앞으로 돌아가서 연습합니다.

1. A 지금 먹고 싶지 않아요? 🎤 쓰지 말고 말해보세요.

   B 지금 아무것도 먹고 싶지 않아요. 🎤

2. A 형이 맥주를 마셔요? 🎤

   B 형은 맥주를 안 마셔요. 🎤

한자 맛보기 이번 과에서 반복되어 나온 중요한 글자만 수록하였습니다. 외워야 한다는 생각은 하지 말고 부담 없이 써 보세요.

1. chī	吃 吃 吃 吃 吃 吃					
吃						

2. hē	喝 喝 喝 喝 喝 喝 喝 喝 喝 喝 喝 喝					
喝						

3. kā	咖 咖 咖 咖 咖 咖 咖 咖					
咖						

4. fēi	啡 啡 啡 啡 啡 啡 啡 啡 啡 啡 啡					
啡						

동사 '가다(去 qù) · 오다(来 lái)'를 써서 말해보자

75

무슨 요일에 가요?
星期几去? Xīngqī jǐ qù?

강의 및 예문듣기

'가다'와 '오다'는 둘 다 어려운 발음입니다. '가다 qù'는 입을 동그랗게 모은 상태에서 움직이지 않은 채 4성으로 발음합니다. '오다 lái'는 끝이 올라가는 느낌입니다. '가다'와 '오다'를 일부러 연결시켜 연습해봅시다.

🎧 예문 75-1.mp3

1단계

표현 복습하기

28과에서 배운 핵심 10문장입니다. 한자까지 참고하면서 다시 한번 복습해보세요.

STEP 1	STEP 2
중국어 병음을 보면서 읽으세요. (10회 반복)	우리말을 보면서 중국어로 말해보세요.
몇 월 며칠에 가요?	几月几号去? Jǐ yuè jǐ hào qù?
5월 15일에 가요.	五月十五号去。 Wǔ yuè shíwǔ hào qù.
화요일에 가요?	星期二去吗? Xīngqī èr qù ma?
목요일에 가요.	星期四去。 Xīngqī sì qù.
무얼 타고 가요?	坐什么去? Zuò shénme qù?
비행기를 타고 가요.	坐飞机去。 Zuò fēijī qù.
배를 타고 어디 가요?	坐船去哪儿? Zuò chuán qù nǎr?
지하철을 타고 병원에 가요.	坐地铁去医院。 Zuò dìtiě qù yīyuàn.
약을 사러 가요.	买药去。 Mǎi yào qù
무슨 약을 사러 가요?	买什么药去? Mǎi shénme yào qù?

단어

几 jǐ 몇
月 yuè 월
号 hào 일
去 qù 가다
星期二 xīngqī èr
　　　　화요일
星期四 xīngqī sì
　　　　목요일
坐 zuò 타다
飞机 fēijī 비행기
船 chuán 배
地铁 dìtiě 지하철
医院 yīyuàn 병원
药 yào 약

오늘 와라.	今天来吧。 Jīntiān lái ba.
내일 와라.	明天来吧。 Míngtiān lái ba.
꼭 와라.	一定来吧。 Yídìng lái ba.
올 수 있어.	能来。 Néng lái.
수요일은 올 수 있어.	星期三能来。 Xīngqī sān néng lái.
미안해, 올 수 없어.	对不起，不能来。 Duìbuqǐ, bù néng lái.
와서 먹어라.	来吃吧。 Lái chī ba.
와서 보아라.	来看吧。 Lái kàn ba.
내일 저녁에 꼭 와라.	明天晚上一定来吧。 Míngtiān wǎnshang yídìng lái ba.
내일 우리 집에 와라.	明天来我家吧。 Míngtiān lái wǒ jiā ba.

단어

来 lái 오다
一定 yídìng 반드시, 꼭
星期三 xīngqī sān 수요일
看 kàn 보다
晚上 wǎnshang 저녁

편하게 읽고 넘어가세요!

❶ jǐ 활용

'무슨 요일'하면 xīngqī jǐ 입니다. xīngqī(星期)는 요일, jǐ(几)는 '몇'의 뜻이지요. 중국어의 요일은 xīngqī yī(월요일), xīngqī èr(화요일)의 순으로 뒤의 숫자에 따라 결정됩니다. 그래서 무슨 요일인지 물어볼 때 xīngqī 뒤에 jǐ를 붙이지요. '몇 주'일 때는 jǐ ge xīngqī 이며, 여기서 ge(个)는 양사랍니다.

jǐ 몇   xīngqī jǐ 무슨 요일
xīngqī jǐ qù? 무슨 요일에 가요?   jǐ ge xīngqī? 몇 주?

❷ 인칭대명사 앞에 있는 de 생략

'내 친구'는 Wǒ de péngyou 도 되고 Wǒ péngyou 도 됩니다. de(的)는 '~의'란 뜻의 조사지만 인칭대명사 앞에서 생략할 수 있지요.

wǒ de péngyou / wǒ péngyou 내 친구   Wǒ (de) péngyou lái. 내 친구가 와요.

❸ 교통수단에 따라 달라지는 동사 '타다'

'타다'란 뜻의 동사는 타는 대상에 따라 달라집니다. 비행기, 기차 종류는 zuò(坐)를 사용합니다. 하지만 말이나 자전거의 경우는 qí(骑)를 사용합니다.

qí zìxíngchē qù 자전거를 타고 가다   zuò fēijī qù 비행기를 타고 가다

2단계

응용표현 익히기

1단계에서 배운 핵심문장을 기본으로 한 응용표현을 배웁니다. 새로 나온 단어와 한자를 참고해서 연습해보세요.

STEP 1	STEP 2
중국어 병음을 보면서 읽으세요. (10회 반복)	우리말을 보면서 중국어로 말해보세요.

날마다 몇 시에 가요?

天天几点去?
Tiāntiān jǐ diǎn qù?

저녁 6시에 가요.

晚上六点去。
Wǎnshang liù diǎn qù.

우리는 모두 가요.

我们都去。
Wǒmen dōu qù.

무슨 요일에 가요?

星期几去?
Xīngqī jǐ qù?

나는 화요일에 갈 작정이에요.

我打算星期二去。
Wǒ dǎsuan xīngqī èr qù.

오늘 와요.

今天来。
Jīntiān lái.

그가 와요?

他来吗?
Tā lái ma?

당신도 올 수 있어요?

你也能来吗?
Nǐ yě néng lái ma?

나는 올 시간이 없고, 내 친구가 와요.

我没有工夫来，我朋友来。
Wǒ méi yǒu gōngfu lái, wǒ péngyou lái.

남동생이 와서 봐요.

弟弟来看。
Dìdi lái kàn.

단어

天天 tiāntiān
　　　 매일, 날마다

星期几? xīngqī jǐ?
　　　 무슨 요일?

打算 dǎsuan
　　　 ~할 작정이다

时间 shíjiān　시간

工夫 gōngfu　틈, 짬

弟弟 dìdi　남동생

잠깐만요!

4성의 '가다 qù'와 2성의 '오다 lái' 발음을 많이 연습합시다.

237

🎧 예문 75-3.mp3

다음 대화를 중국어로 직접 말해보세요. 중국어가 바로 나오지 않는다면 다시 앞으로 돌아가서 연습합니다.

1. A 무슨 요일에 가요? 🎤 쓰지 말고 말해보세요.

   B 나는 화요일에 갈 작정이에요. 🎤

2. A 당신도 올 수 있어요? 🎤

   B 나는 올 시간이 없고, 내 친구가 와요. 🎤

한자 맛보기 이번 과에서 반복되어 나온 중요한 글자만 수록하였습니다. 외워야 한다는 생각은 하지 말고 부담 없이 써 보세요.

1. qù	去　去　去　去　去		
去			
2. lái	来　来　来　来　来　来　来		
来			
3. xīng	星　星　星　星　星　星　星　星　星		
星			
4. qī	期　期　期　期　期　期　期　期　期　期　期　期		
期			

76

동사 '사다(买 mǎi) · 팔다(卖 mài)'를 써서 말해보자

내일 무엇을 사러 가요?
明天去买什么? Míngtiān qù mǎi shénme?

강의 및 예문듣기

'사다'와 '팔다'는 둘 다 mai라고 발음합니다. 글자 모양도 비슷합니다. 단 성조가 다르지요. '사다'는 3성, '팔다'는 4성입니다. 성조를 정확히 하지 않으면 순식간에 반대의 뜻이 되니 주의합시다.

🎧 예문 76-1.mp3

1단계
표현 복습하기

30과에서 배운 핵심 10문장입니다. 한자까지 참고하면서 다시 한번 복습해 보세요.

STEP 1	STEP 2
중국어 병음을 보면서 읽으세요. (10회 반복)	우리말을 보면서 중국어로 말해보세요.

너 오늘 사니?	你今天买吗? Nǐ jīntiān mǎi ma?
오늘은 안 사요.	今天不买。 Jīntiān bù mǎi.
그럼, 언제 사니?	那么, 什么时候买? Nàme, shénme shíhou mǎi?
다음 주에 사요.	下星期买。 Xià xīngqī mǎi.
다음 주에 어디 가서 사니?	下星期去哪儿买? Xià xīngqī qù nǎr mǎi?
백화점에 가서 사요.	去百货公司买。 Qù bǎihuò gōngsī mǎi.
가서 무얼 사니?	去买什么? Qù mǎi shénme?
가서 양복을 한 벌 사요.	去买一套西服。 Qù mǎi yí tào xīfú.
비싼 것을 사려고 하니?	要买贵的吗? Yào mǎi guì de ma?
나는 비싼 것을 살 돈이 없어요.	我没有钱买贵的。 Wǒ méi yǒu qián mǎi guì de.

단어

买 mǎi 사다
下星期 xià xīngqī
　　　　다음 주
百货公司
bǎihuò gōngsī 백화점
西服 xīfú 양복
贵 guì 비싸다

239

31과에서 배운 핵심 10문
장입니다. 한자까지 참고
하면서 다시 한번 복습해
보세요.

팔아요 안 팔아요?	**卖不卖?** Mài bu mài?
팔고 싶지 않아요.	**不想卖。** Bù xiǎng mài.
어디서 팔아요?	**在哪儿卖?** Zài nǎr mài?
어떻게 팔아요?	**怎么卖?** Zěnme mài?
언제 팔았어요?	**什么时候卖了?** Shénme shíhou mài le?
안 팔았어요.	**没卖。** Méi mài.
왜 안 팔았어요?	**怎么没卖?** Zěnme méi mài?
어제 몇 개 팔았어요?	**昨天卖了几个?** Zuótiān mài le jǐ ge?
팔아도 상관없어요.	**卖也没关系。** Mài yě méiguānxi.
누가 팔았는지 몰라요.	**不知道谁卖了。** Bù zhīdào shéi mài le.

단어

卖 **mài** 팔다
怎么 **zěnme** 왜, 어째
서, 어떻게
昨天 **zuótiān** 어제
不知道 **bù zhīdào**
모르다

❶ 부정문 만들기

부정문은 현재를 부정할 경우에는 bù(不)를, 과거를 부정할 경우에는 méi(没)를 붙여야 합니다. 또
bù는 4성 단어 앞에서 2성으로 성조가 변한다는 사실도 다시 공부해둡시다.

bù (현재 부정)   Jīntiān bù mǎi. 오늘은 안 사요.
méi (과거 부정)   Méi mài. 안 팔았어요.

❷ 동사 '~하고 싶다'

'~하고 싶다'는 xiǎng(想)이고, '~하고 싶지 않다'는 bù xiǎng이지요. 많이 사용되는 조동사입니다.
또 xiǎng이 본동사로 사용될 경우에는 '생각하다'의 뜻이 되기도 합니다.

xiǎng ~하고 싶다   bù xiǎng ~하고 싶지 않다   Bù xiǎng mài. 팔고 싶지 않다.

2단계

응용표현 익히기

1단계에서 배운 핵심문장을 기본으로 한 응용표현을 배웁니다. 새로 나온 단어와 한자를 참고해서 연습해보세요.

STEP 1	STEP 2
중국어 병음을 보면서 읽으세요. (10회 반복)	우리말을 보면서 중국어로 말해보세요.

내일 무엇을 사러 가요?

明天去买什么?
Míngtiān qù mǎi shénme?

꽃을 사러 가요.

去买花。
Qù mǎi huā.

어디에 가서 꽃을 사요?

去哪儿买花?
Qù nǎr mǎi huā?

꽃집에 가서 꽃을 사요.

去花店买花。
Qù huādiàn mǎi huā.

장미꽃을 사러 가요.

去买玫瑰花。
Qù mǎi méiguihuā.

어제는 얼마나 팔았어요?

昨天卖了多少?
Zuótiān mài le duōshao?

어제는 모두 30개 팔았어요.

昨天一共卖了三十个。
Zuótiān yígòng mài le sānshí ge.

당신 친구는 무엇을 팔아요?

你朋友卖什么?
Nǐ péngyou mài shénme?

내 친구는 옷을 팔아요.

我朋友卖衣服。
Wǒ péngyou mài yīfu.

장사가 아주 잘돼요.

买卖很好。
Mǎimai hěn hǎo.

단어

花 huā 꽃
花店 huādiàn 꽃집
多少 duōshao 얼마?
玫瑰花 méiguihuā 장미
衣服 yīfu 옷
买卖 mǎimai 장사

잠깐만요!

'사다'와 '팔다'를 붙여서 연습하면 더 쉽게 기억됩니다. 한 번 더 연습해보세요.

다음 대화를 중국어로 직접 말해보세요. 중국어가 바로 나오지 않는다면 다시 앞으로 돌아가서 연습합니다.

1. A 내일 무엇을 사러 가요?　　🎤 쓰지 말고 말해보세요.

   B 꽃을 사러 가요.　　🎤

2. A 당신 친구는 무엇을 팔아요?　　🎤

   B 내 친구는 옷을 팔아요.　　🎤

한자 맛보기　이번 과에서 반복되어 나온 중요한 글자만 수록하였습니다. 외워야 한다는 생각은 하지 말고 부담 없이 써 보세요.

1. mǎi	买 买 买 买 买 买	
买		
2. mài	卖 卖 卖 卖 卖 卖 卖 卖	
卖		
3. jīn	今 今 今 今	
今		
4. tiān	天 天 天 天	
天		

77

동사 '있다(有 yǒu) · 없다(没有 méi yǒu)'를 써서 말해보자

6일 오전에 당신 시간 있어요?

六号上午你有空吗?

Liù hào shàngwǔ nǐ yǒu kòng ma?

강의 및 예문듣기

'있다'와 '없다' 동사는 서로 연결되어 있는 단어입니다. '있다' 동사에 부정형 méi를 붙이면 '없다'가 되지요. 성조에 주의하면서 같이 연결해 발음해 봅시다.

🎧 예문 77-1.mp3

1단계

표현 복습하기

32과에서 배운 핵심 10문장입니다. 한자까지 참고하면서 다시 한번 복습해보세요.

STEP 1	STEP 2
중국어 병음을 보면서 읽으세요. (10회 반복)	우리말을 보면서 중국어로 말해보세요.
있니?	有吗? Yǒu ma?
있니 없니?	有没有? Yǒu méi yǒu?
뭐가 있니?	有什么? Yǒu shénme?
몇 개 있지?	有几个? Yǒu jǐ ge?
10개 있어.	有十个。 Yǒu shí ge.
2개 있지?	有两个吧? Yǒu liǎng ge ba?
4개 있니 없니?	有没有四个? Yǒu méi yǒu sì ge?
들으니까 하나만 있대요.	听说只有一个。 Tīng shuō zhǐ yǒu yí ge.
모두 12개 있어요.	一共有十二个。 Yígòng yǒu shí'èr ge.
2개 있으면 충분해요?	有两个就够吗? Yǒu liǎng ge jiù gòu ma?

단어

有 yǒu 있다
没有 méi yǒu 없다
两 liǎng 2, 둘
听说 tīng shuō
　　듣자하니
一共 yígòng 모두
够 gòu 충분하다

243

33과에서 배운 핵심 10문장입니다. 한자까지 참고하면서 다시 한번 복습해 보세요.

돈이 없어요.	没有钱. Méi yǒu qián.
시간이 없어요.	没有时间. Méi yǒu shíjiān.
새것은 없어요.	没有新的. Méi yǒu xīn de.
과일은 없어요.	没有水果. Méi yǒu shuǐguǒ.
하나도 없어요.	一个也没有. Yí ge yě méi yǒu.
정말 없어요?	真的没有吗? Zhēnde méi yǒu ma?
너도 없니?	你也没有吗? Nǐ yě méi yǒu ma?
나도 없어요.	我也没有. Wǒ yě méi yǒu.
들으니까 아직 없대요.	听说还没有. Tīng shuō hái méi yǒu.
들으니까 검은 것은 없대요.	听说没有黑的. Tīng shuō méi yǒu hēi de.

단어

钱 qián 돈
新 xīn 새롭다
水果 shuǐguǒ 과일
还 hái 여전히, 아직
黑 hēi 검다

'있다'와 '없다' 동사를 그대로 연결해 발음하면 바로 의문문이 되기도 하지요.

❶ yǒu의 부정형

yǒu(有)는 '~있다'란 뜻입니다. 부정형은 과거, 현재, 미래 모두 méi yǒu지요. 일반 동사의 경우 현재 부정은 bù, 과거 부정은 méi를 붙이지만 yǒu의 경우 bùyǒu라는 형태는 없습니다.

yǒu 있다　　　　　　　méi yǒu 없다　　　　Méi yǒu ma? 없어요?

❷ '아무것도 없다' 표현 만들기

'무엇도 (없다)', 즉 '아무것도 (없다)'는 강조의 의미로 shénme yě (méi yǒu)라고 합니다. shénme(什么)는 '무엇'의 뜻이며, yě(也)는 '~도 또한, 역시'의 뜻입니다. 이때 yě 대신 dōu(모두)를 써도 됩니다. 특히 부정문에서 사용하지요. 대화에서 종종 사용하는 표현이니 알아둡시다.

Shénme yě méi yǒu (=Shénme dōu méi yǒu) 아무것도 없다.
Wǒ shénme yě méi yǒu. (=Wǒ shénme dōu méi yǒu.) 난 아무것도 없어요.

❸ '하나도 없다' 표현 만들기

'하나도 없다'는 yí ge yě méi yǒu라고 하며, 부정의 의미를 지니고 있어서 부정문에 종종 사용됩니다. yí ge(一个)는 '한 개'를 뜻하며, ge는 양사, yě는 '~도 또한, 역시'의 뜻입니다.

Yí ge yě méi yǒu. 하나도 없다.

1단계에서 배운 핵심문장을 기본으로 한 응용표현을 배웁니다. 새로 나온 단어와 한자를 참고해서 연습해보세요.

STEP 1	STEP 2
중국어 병음을 보면서 읽으세요. (10회 반복)	우리말을 보면서 중국어로 말해보세요.

말 좀 물을게요, 큰 것 있어요?

请问，有大的吗?
Qǐng wèn, yǒu dà de ma?

미안해요, 작은 것뿐이에요.

对不起，只有小的。
Duì bu qǐ,　zhǐ yǒu xiǎo de.

6일 오전에 너 시간 있니?

六号上午你有空吗?
Liù hào shàngwǔ nǐ yǒu kòng ma?

오전에 시간이 있기는 있어.

上午有空是有空。
shàngwǔ yǒu kòng shi yǒu kòng.

무슨 일 있니?

有什么事情吗?
Yǒu shénme shìqing ma?

당신은 하나도 없어요?

你一个也没有吗?
Nǐ yí ge yě méi yǒu ma?

단어

请问 qǐngwèn 말씀 좀 묻겠습니다
上午 shàngwǔ 오전
有空 yǒu kòng 짬이 있다
问 wèn 묻다
事情 shìqing 일
学校 xuéxiào 학교
下班 xià bān 퇴근하다
时间 shíjiān 시간

난 아무것도 없어요.

我什么也没有。
Wǒ shénme yě méi yǒu.

오늘은 학교에 갈 시간이 없어요.

今天没有空去学校。
Jīntiān méi yǒu kòng qù xuéxiào.

여동생은 시간이 있니 없니?

妹妹有没有空?
Mèimei yǒu méi yǒu kòng?

잠깐만요!

'있다'와 '없다' 동사를 연결해 발음 연습을 해봅시다. '있니 없니?' 의문문 연습도 동시에 되네요.

퇴근 후에는 배울 시간이 없어요.

下班后没有时间学。
Xià bān hòu méi yǒu shíjiān xué.

다음 대화를 중국어로 직접 말해보세요. 중국어가 바로 나오지 않는다면 다시 앞으로 돌아가서 연습합니다.

1. A 6일 오전에 너 시간 있니?　　🎤 쓰지 말고 말해보세요

   B 오전에는 시간이 있기는 있어.　🎤

2. A 당신은 하나도 없어요?　　　🎤

   B 난 아무것도 없어요.　　　　🎤

한자
맛보기
이번 과에서 반복되어 나온 중요한 글자만 수록하였습니다. 외워야 한다는 생각은 하지 말고 부담 없이 써 보세요.

1. yǒu	有 有 有 有 有 有 有				
有					
2. méi	没 没 没 没 没 没 没				
没					
3. shàng	上 上 上				
上					
4. wǔ	午 午 午 午				
午					

78

동사 '이다(是 shì) · 아니다(不是 bú shì)'를 써서 말해보자

우리는 모두 한국인입니다.

我们都是韩国人。
Wǒmen dōu shì Hánguó rén.

강의 및 예문듣기

'이다'와 '아니다' 동사는 아주 중요합니다. 권설음 sh와 변화하는 성조 bù가 있기 때문이지요. 권설음과 성조 변화는 아무리 강조해도 지나치지 않습니다. 두 동사를 연결해 연습해봅시다.

🎧 예문 78-1.mp3

1단계

표현 복습하기

34과에서 배운 핵심 10문 장입니다. 한자까지 참고 하면서 다시 한번 복습해 보세요.

STEP 1	STEP 2
중국어 병음을 보면서 읽으세요. (10회 반복)	우리말을 보면서 중국어로 말해보세요.

내일은 토요일이에요.	明天是星期六。 Míngtiān shì xīngqī liù.
저것은 무엇이에요?	那是什么? Nà shì shénme?
그는 누구예요?	他是谁? Tā shì shéi?
나는 한국인이에요.	我是韩国人。 Wǒ shì Hánguó rén.
당신도 중국인이에요?	你也是中国人吗? Nǐ yě shì Zhōngguó rén ma?
그는 내 중국 친구예요.	他是我的中国朋友。 Tā shì wǒ de Zhōngguó péngyou.
내 것은 좋은 것이에요.	我的是好的。 Wǒ de shì hǎo de.
그가 산 것은 비싼 것이에요.	他买的是贵的。 Tā mǎi de shì guì de.
어느 것이 두꺼운 것이에요?	哪个是厚的? Nǎ ge shì hòu de?
얇은 것은 누구 것이에요?	薄的是谁的? Báo de shì shéi de?

단어

是 shì 이다
星期六 xīngqī liù 토요일
韩国人 Hánguó rén 한국인
中国人 Zhōngguó rén 중국인
朋友 péngyou 친구
厚 hòu 두껍다
薄 báo 얇다

목요일이 아니에요.	不是星期四。 Bú shì xīngqī sì.
나는 한국인이 아니에요.	我不是韩国人。 Wǒ bú shì Hánguó rén.
오늘은 내 생일이 아니에요.	今天不是我的生日。 Jīntiān bú shì wǒ de shēngrì.
나는 운전기사가 아니에요.	我不是司机。 Wǒ bú shì sījī.
그들은 모두 선생님이 아니에요.	他们都不是老师。 Tāmen dōu bú shì lǎoshī.
내일이 그의 생일 아니에요?	明天不是他的生日吗? Míngtiān bú shì tā de shēngrì ma?
저것은 산 것이 아니지요?	那不是买的吧? Nà bú shì mǎi de ba?
저것은 내가 준 것이 아니에요.	那不是我给的。 Nà bú shì wǒ gěi de.
빨간 것은 싼 것이 아니에요.	红的不是便宜的。 Hóng de bú shì piányi de.
이것은 내가 만든 요리가 아니에요.	这不是我做的菜。 Zhè bú shì wǒ zuò de cài.

단어

星期四 xīngqī sì
목요일
生日 shēngrì 생일
司机 sījī 운전기사
给 gěi 주다
便宜 piányi
(값이) 싸다

❶ 권설음을 포함한 단어 발음 연습하기

이번 관에서 권설음이 들어 있는 단어를 모아서 연습해봅시다.

권설음 sh

shì ~이다   shéi 누구

shēngrì 생일   Jīntiān shì nǐ de shēngrì ba? 오늘이 네 생일이지?

권설음 r

rén 사람   Zhōngguó rén 중국인   shēngrì 생일

❷ bù 성조 변화 연습하기

bù는 4성 앞에서 2성으로 성조가 변합니다. 다시 한 번 연습해봅시다. 참고로 méi shì(没是)라는 말은 없습니다. 앞 장에서 설명한 yǒu와 méiyǒu의 경우와는 정반대지요.

bú shì 아니다   Bú shì xīngqī sì. 목요일이 아니다.

2단계

응용표현 익히기

1단계에서 배운 핵심문장을 기본으로 한 응용표현을 배웁니다. 새로 나온 단어와 한자를 참고해서 연습해보세요.

STEP 1	STEP 2
중국어 병음을 보면서 읽으세요. (10회 반복)	우리말을 보면서 중국어로 말해보세요.

우리는 모두 한국인이에요.	我们都是韩国人。 Wǒmen dōu shì Hánguó rén.
당신과 나는 모두 한국인이에요.	你和我都是韩国人。 Nǐ hé wǒ dōu shì Hánguó rén.
그는 중국인이에요.	他是中国人。 Tā shì Zhōngguó rén.
우리는 모두 학생이에요.	我们都是学生。 Wǒmen dōu shì xuésheng.
그의 친구도 중국인이에요.	他的朋友也是中国人。 Tā de péngyou yě shì Zhōngguó rén.
그들은 모두 한국인이 아니에요.	他们都不是韩国人。 Tāmen dōu bú shì Hánguó rén.
그들은 한국인이 아니고, 중국인이에요.	他们不是韩国人， Tāmen bú shì Hánguó rén, 是中国人。 shì Zhōngguó rén.
흰 것은 모두 내 것이 아니에요.	白的都不是我的。 Bái de dōu bú shì wǒ de.
내가 준 것은 꽃이 아니고, 책이에요.	我给的不是花，是书。 Wǒ gěi de bú shì huā,　shì shū.
우리는 모두 선생님이 아니에요.	我们都不是老师。 Wǒmen dōu bú shì lǎoshī.

단어

和 hé ~와
都是 dōu shì
　　　모두 ~이다
都不是 dōu bú shì
　　　모두 ~이 아니다
白 bái 희다
给 gěi 주다
书 shū 책

잠깐만요!

부정형인 '아니다'는 과거, 현재, 미래 모두 bù(不)를 붙인 bú shì입니다. 이때 bù는 4성 앞에서 2성으로 변한답니다. 이미 앞에서 공부했지만 다시 한번 연습합시다.

다음 대화를 중국어로 직접 말해보세요. 중국어가 바로 나오지 않는다면 다시 앞으로 돌아가서 연습합니다.

1. A 그는 누구예요?
   🎤 쓰지 말고 말해보세요.

   B 그는 내 중국 친구예요.
   🎤

2. A 내일이 그의 생일 아니에요?
   🎤

   B 내일은 그의 생일 아니에요.
   🎤

한자 맛보기 이번 과에서 반복되어 나온 중요한 글자만 수록하였습니다. 외워야 한다는 생각은 하지 말고 부담 없이 써 보세요.

1. shì	是 是 是 是 是 是 是 是 是	
是		
2. bù	不 不 不 不	
不		
3. péng	朋 朋 朋 朋 朋 朋 朋 朋	
朋		
4. yǒu	友 友 友 友	
友		

79

동사 '주다(给 gěi)·필요하다(要 yào)'를 써서 말해보자

누가 그에게 주니?
谁给他? Shéi gěi tā?

강의 및 예문듣기

'주다' 동사는 3성으로 뒤에 나오는 단어들과 연결시켜 발음할 경우 주의를 해야 합니다. 특히 2성이 나올 경우는 어렵지요. '필요하다'는 4성으로 비교적 쉬운 발음이지만 여러 가지 뜻이 있으니 주의해서 발음을 연습해 봅시다.

🎧 예문 79-1.mp3

1단계

표현 복습하기

36과에서 배운 핵심 10문 장입니다. 한자까지 참고 하면서 다시 한번 복습해 보세요.

STEP 1	STEP 2
중국어 병음을 보면서 읽으세요. (10회 반복)	우리말을 보면서 중국어로 말해보세요.

주지 말아요.	别给。 Bié gěi.
누가 그에게 주니?	谁给他? Shéi gěi tā?
주니 안 주니?	给不给? Gěi bu gěi?
몇 개 주니?	给几个? Gěi jǐ ge?
안 주어도 괜찮아.	不给也没关系。 Bù gěi yě méi guānxi.
그에게 보여 주어라.	给他看吧。 Gěi tā kàn ba.
그에게 써 주어라.	给他写吧。 Gěi tā xiě ba.
그에게 만들어 주어라.	给他做吧。 Gěi tā zuò ba.
네가 그에게 만들어 주어라.	你给他做吧。 Nǐ gěi tā zuò ba.
내가 그에게 만들어 줄게요.	我给他做。 Wǒ gěi tā zuò.

단어

给 gěi 주다. ~에게
没关系 méi guānxi
상관없다
看 kàn 보다
写 xiě 쓰다
做 zuò 만들다

37에서 배운 핵심 10문장입니다. 한자까지 참고하면서 다시 한번 복습해보세요.

나는 이것이 필요해요.	我要这个. Wǒ yào zhè ge.
당신도 필요해요?	你也要吗? Nǐ yě yào ma?
그는 어느 것을 달래요?	他要哪个? Tā yào nǎ ge?
그가 몇 개 필요하대요?	他说要几个? Tā shuō yào jǐ ge?
오늘은 6개가 필요해요?	今天要六个吗? Jīntiān yào liù ge ma?
정말 안 필요해요?	真的不要吗? Zhēnde bú yào ma?
아무것도 필요 없지요?	什么也不要吧? Shénme yě bú yào ba?
그는 새것이 2개 필요하다.	他要两个新的. Tā yào liǎng ge xīn de.
(몇 개든) 있는 대로 필요해요 (가질래요).	有几个要几个. Yǒu jǐ ge yào jǐ ge.
(몇 개든) 필요하다는(달라는) 대로 준다.	要几个给几个. Yào jǐ ge gěi jǐ ge.

단어

要 yào 필요하다
这 zhè 이것
几个 jǐ ge 몇 개

① **shì~de를 이용한 강조 문장**

이미 일어난 일에 관한 시간, 방식, 수단, 장소 등을 강조하는 경우에 사용합니다.
Zuótiān wǎnshang shì shéi gěi nǐ de? 어제 저녁에 누가 당신에게 주었어요?
Tā shì cóng Běijīng lái de. 그는 (다른 장소가 아닌) 베이징에서 왔습니다.

② **동사 yào**

yào(要)가 본동사일 경우 '필요하다, 달래다, 원하다' 등의 뜻으로 쓰입니다. 조동사로 사용될 경우도 있는데 이때는 '~하겠다'는 뜻으로 의지를 나타냅니다. 여기서는 본동사로 사용되었습니다.
Tā yào dà de. 그는 큰 것을 원해요.   Nǐ yào shénme? 당신은 무엇이 필요해요?

③ **수량사 우선**

'그는 새것이 2개 필요해요'란 문장에서는 '새것'과 '2개'의 위치에 주의해야 합니다. 우선 두 문장으로 나눠봅시다.
Tā yào xīn de. 그는 새 것이 필요하다.   Tā yào liǎng ge. 그는 2개가 필요하다.
두 문장을 연결하면 수량사 liǎng ge가 먼저 놓여야 합니다.
Tā yào liǎng ge xīn de. 그는 새것이 2개 필요해요.

2단계

응용표현 익히기

1단계에서 배운 핵심문장을 기본으로 한 응용표현을 배웁니다. 새로 나온 단어와 한자를 참고해서 연습해보세요.

STEP 1	STEP 2
중국어 병음을 보면서 읽으세요. (10회 반복)	우리말을 보면서 중국어로 말해보세요.

엊저녁에 누가 당신에게 주었어요?

昨天晚上是谁给你的?
Zuótiān wǎnshang shì shéi gěi nǐ de?

그가 주었어요.

是他给的。
Shì tā gěi de.

그에게 무얼 주나요?

给他什么?
Gěi tā shénme?

그에게 책을 주나요?

给他书吗?
Gěi tā shū ma?

그에게 무슨 책을 주나요?

给他什么书?
Gěi tā shénme shū?

너는 무엇이 필요해?

你要什么?
Nǐ yào shénme?

나는 좋은 것이 필요해.

我要好的。
Wǒ yào hǎo de.

다음 주에 얼마나 필요해요?

下个星期要多少?
Xià ge xīngqī yào duōshao?

정말 조금도 필요 없어요?

真的一点儿也不要吗?
Zhēnde yìdiǎ(n)r yě bú yào ma?

어느 것이 필요해요?

要哪个?
Yào nǎ ge?

단어

晚上 wǎnshang 저녁
下个星期 xià ge xīngqī
　　　　　　　다음 주
多少? duōshao?
　　　　　얼마?
真的 zhēnde 정말로
一点儿 yìdiǎ(n)r
　　　　　조금
也 yě ~도

잠깐만요!

'주다' 동사는 뒤에 오는 단어들을 주의해 발음하면서 성조에 신경 쓰세요.

다음 대화를 중국어로 직접 말해보세요. 중국어가 바로 나오지 않는다면 다시 앞으로 돌아가서 연습합니다.

1. A 엊저녁에 누가 당신에게 주었어요?　🎤 쓰지 말고 말해보세요.

   B 그가 주었어요.　🎤

2. A 당신은 무엇이 필요해요?　🎤

   B 나는 책이 필요해요.　🎤

한자 맛보기　이번 과에서 반복되어 나온 중요한 글자만 수록하였습니다. 외워야 한다는 생각은 하지 말고 부담 없이 써 보세요.

1. gěi	给 给 给 给 给 给 给 给 给
给	
2. yào	要 要 要 要 要 要 要 要 要
要	
3. shéi	谁 谁 谁 谁 谁 谁 谁 谁 谁 谁
谁	
4. jǐ	几 几
几	

중국의 명절 1

설과 추석은 우리나라의 대표적인 명절입니다. 중국에는 어떤 명절이 있을까요? 중국도 우리나라와 마찬가지로 설과 추석을 지냅니다. 하지만 약간은 다르지요. 중국의 대표적인 명절 'Chūnjié'와 'Chúxī'에 대해서 알아볼까요?

춘절

우리나라의 설은 음력 1월 1일이지요. 중국도 음력 1월 1일 '설'을 춘절(春节 Chūnjié)이라고 합니다. Chūnjié(春节) 기간은 보통 7~10일 정도입니다. 와~ 많이 논다! 라고 감탄할 것은 못 됩니다. 중국은 워낙 땅이 넓어서 고향에 가는데 대부분의 시간을 쓰는 사람들이 많으니까요. 이때 귀성열차의 혼잡함은 우리나라와는 비교도 안

됩니다. 물론 기차표 구하는 것도 '하늘에서 별 따기' 수준이랍니다. 만약 Chūnjié(春节) 기간에 여행을 하려고 한다면 보통 마음가짐으로는 절대 불가능(?)합니다. Chūnjié(春节)를 기준으로 대형 상점을 제외하고는 대부분의 상점과 숙박업소가 일주일 정도 휴업을 하니 철저히 조사하고 가지 않는다면 끼니를 쫄쫄 굶어야 할 수도 있습니다.

섣달 그믐날

새해 전날인 음력 12월 30일은 Chúxī(除夕)라고 하는데, 이 날은 밤에 온 가족이 모여 만두 jiǎozi(饺子) 혹은 황조기와 잉어 요리를 먹으며 새해를 맞이요. '생선'을 뜻하는 중국어 鱼(yú)가 '(많아서) 남기다'는 余(yú)와 발음이 같기 때문이지요. 넉넉한 삶을 기원한 것입니다. 1월 1일 아침 북방지역에서는 만두를 먹고, 남방지역에서는 떡 niángāo(年糕)와 tāngyuán(汤圆)을 먹습니다. 대문에는 福 글자가 적힌 주

련을 거꾸로 붙입니다. 이것은 '거꾸로 하다'의 뜻인 倒(dào) 글자와 '도착하다'의 뜻인 到(dào)의 발음이 같기 때문에 福 글자를 거꾸로 붙이면 '복이 도착한다, 복이 온다'라고 믿었답니다.

열째마디

•

동사 정복하기
❷

80

동사 '보다(看 kàn) · 배우다(学 xué)'를 써서 말해보자

보면 볼수록 예뻐요!

越看越好看。　Yuè kàn yuè hǎokàn.

강의 및 예문듣기

'보다'와 '배우다' 동사입니다. '보다'는 4성으로 비교적 쉬운 발음이지요. '배우다'는 2성으로 많이 듣고 발음해야 합니다. 자주 나오는 동사들이니 비교적 쉽겠죠! 입에서 술술 나올 정도로 반복해봅시다.

🎧 예문 80-1.mp3

1단계

표현 복습하기

38과에서 배운 핵심 10문장입니다. 한자까지 참고하면서 다시 한번 복습해보세요.

STEP 1	STEP 2
중국어 병음을 보면서 읽으세요. (10회 반복)	우리말을 보면서 중국어로 말해보세요.

형이 봐요.	哥哥看。 Gēge kàn.
누가 보니?	谁看? Shéi kàn?
누가 안 보니?	谁不看? Shéi bú kàn?
아무도 안 보니?	谁也不看吗? Shéi yě bú kàn ma?
여동생은 안 봐요.	妹妹不看。 Mèimei bú kàn.
어디서 보니?	在哪儿看? Zài nǎr kàn?
정말 보고 싶지 않아.	真的不想看。 Zhēnde bù xiǎng kàn.
나랑 가서 영화를 보자.	跟我去看电影吧。 Gēn wǒ qù kàn diànyǐng ba.
누구든 보고 싶은 사람이 봐라.	谁想看谁就看。 Shéi xiǎng kàn shéi jiù kàn.
어제는 아무것도 안 봤어.	昨天什么也没看。 Zuótiān shénme yě méi kàn.

단어

哥哥 gēge 형, 오빠
看 kàn 보다
妹妹 mèimei 여동생
跟 gēn ~와, 과
电影 diànyǐng 영화

39과에서 배운 핵심 10문 장입니다. 한자까지 참고 하면서 다시 한번 복습해 보세요.

뭐 배워요?	学什么? Xué shénme?
누가 배워요?	谁学? Shéi xué?
어디서 배워요?	在哪儿学? Zài nǎr xué?
회사에서 배워요.	在公司学。 Zài gōngsī xué.
그는 뭐 배워요?	他学什么? Tā xué shénme?
그는 중국어를 배워요.	他学汉语。 Tā xué Hànyǔ.
누가 중국어를 배워요?	谁学汉语? Shéi xué Hànyǔ?
그들이 중국어를 배워요.	他们学汉语。 Tāmen xué Hànyǔ.
중국어 배우는 것이 재미있어 요?	学汉语有意思吗? Xué Hànyǔ yǒu yìsi ma?
중국어 배우는 것이 정말 재미 있어요.	学汉语真的有意思。 Xué Hànyǔ zhēnde yǒu yìsi.

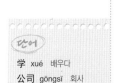

단어

学 xué 배우다
公司 gōngsī 회사
汉语 Hànyǔ 중국어
有意思 yǒu yìsi
　　　　재미있다

❶ '모두' 부사의 활용

yígòng(一共)과 dōu(都)는 둘 다 '모두'란 뜻입니다. 그러나 yígòng 은 합계로서의 '모두'를, dōu 는 종류로서의 '모두'를 나타냅니다. "yígòng xué le jǐ ge yuè" 이 문장에서는 '합해서 총 몇 개월' 이란 뜻으로 합계로서의 '모두' yígòng을 사용했습니다.

❷ jǐ 활용

jǐ(几)는 '몇(개)'의 뜻이지요. 그래서 '몇 년 배웠다'는 xué le jǐ nián, '여러 해 배웠다'는 xué le hǎo jǐ nián, 그런데 xué le jǐ nián? 하면 '몇 년 배웠니?'하는 의문문이 되기도 하지요. 이 문장에 서는 jǐ 가 의문사로 사용되었기 때문입니다.

jǐ nián 몇 년　　　　　　　hǎo jǐ nián 여러 해　　xué le jǐ nián. 몇 년 배웠어요.
Méi xué jǐ nián. 몇 년 안 배웠어요.　　　　　　　　xué le jǐ nián? 몇 년 배웠어요?

❸ Hànyǔ 발음 연습하기

중국어는 Hànyǔ(汉语)라고도 하고, Zhōngguóhuà(中国话)라고도 합니다. 만약 Hànyǔ 의 성조를 잘못해서 Hányǔ라고 하면 '한국어'라는 말이 됩니다. 한국어는 Hánguóhuà(韩国话)라고도 합니다.
Hànyǔ/ Zhōngguóhuà 중국어　　　　　　　　Hányǔ/ Hánguóhuà 한국어

2단계

응용표현 익히기

1단계에서 배운 핵심문장을 기본으로 한 응용표현을 배웁니다. 새로 나온 단어와 한자를 참고해서 연습해보세요.

단어

家 jiā 집

中国报 Zhōngguó bào
　　중국신문

怎么样?
zěnme yàng?
(성질 등이) 어때?

越~越~
~ yuè ~ yuè
~할수록 ~하다

好看 hǎokàn 예쁘다

去年 qùnián 작년

잠깐만요!

'배우다' 동사의 2성을 많이 연습합시다. '중국어'와 '한국어' 단어의 성조에 주의하세요.

STEP 1	STEP 2
중국어 병음을 보면서 읽으세요. (10회 반복)	우리말을 보면서 중국어로 말해보세요.

한 번도 본 적 없어.

一次也没看过。
Yí cì yě méi kàn guo.

중국 영화를 보러 가요?

去看中国电影吗?
Qù kàn Zhōngguó diànyǐng ma?

그는 집에서 중국 신문을 봐요.

他在家看中国报。
Tā zài jiā kàn Zhōngguó bào.

네가 보기에 그녀 어때?

你看，她怎么样?
Nǐ kàn, tā zěnme yàng?

보면 볼수록 예뻐요.

越看越好看。
Yuè kàn yuè hǎokàn.

모두 몇 년을 배웠어요?

一共学了几年?
Yígòng xué le jǐ nián?

몇 년 안 배웠어요.

没学几年。
Méi xué jǐ nián.

그럼, 몇 개월 배웠나요?

那么，学了几个月?
Nàme, xué le jǐ ge yuè?

작년에 모두 6개월 배웠어요.

去年一共学了六个月。
Qùnián yígòng xué le liù ge yuè.

당신도 배우고 싶어요?

你也想学吗?
Nǐ yě xiǎng xué ma?

다음 대화를 중국어로 직접 말해보세요. 중국어가 바로 나오지 않는다면 다시 앞으로 돌아가서 연습합니다.

1. A 그녀를 보니까 어때요?

   쓰지 말고 말해보세요.

   B 보면 볼수록 예뻐요.

2. A 모두 몇 년을 배웠어요?

   B 몇 년 안 배웠어요.

한자 맛보기 이번 과에서 반복되어 나온 중요한 글자만 수록하였습니다. 외워야 한다는 생각은 하지 말고 부담 없이 써 보세요.

1. kàn	看 看 看 看 看 看 看 看 看			
看				
2. xué	学 学 学 学 学 学 学 学			
学				
3. Hàn	汉 汉 汉 汉 汉			
汉				
4. yǔ	语 语 语 语 语 语 语 语 语			
语				

81 동사 '자다(睡 shuì) · 일어나다(起床 qǐchuáng)'를 써서 말해보자

일어났어요?
起床了吗? Qǐchuáng le ma?

강의 및 예문듣기

'일어나다'와 '자다' 동사는 발음이 다소 어렵습니다. '일어나다'는 [3성+2성]의 어려운 성조가 들어 있네요. '자다'는 권설음이 들어 있는 동사입니다. 다시 한 번 주의를 기울여 듣고 따라해 봅시다.

🎧 예문 81-1.mp3

1단계

표현 복습하기

40과에서 배운 핵심 10문장입니다. 한자까지 참고하면서 다시 한번 복습해 보세요.

STEP 1	STEP 2
중국어 병음을 보면서 읽으세요. (10회 반복)	우리말을 보면서 중국어로 말해보세요.
어서 가서 자라.	**快去睡吧。** Kuài qù shuì ba.
저녁 10시에 자요.	**晚上十点睡觉。** Wǎnshang shí diǎn shuì jiào.
잠을 잘 수가 없어요.	**睡不着觉。** Shuì bu zháo jiào.
자고 싶지 않아요.	**不想睡觉。** Bù xiǎng shuì jiào.
몇 시간 잤어요?	**睡了几个小时?** Shuì le jǐ ge xiǎoshí?
한 시간 잤어요.	**睡了一个小时。** Shuì le yí ge xiǎoshí.
한두 시간 잤어요.	**睡了一两个小时。** Shuì le yì liǎng ge xiǎoshí.
4시간 잤어요.	**睡了四个小时。** Shuì le sì ge xiǎoshí.
우리 집에서 자면 어때요?	**在我家睡怎么样?** Zài wǒ jiā shuì zěnme yàng?
오늘 저녁은 여기서 자라.	**今天晚上在这儿睡吧。** Jīntiān wǎnshang zài zhèr shuì ba.

단어

快 kuài 빨리
睡 shuì 자다
晚上 wǎnshang 저녁
睡觉 shuì jiào 잠을 자다
小时 xiǎoshí 시간

41과에서 배운 핵심 10문장입니다. 한자까지 참고하면서 다시 한번 복습해 보세요.

일어나요.	起床。 Qǐchuáng.
일어났어요?	起床了吗? Qǐchuáng le ma?
빨리 일어나요.	快起床吧。 Kuài qǐchuáng ba.
이미 일어났어요.	已经起床了。 Yǐjīng qǐchuáng le.
왜 안 일어나니?	怎么不起床? Zěnme bù qǐchuáng?
그들은 일어났지요?	他们起床了吧? Tāmen qǐchuáng le ba?
그들도 안 일어났어요?	他们也没起床吗? Tāmen yě méi qǐchuáng ma?
그이더러 일어나라고 해요.	叫他起床吧。 Jiào tā qǐchuáng ba.
내일 아침 5시에 일어나라.	明天早上五点起床吧。 Míngtiān zǎoshang wǔ diǎn qǐchuáng ba.
형은 아직 안 일어났지요?	哥哥还没起床吧? Gēge hái méi qǐchuáng ba?

단어

已经 yǐjīng 이미, 벌써
起床 qǐchuáng
　　　 일어나다
怎么 zěnme 왜, 어째서
叫 jiào ～하게 하다
五点 wǔ diǎn 5시

편하게 읽고 넘어가세요!

❶ 3성의 성조 연습
'2시간'은 liǎng ge xiǎoshí(两个小时)이며, '2시'는 liǎng diǎn(两点)이니 헷갈리지 마세요. xiǎoshí 는 성조가 [3성+2성]이네요. 한국인이 어려워하는 억양 가운데 하나인 만큼 많이 연습합시다. liǎng diǎn 역시 [3성+3성]으로 [2성+3성]으로 변하는 어려운 성조입니다. 꼭 다시 한 번 읽고 넘어갑시다.
liǎng ge xiǎoshí 2시간　　　liǎng diǎn 2시　　　Zhǐ shuì le liǎng ge xiǎoshí. 단지 2시간 잤어요.

❷ shì～ de 강조 용법
shì(是)～de(的)는 발생한 상황에 대해 시간, 장소, 수단, 방식 등을 강조하는 경우에 사용합니다. 여기서는 shì 가 생략되었습니다.
Jīntiān zǎoshang (shì) jǐ diǎn qǐchuáng de? 오늘 아침 몇 시에 일어났어요?

❸ bùzháo 를 이용한 '～할 수 없다'표현 만들기
'잠을 잘 수가 없다'에서 '～할 수 없다'는 bùzháo(不着)를 사용했습니다. 동사의 목적을 달성하지 못할 경우 bùzháo를 사용해 표현을 하지요.
bùzháo ～할 수 없다　　　Shuì bu zháo jiào. 잠을 잘 수가 없다.

2단계

응용표현 익히기

1단계에서 배운 핵심문장을 기본으로 한 응용표현을 배웁니다. 새로 나온 단어와 한자를 참고해서 연습해보세요.

STEP 1	STEP 2
중국어 병음을 보면서 읽으세요. (10회 반복)	우리말을 보면서 중국어로 말해보세요.

너 왜 아직 안 자니?	**你为什么还不睡?** Nǐ wèi shénme hái bú shuì?
오늘 아침 늦잠을 잤어요.	**今天早上睡了懒觉。** Jīntiān zǎoshang shuì le lǎnjiào.
밤에 잠을 잘 못 잤어요?	**夜里睡得不好吗?** Yèli shuì de bù hǎo ma?
단지 2시간 잤어요.	**只睡了两个小时。** Zhǐ shuì le liǎng ge xiǎoshí.
오늘 밤 우리 집에서 자라.	**今晚在我家睡觉吧。** Jīnwǎn zài wǒ jiā shuì jiào ba.
오늘 아침 몇 시에 일어났어요?	**今天早上几点起床的?** Jīntiān zǎoshang jǐ diǎn qǐchuáng de?
9시에 일어났어요.	**九点起床的。** Jiǔ diǎn qǐchuáng de.
엄마는 아직 안 일어나셨니?	**妈妈还没起床吗?** Māma hái méi qǐchuáng ma?
아빠는 일어나셨니?	**爸爸起床了吗?** Bàba qǐchuáng le ma?
빨리 일어나서 밥 먹어라.	**快起床吃饭吧。** Kuài qǐchuáng chī fàn ba.

단어

早上 zǎoshang 아침
懒 lǎn 게으르다
懒觉 lǎnjiào 늦잠
夜 yè 밤
今晚 jīnwǎn 오늘 밤
几点 jǐ diǎn 몇 시?
妈妈 māma 엄마
爸爸 bàba 아빠
吃饭 chī fàn 밥을 먹다

잠깐만요!

'자다'의 권설음 sh, '일어나다'의 성조 [3성+2성]에 주의하세요.

다음 대화를 중국어로 직접 말해보세요. 중국어가 바로 나오지 않는다면 다시 앞으로 돌아가서 연습합니다.

1. A 밤에 잠을 잘 못 잤어요? 🎤 *쓰지 말고 말해보세요*

   B 2시간밖에 못 잤어요. 🎤

2. A 오늘 아침 몇 시에 일어났어요? 🎤

   B 9시에 일어났어요. 🎤

한자 맛보기 이번 과에서 반복되어 나온 중요한 글자만 수록하였습니다. 외워야 한다는 생각은 하지 말고 부담 없이 써 보세요.

1. qǐ	起 起 起 起 起 起 起 起 起 起			
起				
2. chuáng	床 床 床 床 床 床 床			
床				
3. shuì	睡 睡 睡 睡 睡 睡 睡 睡 睡 睡 睡 睡 睡			
睡				
4. jiào	觉 觉 觉 觉 觉 觉 觉 觉 觉			
觉				

82

조동사 '~하겠다(要 yào) · ~하고 싶다(想 xiǎng)'를 써서 말해보자

나는 베이징에 가고 싶어요.

我想去北京。 Wǒ xiǎng qù Běijīng.

강의 및 예문듣기

일상생활에서 많이 사용하는 조동사가 나왔습니다. '~하겠다'의 yào와 '~하고 싶다'의 xiǎng은 본동사로서도 쓰이니, 문장에서의 쓰임에 주의하며 연습해 봅니다.

🎧 예문 82-1.mp3

1단계

표현 복습하기

42과에서 배운 핵심 10문장입니다. 한자까지 참고하면서 다시 한번 복습해 보세요.

STEP 1 중국어 병음을 보면서 읽으세요. (10회 반복)	STEP 2 우리말을 보면서 중국어로 말해보세요.
뭘 할 거야?	要做什么? Yào zuò shénme?
배울래 안 배울래?	要不要学? Yào bu yào xué?
누구한테 배울 거니?	要跟谁学? Yào gēn shéi xué?
맥주 마실래?	要喝啤酒吗? Yào hē píjiǔ ma?
지금 사과를 먹을래?	现在要吃苹果吗? Xiànzài yào chī píngguǒ ma?
나는 꼭 중국에 갈 거야.	我一定要去中国。 Wǒ yídìng yào qù Zhōngguó.
중국 신문을 볼래?	要看中国报吗? Yào kàn Zhōngguó bào ma?
너는 그를 기다릴 거니?	你要等他吗? Nǐ yào děng tā ma?
나는 중국어를 배울 거야.	我要学汉语。 Wǒ yào xué Hànyǔ.
나는 그한테 배울 거야.	我要跟他学。 Wǒ yào gēn tā xué.

단어

要 yào ~하겠다
喝 hē 마시다
啤酒 píjiǔ 맥주
苹果 píngguǒ 사과
等 děng 기다리다

43과에서 배운 핵심 10문 장입니다. 한자까지 참고 하면서 다시 한번 복습해 보세요.

베이징(북경)에 가고 싶어.	想去北京。 Xiǎng qù Běijīng.
꽃을 사고 싶어.	想买花。 Xiǎng mǎi huā.
무슨 꽃을 사고 싶니?	想买什么花? Xiǎng mǎi shénme huā?
장미꽃을 사고 싶어.	想买玫瑰花。 Xiǎng mǎi méiguihuā.
중국 노래가 듣고 싶어.	想听中国歌。 Xiǎng tīng Zhōngguó gē.
가고 싶으면 가자.	想去就去吧。 Xiǎng qù jiù qù ba.
영화는 보고 싶지 않아.	不想看电影。 Bù xiǎng kàn diànyǐng.
맥주는 마시고 싶지 않아.	不想喝啤酒。 Bù xiǎng hē píjiǔ.
오늘 뭘 하고 싶어?	今天想做什么? Jīntiān xiǎng zuò shénme?
배를 타고 가고 싶어.	想坐船去。 Xiǎng zuò chuán qù.

단어

北京 Běijīng 베이징 (북경)

想 xiǎng ~하고 싶다

玫瑰花 méiguihuā 장미꽃

中国歌 Zhōngguó gē 중국 노래

坐 zuò 타다

船 chuán 배

편하게 읽고 넘어가세요!

❶ cài 발음 연습하기

cài(菜) 발음에 주의하세요. 많은 사람들이 '챠이'라고 틀리게 발음합니다. 정확한 발음을 한글로 쓰기 는 어렵지만 굳이 쓴다면 '츠아이'에 가깝습니다. 정확한 발음은 오디오를 통해 여러 번 듣고 익히세요.

cài 요리   Zhōngguó cài 중국 요리

❷ yào kàn은 '보겠다'라는 뜻으로, 말하는 사람의 의지가 느껴집니다

부정의 경우는 bù xiǎng kàn이 됩니다. bú yào kàn 이라고 하면 '보지 마라' 즉 bié kàn과 같은 뜻이 됩니다.

yào kàn 보겠다   bù xiǎng kàn 안 보고 싶다
yào xué 배우겠다   bù xiǎng xué 안 배우고 싶다

❸ xiǎng 발음 연습하기

xiǎng(想)의 발음은 '샹'보다는 '시이앙'에 가깝게 소리 내야 합니다. 정확한 발음은 오디오를 통해 여 러 번 듣고 익혀보세요.

xiǎng ~하고 싶다   xiǎng chī 먹고 싶다   Xiǎng chī shénme? 뭐가 먹고 싶어요?

1단계에서 배운 핵심문장을 기본으로 한 응용표현을 배웁니다. 새로 나온 단어와 한자를 참고해서 연습해보세요.

	STEP 1	STEP 2
	중국어 병음을 보면서 읽으세요. (10회 반복)	우리말을 보면서 중국어로 말해보세요.

당신 한국 요리를 먹을래요?	你要吃韩国菜吗? Nǐ yào chī Hánguó cài ma?
나는 한국 요리 먹고 싶지 않아요.	我不想吃韩国菜。 Wǒ bù xiǎng chī Hánguó cài.
토요일에 누가 갈래?	星期六谁要去? Xīngqī liù shéi yào qù?
내년에는 꼭 베이징에 갈 거야.	明年一定要去北京。 Míngnián yídìng yào qù Běijīng.
내일 나도 가겠어요.	明天我也要去。 Míngtiān wǒ yě yào qù.
말해요, 뭐가 먹고 싶어요?	你说吧，想吃什么? Nǐ shuō ba, xiǎng chī shénme?
나는 '베이징덕(북경오리구이)' 먹고 싶어요.	我想吃北京烤鸭。 Wǒ xiǎng chī Běijīng kǎoyā.
무엇이든 먹고 싶으면 이야기해요.	想吃什么就说。 Xiǎng chī shénme jiù shuō.
무슨 과일을 사고 싶어요?	想买什么水果? Xiǎng mǎi shénme shuǐguǒ?
나는 배를 사고 싶어요.	我想买梨。 Wǒ xiǎng mǎi lí.

단어

韩国菜 Hánguó cài
　　　　한국 요리

北京烤鸭 Běijīng
kǎoyā 북경 오리구이,
　　　 베이징덕

星期六 xīngqī liù
　　　 토요일

明年 míngnián 내년

水果 shuǐguǒ 과일

梨 lí 배(과일)

yào 와 xiǎng 은 본동사로 쓰이는 경우와, 조동사로 쓰이는 경우가 따로 있습니다. yào는 본동사로 '원하다, 달래다, 필요하다'의 뜻이 되고, xiǎng은 '생각하다'의 뜻이 되지요. 조동사로 쓰인 경우에는 뒤에 동사가 따라오게 된답니다. 조동사로 쓰였는지 본동사로 쓰였는지 확실하게 구분할 수 있겠죠!

다음 대화를 중국어로 직접 말해보세요. 중국어가 바로 나오지 않는다면 다시 앞으로 돌아가서 연습합니다.

1. A 당신은 한국 요리를 먹을래요?　　🎤 쓰지 말고 말해보세요.

   B 나는 한국 요리 먹고 싶지 않아요.　🎤

2. A 말해요, 뭐가 먹고 싶어요?　　　🎤

   B 나는 '북경오리구이(베이징덕)'가　🎤
   　먹고 싶어요.

한자
맛보기

이번 과에서 반복되어 나온 중요한 글자만 수록하였습니다. 외워야 한다는 생각은 하지 말고 부담 없이 써 보세요.

1. xiǎng	想 想 想 想 想 想 想 想 想 想 想 想
想	

2. huā	花 花 花 花 花 花 花
花	

3. běi	北 北 北 北 北
北	

4. jīng	京 京 京 京 京 京 京 京
京	

83

조동사 '~할 줄 안다(会 huì)·~할 수 있다(能 néng)'를 써서 말해보자

당신 혼자 갈 수 있어요?

你一个人能去吗? Nǐ yí ge rén néng qù ma?

강의 및 예문듣기

'~할 줄 안다'의 huì와 '~할 수 있다'의 néng은 의미상 차이가 있습니다. 또 2성 발음에도 주의를 해야겠지요. 어떤 문장들에 사용되었는지 잘 듣고 따라해 봅시다.

🎧 예문 83-1.mp3

1단계

표현 복습하기

44과에서 배운 핵심 10문장입니다. 한자까지 참고하면서 다시 한번 복습해 보세요.

STEP 1	STEP 2
중국어 병음을 보면서 읽으세요. (10회 반복)	우리말을 보면서 중국어로 말해보세요.

누가 볼 줄 알아요?	谁会看? Shéi huì kàn?
나도 읽을 줄 알아요.	我也会念。 Wǒ yě huì niàn.
누가 중국어를 할 줄 아니?	谁会说汉语? Shéi huì shuō Hànyǔ?
그는 중국어를 할 줄 알아요.	他会说汉语。 Tā huì shuō Hànyǔ.
중국어를 할 줄 모르지?	不会说汉语吧? Bú huì shuō Hànyǔ ba?
너는 중국어를 할 줄 아니 모르니?	你会不会说汉语? Nǐ huì bu huì shuō Hànyǔ?
한자를 쓸 줄 모르니?	不会写汉字吗? Bú huì xiě Hànzì ma?
너는 중국 음식을 할 줄 아니 모르니?	你会不会做中国菜? Nǐ huì bu huì zuò zhōngguó cài?
나는 중국 음식을 할 줄 알아요.	我会做中国菜。 Wǒ huì zuò zhōngguó cài.
큰언니도 할 줄 알아요.	大姐也会做。 Dàjiě yě huì zuò.

단어

会 huì ~할 줄 안다
说汉 Hànyǔ 중국어
汉字 Hànzì 한자
大姐 dàjiě 큰언니

269

45과에서 배운 핵심 10문 장입니다. 한자까지 참고하면서 다시 한번 복습해 보세요.

내일 갈 수 있어요?	明天能去吗? Míngtiān néng qù ma?
언제 갈 수 있어요?	什么时候能去? Shénme shíhou néng qù?
당신 혼자서 갈 수 있어요?	你一个人能去吗? Nǐ yí ge rén néng qù ma?
오전에 올 수 있어요?	上午能来吗? Shàngwǔ néng lái ma?
목요일에 올 수 있어요?	星期四能来吗? Xīngqī sì néng lái ma?
왜 갈 수 없죠?	怎么不能去? Zěnme bù néng qù?
오후에는 올 수 있죠?	下午能来吧? Xiàwǔ néng lái ba?
저녁에 올 수 있어요.	晚上能来。 Wǎnshang néng lái.
지금 3개 살 수 있어요?	现在能买三个吗? Xiànzài néng mǎi sān ge ma?
다음 주에 갈 수 있어요 없어요?	下星期能不能去? Xià xīngqī néng bu néng qù?

단어

能 néng ~할 수 있다

什么时候 shénme shíhou 언제

一个人 yí ge rén 혼자

上午 shàngwǔ 오전

星期四 xīngqī sì 목요일

下午 xiàwǔ 오후

우리말에는 존댓말과 반말이 있지요. 그래서 외국인들이 한글을 배울 때 가장 어려워하는 부분이기도 합니다. 그러면 중국어에는 존댓말이 있을까요? 다행스럽게도 없다고 생각하면 됩니다. '높임, 존중' 등을 뜻하는 단어 몇 개만 주의하면 되니까요.'너, 당신'을 뜻하는 nǐ(你)의 높임은 nín(您)입니다. 동사나 문장 전체를 높여 예의 있는 표현을 하고 싶을 때는 문장 맨 앞에 qǐng(请)을 붙이면 되지요.

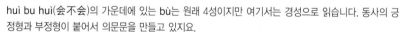

① 경성 발음 연습하기

huì bu huì(会不会)의 가운데에 있는 bù는 원래 4성이지만 여기서는 경성으로 읽습니다. 동사의 긍정형과 부정형이 붙어서 의문문을 만들고 있지요.

huì bu huì? 할 줄 알아요 몰라요?

Tā huì bu huì chàng Zhōngguó ge? 그는 중국 노래를 부를 줄 알아요 몰라요?

② [수량사 + 명사] 어순

'맥주 몇 병'은 중국어로 [몇(수사)+병(양사)+맥주(명사)]의 어순으로 표현합니다. 즉, 수량사가 명사 앞에 오지요.

jǐ píng píjiǔ 맥주 몇 병   Nǐ néng hē jǐ píng píjiǔ? 당신은 맥주 몇 병을 마실 수 있어요?

③ ba 용법

ba(吧)는 명령, 권고, 동의, 추측, 제의 등의 의미로 문장 끝에 사용합니다.

Xiàwǔ néng lái ba? 오후에는 올 수 있죠?

1단계에서 배운 핵심문장을 기본으로 한 응용표현을 배웁니다. 새로 나온 단어와 한자를 참고해서 연습해보세요.

STEP 1	STEP 2
중국어 병음을 보면서 읽으세요. (10회 반복)	우리말을 보면서 중국어로 말해보세요.

그는 중국 노래를 부를 줄 알아요 몰라요?

他会不会唱中国歌?
Tā huì bu huì chàng Zhōngguó gē?

당신은 중국 노래를 부를 줄 몰라요?

你不会唱中国歌吗?
Nǐ bú huì chàng Zhōngguó gē ma?

부를 줄 몰라요.

不会唱。
Bú huì chàng.

여동생도 술 마실 줄 알아요?

妹妹也会喝酒吗?
Mèimei yě huì hē jiǔ ma?

내 여동생은 한 잔도 마실 줄 몰라요.

我妹妹一杯也不能喝。
Wǒ mèimei yì bēi yě bù néng hē.

당신은 맥주 몇 병을 마실 수 있어요?

你能喝几瓶啤酒?
Nǐ néng hē jǐ píng píjiǔ?

나 혼자서 6병 마실 수 있어요.

我一个人能喝六瓶。
Wǒ yí ge rén néng hē liù píng.

내게 소개시켜줄 수 있어요 없어요?

能不能给我介绍一下?
Néng bu néng gěi wǒ jièshào yíxià?

남동생은 왜 갈 수 없죠?

弟弟怎么不能去?
Dìdi zěnme bù néng qù?

오후에는 올 수 있어요?

下午能来吗?
Xiàwǔ néng lái ma?

단어

认识 rènshi
(글자·길·사람을) 알다

唱 chàng
(노래를) 부르다

中国歌 Zhōngguó gē
중국 노래

瓶 píng
병 (병을 세는 단위)

介绍 jièshào 소개하다

弟弟 dìdi 남동생

怎么? zěnme? 왜?

잠깐만요!

huì는 '할 줄 안다'의 뜻으로, 배웠거나 경험이 있어서 할 수 있다는 의미를 내포합니다.
néng은 '할 수 있다'의 뜻으로, 능력, 자격, 권한, 분위기 등으로 인해 할 수 있다는 뜻이지요.

연습문제

다음 대화를 중국어로 직접 말해보세요. 중국어가 바로 나오지 않는다면 다시 앞으로 돌아가서 연습합니다.

1. A 그는 중국 노래를 부를 줄 알아요 몰라요?

   🎤 쓰지 말고 말해보세요.

   B 부를 줄 몰라요.

   🎤

2. A 당신은 맥주 몇 병 마실 수 있어요?

   🎤

   B 나 혼자서 6병을 마실 수 있어요.

   🎤

한자 맛보기

이번 과에서 반복되어 나온 중요한 글자만 수록하였습니다. 외워야 한다는 생각은 하지 말고 부담 없이 써 보세요.

1. huì	会 会 会 会 会 会
会	

2. néng	能 能 能 能 能 能 能 能
能	

3. chàng	唱 唱 唱 唱 唱 唱 唱 唱 唱 唱 唱
唱	

4. gē	歌 歌 歌 歌 歌 歌 歌 歌 歌 歌 歌 歌 歌 歌
歌	

84

동사 '만들다 · 하다(做 zuò) · 앉다(坐 zuò)'를 써서 말해보자

베이징에서 뭐 해요?
在北京做什么? Zài Běijīng zuò shénme?

강의 및 예문듣기

'만들다 · 하다' 동사와 '앉다' 동사는 둘 다 똑같이 발음합니다. 물론 글자와 뜻은 확연히 다르지요. 단어에 익숙해지면 여러 가지 의미로 인한 혼동은 저절로 해결된답니다. 어렵게 생각하지 마세요.

🎧 예문 84-1.mp3

1단계
표현 복습하기

46과에서 배운 핵심 10문장입니다. 한자까지 참고하면서 다시 한번 복습해보세요.

STEP 1	STEP 2
중국어 병음을 보면서 읽으세요. (10회 반복)	우리말을 보면서 중국어로 말해보세요.

몇 개 만들어요?	做几个? Zuò jǐ ge?
3개 만들어요.	做三个 Zuò sān ge.
내가 만든 것이 좋아요.	我做的好。 Wǒ zuò de hǎo.
오늘은 누가 만들어요?	今天谁做? Jīntiān shéi zuò?
뭐가 하고 싶어요?	想做什么? Xiǎng zuò shénme?
할 일이 없어요.	没有事做。 Méi yǒu shì zuò.
아무것도 안 해요.	什么也不做。 Shénme yě bú zuò.
무엇으로 만들어요?	用什么做? Yòng shénme zuò?
베이징에서 뭐 해요?	在北京做什么? Zài Běijīng zuò shénme?
베이징에서 장사를 해요.	在北京做买卖。 Zài Běijīng zuò mǎimai.

단어

做 zuò 만들다
好 hǎo 좋다
今天 jīntiān 오늘
事 shì 일
用 yòng 이용하다
做买卖 zuò mǎimai
장사하다

273

47과에서 배운 핵심 10문장입니다. 한자까지 참고하면서 다시 한번 복습해 보세요.

왜 앉지 않아요?	**怎么不坐?** Zěnme bú zuò?
가서 앉아요.	**去坐吧。** Qù zuò ba.
빨리 앉아요.	**快坐吧。** Kuài zuò ba.
저기 앉아요.	**坐那儿吧。** Zuò nàr ba.
여기 앉을게요.	**坐这儿。** Zuò zhèr.
어디에 앉지요?	**坐哪儿呢?** Zuò nǎr ne?
앉고 싶지 않아요.	**不想坐。** Bù xiǎng zuò.
앉으세요.	**请坐。** Qǐng zuò.
잠시 앉으세요.	**坐一会儿吧。** Zuò yíhu(ì)r ba.
앉을 데가 없어요.	**没有地方坐。** Méi yǒu dìfang zuò.

단어

坐 zuò 앉다
快 kuài 빨리
那儿 nàr 거기
请 qǐng ～해 주세요
一会儿 yíhu(ì)r 잠시
地方 dìfang 곳, 장소

① zuò 동사들

중국어에는 같은 발음과 성조를 지닌 단어들이 많습니다. 한자와 뜻은 다르지요. 이런 단어들은 문장 전체를 통해 그 의미를 추측할 수 있습니다. 이 장에서 나온 zuò 경우도 마찬가지입니다. zuò(做)는 '만들다, ～하다' 등의 뜻이 있습니다. zuò(坐) 동사는 '앉다, ～타다' 등에 활용됩니다.

zuò yīfu 옷을 만들다   zuò cài 요리를 만들다
Kěyǐ zuò ma? 앉아도 되나요?   zuò chuán qù 배를 타고 간다

② 아래 방향을 가리키는 xià

zuò xià의 xià(下)는 동사 뒤에 붙어 동작의 방향이 아래쪽임을 강조합니다. 생략해도 무방하지요.

zuò xià 앉다   Bié zuò xià. 앉지 말아요.

③ 같은 단어, 다른 발음 연습하기

yíhu(ì)r(一会儿)은 yìhu(ì)r이라고도 발음하는 사람도 있어요. 이때 hui의 i는 묵음 처리를 하지요. 연습해볼까요?

yíhu(ì)r / yìhu(ì)r 잠시   zuò yíhu(ì)r ba. / zuò yìhu(ì)r ba. 잠시 앉으세요.

2단계

응용표현 익히기

1단계에서 배운 핵심문장을 기본으로 한 응용표현을 배웁니다. 새로 나온 단어와 한자를 참고해서 연습해보세요.

STEP 1	STEP 2
중국어 병음을 보면서 읽으세요. (10회 반복)	우리말을 보면서 중국어로 말해보세요.

다음 주 토요일에 당신 뭐 해요?

下星期六你做什么?
Xià xīngqī liù nǐ zuò shénme?

내일은 뭐 하세요?

明天做什么?
Míngtiān zuò shénme?

내가 당신한테 맛있는 것을 만들어 드리죠.

我给你做好吃的吧。
Wǒ gěi nǐ zuò hǎochī de ba.

난 당신이 만든 중국 요리가 먹고 싶어요.

我想吃你做的中国菜。
Wǒ xiǎng chī nǐ zuò de Zhōngguó cài.

난 무슨 요리든 다 만들 줄 알아요.

我什么菜都会做。
Wǒ shénme cài dōu huì zuò.

앉아도 되나요?

可以坐吗?
Kěyǐ zuò ma?

앉지 말아요.

别坐下。
Bié zuò xià.

앉아서 먹어요.

坐着吃吧。
Zuò zhe chī ba.

그도 앉았어요?

他也坐了吗?
Tā yě zuò le ma?

당신은 의자에 앉아요.

你坐椅子。
Nǐ zuò yǐzi.

단어

星期六 xīngqī liù
　　　토요일

好吃 hǎochī 맛있다

可以 kěyǐ ~해도 된다

椅子 yǐzi 의자

잠깐만요!

zuò 발음은 여러 번 들어봤을 겁니다. 발음이 같은 단어가 여러 개 있기 때문입니다. 이번 과의 做(zuò)와 坐(zuò)는 글자와 뜻은 다르지만 소리로만 들었을 경우 같습니다. 따라서 문장을 잘 듣고 내용에 따라 그 뜻을 잘 파악해야 합니다.

275

다음 대화를 중국어로 직접 말해보세요. 중국어가 바로 나오지 않는다면 다시 앞으로 돌아가서 연습합니다.

1. A 내일은 뭐 하세요?
   🎤 쓰지 말고 말해보세요.

   B 아무것도 안 해요.
   🎤

2. A 왜 앉지 않아요?
   🎤

   B 앉고 싶지 않아요.
   🎤

한자
맛보기

이번 과에서 반복되어 나온 중요한 글자만 수록하였습니다. 외워야 한다는 생각은 하지 말고 부담 없이 써 보세요.

1. zuò	做 做 做 做 做 做 做 做 做 做 做	
做		
2. zuò	坐 坐 坐 坐 坐 坐 坐	
坐		
3. cài	菜 菜 菜 菜 菜 菜 菜 菜 菜 菜 菜	
菜		
4. yòng	用 用 用 用 用	
用		

동사 '울다(哭 kū) · 웃다(笑 xiào)'를 써서 말해보자

됐어, 그만 울어!

得了，别哭了! Dé le, bié kū le!

'울다'와 '웃다' 동사가 나왔습니다. kū(울다)는 1성, xiào(웃다)는 4성으로 단어의 느낌을 살려 발음해봅시다.

🎧 예문 85-1.mp3

1단계

표현 복습하기

48과에서 배운 핵심 10문장입니다. 한자까지 참고하면서 다시 한번 복습해보세요.

STEP 1	STEP 2
중국어 병음을 보면서 읽으세요. (10회 반복)	우리말을 보면서 중국어로 말해보세요.

너 울지 마라.	你别哭。 Nǐ bié kū.
오늘 울었어요.	今天哭了。 Jīntiān kū le.
왜 우니?	为什么哭? Wèi shénme kū?
왜 울었니?	为什么哭了? Wèi shénme kū le?
막내가 울었어요.	老幺哭了。 Lǎoyāo kū le.
울어 안 울어?	哭不哭? Kū bu kū?
울었어 안 울었어?	哭了没有? Kū le méi yǒu?
울기는 울었어요.	哭是哭了。 Kū shi kū le.
온종일 울었어요.	哭了一整天。 Kū le yì zhěng tiān.
엊저녁에 누가 울었니?	昨天晚上谁哭了? Zuótiān wǎnshang shéi kū le?

단어

哭 kū 울다

为什么 wèi shénme
　　 왜

老幺 lǎoyāo 막내

一整天 yì zhěng tiān
　　 온종일

昨天 zuótiān 어제

49과에서 배운 핵심 10문장입니다. 한자까지 참고하면서 다시 한번 복습해 보세요.

내가 웃었어요.	我笑了。 Wǒ xiào le.
좀 웃어요.	笑一笑吧。 Xiào yi xiào ba.
정말 우스워요.	真的可笑。 Zhēnde kěxiào.
안 웃어요?	不笑吗? Bú xiào ma?
웃어 안 웃어?	笑不笑? Xiào bu xiào?
당신도 웃었어요?	你也笑了吗? Nǐ yě xiào le ma?
누가 웃었어요?	谁笑了? Shéi xiào le?
왜 웃어요?	为什么笑? Wèi shénme xiào?
그만 웃어요.	别笑了。 Bié xiào le.
당신 날 비웃지 마세요.	你别笑我。 Nǐ bié xiào wǒ.

단어

笑 xiào 웃다
真的 zhēnde 정말로
可笑 kěxiào 우습다
别 bié ~하지 마라
也 yě ~도
谁 shéi 누구?

편하게 읽고 넘어가세요!

① 더 이상은 ~하지 마라의 bié~le

bié(别)~le(了)는 '이제는, 더 이상은 ~하지 마라'라는 강조의 뜻입니다. bié kū '울지 마' 이 상태에서 문장 끝에 le를 붙인 bié kū le는 '뚝 그쳐'의 뜻으로 한층 강조됩니다. 즉 le는 단정, 확인, 강조의 의미를 내포합니다.

bié~ le 더 이상은 ~하지 마라   Bié kū. 울지 마.   Bié kū le. 뚝 그쳐.

② 성조부호가 붙는 우선순위

한 단어에 여러 모음이 연이어 올 경우 모음에 성조부호가 붙는 순위는 a〉o〉e 순입니다. xiào(笑)의 경우 주 모음인 a에 성조부호를 붙였습니다. jiǔ(酒)나 guì(贵)의 경우처럼 i와 u가 같이 있을 경우에는 뒤에 오는 모음에 성조를 붙이면 됩니다. 그래서 jiǔ는 u에, guì는 i에 붙인 것이지요.

xiào 웃다   jiǔ 술   guì 비싸다

③ yuè~ yuè… 표현과 발음 연습하기

yuè(越)~yuè(越)…는 '~하면 할수록 더욱 …하다'의 뜻입니다. yuè는 발음할 때 주의합시다. 입술이 앞으로 나와 오므린 상태에서 발음해야 합니다.

yuè~ yuè… ~하면 할수록 더욱 …하다   Yuè xiǎng yuè kěxiào. 생각할수록 우습다.

🔊 예문 85-2.mp3

2단계

응용표현 익히기

1단계에서 배운 핵심문장을 기본으로 한 응용표현을 배웁니다. 새로 나온 단어와 한자를 참고해서 연습해보세요.

STEP 1	STEP 2
중국어 병음을 보면서 읽으세요. (10회 반복)	우리말을 보면서 중국어로 말해보세요.

너 왜 우니?	你为什么哭? Nǐ wèi shénme kū?
됐어, 그만 울어라!	得了，别哭了! Dé le, bié kū le!
그이도 울었니?	他也哭了吗? Tā yě kū le ma?
누가 울었는지 몰라요.	不知道谁哭了。 Bù zhīdào shéi kū le.
왜 우는지 몰라요.	不知道为什么哭。 Bù zhīdào wèi shénme kū.
그가 말한 이야기는 정말 우스워요.	他说的话真可笑。 Tā shuō de huà zhēn kěxiào.
생각할수록 우스워요.	越想越可笑。 Yuè xiǎng yuè kěxiào.
왜 안 웃어요?	怎么不笑? Zěnme bú xiào?
방금 웃었지?	刚刚笑了吧? Gānggāng xiào le ba?
엄마도 웃었어요?	妈妈也笑了吗? Māma yě xiào le ma?

단어

得了 dé le 됐어
知道 zhīdao 알다
说 shuō 말하다
话 huà 말, 이야기
刚刚 gānggāng 막, 방금

잠깐만요!

kū의 경우 '그만 울어'의 표현이 많이 사용되겠지요. 같이 연습합시다. '더 이상은 ~하지 마라'는 bié와 le가 붙습니다.

279

다음 대화를 중국어로 직접 말해보세요. 중국어가 바로 나오지 않는다면 다시 앞으로 돌아가서 연습합니다.

1.　A 그는 왜 울어요?

　　B 왜 우는지 몰라요.

2.　A 당신은 왜 웃었어요?

　　B 그가 말한 이야기는 정말 우스워요.

한자
맛보기 | 이번 과에서 반복되어 나온 중요한 글자만 수록하였습니다. 외워야 한다는 생각은 하지 말고 부담 없이 써 보세요.

1. kū	哭 哭 哭 哭 哭 哭 哭 哭 哭 哭	
哭		

2. xiào	笑 笑 笑 笑 笑 笑 笑 笑 笑 笑	
笑		

3. zhēn	真 真 真 真 真 真 真 真 真 真	
真		

4. bié	別 別 別 別 別 別 別	
別		

동사 '기다리다(等 děng)·전화 걸다(打电话 dǎ diànhuà)'를 써서 말해보자

내가 너에게 전화할게.
我给你打电话。 　Wǒ gěi nǐ dǎ diànhuà.

강의 및 예문듣기

'전화 걸다'는 우리말과 같이 '전화'와 '걸다' 단어로 분리될 수 있습니다. 하지만 습관적으로 함께 사용합니다. 3성의 '기다리다' 동사는 2성이 나올 경우는 어려우니 여러 번 연습해 봅시다.

🎧 예문 86-1.mp3

1단계
표현 복습하기

50과에서 배운 핵심 10문장입니다. 한자까지 참고하면서 다시 한번 복습해 보세요.

STEP 1	STEP 2
중국어 병음을 보면서 읽으세요. (10회 반복)	우리말을 보면서 중국어로 말해보세요.
집에서 나를 기다리세요.	在家等我吧。 Zài jiā děng wǒ ba.
왜 기다려요?	为什么等? Wèi shénme děng?
기다리지 말아요.	别等。 Bié děng.
일주일 동안 기다렸어요.	等了一个星期。 Děng le yí ge xīngqī.
그의 전화를 기다려요.	等他的电话。 Děng tā de diànhuà.
누구 전화를 기다려요?	等谁的电话? Děng shéi de diànhuà?
그를 기다릴 필요가 없어요.	不用等他。 Bú yòng děng tā.
나도 그를 기다리지 않아요.	我也不等他。 Wǒ yě bù děng tā.
미안해요, 나는 기다릴 수 없어요.	对不起,我不能等。 Duì bu qǐ, wǒ bù néng děng.
당신 집에서 그가 오기를 기다리세요.	在你家等他来吧。 Zài nǐ jiā děng tā lái ba.

📝 단어

在 zài ～에서
等 děng 기다리다
一个星期 yí ge xīngqī
　　　　 일주일
电话 diànhuà 전화
不用 bú yòng
　　　 ～할 필요 없다

281

51과에서 배운 핵심 10문장입니다. 한자까지 참고하면서 다시 한번 복습해 보세요.

지금 전화를 걸어요.	**现在打电话。** Xiànzài dǎ diànhuà.
몇 시에 전화를 걸어요?	**几点打电话?** Jǐ diǎn dǎ diànhuà?
어디서 전화를 걸어요?	**在哪儿打电话?** Zài nǎr dǎ diànhuà?
은행에서 전화를 걸어요.	**在银行打电话。** Zài yínháng dǎ diànhuà.
날마다 전화를 걸어요?	**天天打电话吗?** Tiāntiān dǎ diànhuà ma?
거의 매일 전화를 걸어요.	**差不多每天都打电话。** Chà bu duō měitiān dōu dǎ diànhuà.
저녁에 전화를 걸어요.	**晚上打电话。** Wǎnshang dǎ diànhuà.
낮에는 전화하지 마세요.	**白天别打电话。** Báitiān bié dǎ diànhuà.
누구에게 전화를 걸어요?	**给谁打电话?** Gěi shéi dǎ diànhuà?
중국 친구에게 전화를 걸어요.	**给中国朋友打电话。** Gěi Zhōngguó péngyou dǎ diànhuà.

단어

打电话 dǎ diànhuà 전화를 걸다
银行 yínháng 은행
天天 tiāntiān 날마다
差不多 chà bu duō 거의
白天 báitiān 낮
给 gěi ～에게

❶ 현재진행 문장 만들기

zài(在)~ne(呢)는 '~하고 있는 중이다'란 뜻으로 현재진행을 나타냅니다.
zài~ne ~하고 있는 중이다　　　　　　　　Wǒ zài děng tā lái ne. 나는 그가 오기를 기다려요.

❷ 전화 관련 표현 만들기

dǎ diànhuà는 '전화 걸다', tīng diànhuà 또는 jiē diànhuà는 '전화를 받다'입니다. děng diànhuà는 '전화를 기다리다'이지요. 이 표현들은 꼭 알아둡시다.
dǎ diànhuà 전화 걸다　　　　　　　　tīng diànhuà / jiē diànhuà 전화를 받다
děng diànhuà 전화를 기다리다

❸ 위치 변화 가능한 gěi + 사람

'누구에게 ~해주다'인 gěi shéi(给谁)는 동사(dǎ diànhuà) 앞에 올 수도 있고 뒤에 올 수도 있습니다. 같이 연습해볼까요?
Gěi shéi dǎ diànhuà / Dǎ diànhuà gěi shéi? 누구에게 전화를 걸어요?

2단계

응용표현 익히기

1단계에서 배운 핵심문장을 기본으로 한 응용표현을 배웁니다. 새로 나온 단어와 한자를 참고해서 연습해보세요.

STEP 1	STEP 2
중국어 병음을 보면서 읽으세요. (10회 반복)	우리말을 보면서 중국어로 말해보세요.

당신은 누가 오기를 기다려요?	你等谁来? Nǐ děng shéi lái?
나는 그가 오기를 기다려요.	我在等他来呢。 Wǒ zài děng tā lái ne.
나는 그를 기다리고 있어요.	我在等他呢。 Wǒ zài děng tā ne.
당신은 누가 한국에 오기를 기다려요?	你等谁来韩国? Nǐ děng shéi lái Hánguó?
나는 그가 한국에 오기를 기다려요.	我等他来韩国。 Wǒ děng tā lái Hánguó.
그한테 당신에게 전화하라고 하는게 어때요?	叫他给你打电话, Jiào tā gěi nǐ dǎ diànhuà, 怎么样? zěnme yàng?
30분 후에 다시 당신에게 전화할게요.	三十分钟以后我再给你 Sānshí fēnzhōng yǐhòu wǒ zài gěi nǐ 打电话吧。 dǎ diànhuà ba.
괜찮아요. 내가 다시 그에게 전화하지요.	没关系, 我来再给他 Méiguānxi, wǒ lái zài gěi tā 打电话。 dǎ diànhuà.
당신은 날마다 어디에서 그의 전화가 오기를 기다려요?	你天天在哪儿等他的 Nǐ tiāntiān zài nǎr děng tā de 电话来? diànhuà lái?
나는 날마다 집에서 그의 전화가 오기를 기다려요.	我天天在家等他的电话来。 Wǒ tiāntiān zài jiā děng tā de diànhuà lái.

단어

分钟 fēnzhōng
(시간의) 분

韩国 Hánguó 한국

再 zài 다시

在 zài 지금 ~하고 있다

잠깐만요!

tiāntiān(天天)은 [1성+1성] 단어로 두 번째 글자도 1성으로 읽어야 합니다. 하지만 zuótiān(昨天), jīntiān(今天), míngtiān(明天)의 경우 두 번째 글자인 tiān은 같은 1성이지만 약하게 경성처럼 발음하는 것이 좋습니다.

연습문제

다음 대화를 중국어로 직접 말해보세요. 중국어가 바로 나오지 않는다면 다시 앞으로 돌아가서 연습합니다.

1. A 당신은 누가 오기를 기다려요?　🎤 쓰지 말고 말해보세요.

　 B 나는 그가 오기를 기다려요.　🎤

2. A 당신은 날마다 그의 전화가 오기를 기다려요?　🎤

　 B 나는 매일 그의 전화가 오기를 기다려요.　🎤

한자 맛보기

이번 과에서 반복되어 나온 중요한 글자만 수록하였습니다. 외워야 한다는 생각은 하지 말고 부담 없이 써 보세요.

1. děng	等 等 等 等 等 等 等 等 等 等	
等		
2. dǎ	打 打 打 打 打	
打		
3. diàn	电 电 电 电 电	
电		
4. huà	话 话 话 话 话 话 话 话	
话		

중국어는 이렇대!

중국의 명절 2

우리나라 명절 '추석'과 중국의 중추절(中秋节 Zhōngqiūjié)은 어떻게 다를까요? 또 우리나라에는 없는 중국만의 '국경일'에 대해서도 알아봅니다.

중추절

우리나라에 음력 8월 15일 추석이 있다면, 중국에는 중추절(中秋节 Zhōngqiūjié)이 있습니다. 유래에 따르면 중국 고대 제왕들은 봄에는 태양에게, 가을에는 달에게 제사를 지내던 풍속이 있다고 전해집니다. 그래서 백성들도 달에게 제물을 바치고 온 가족이 그것을 나누어 먹었는데, 이러한 풍속이 이어져 이날 달을 보며 yuèbǐng(月饼)을 먹습니다. 우리나라는 추석이 민족의 대명절이지만, 중국은 중추절 연휴도 없고 그 분위기도 느낄 수 없다고 합니다. 중추절 보다는 중추절 뒤에 바로 다가오는 국경일이 훨씬 큰 명절처럼 느껴진다고 하네요.

국경일

10월 1일은 중국의 국경일(国庆节 Guóqìngjié)로 이때는 춘절(春节 Chūnjié) 못지않은 명절 분위기를 느낄 수 있습니다. 중국 근대화 시기를 좌우한 국민당과 공산당 간의 내전은 현대 중국의 성립에 결정적인 계기가 됩니다. 1912년 쑨원이 주최가 된 중화민국 성립을 기점으로 30여 년 간 국공 내전의 결과 공산당이 승리를 거두었지요. 그리고 1949년 10월 1일 중화인민공화국을 성립했습니다. 당시 중국인들은 말로 표현할 수 없는 큰 기쁨과 자부심에 사로잡혔다고 합니다. 그 후 이날을 공휴일로 지정하면서 기념합니다. 휴일 또한 무려 7~10일로 대부분의 회사와 상점, 학교 등은 문을 닫습니다. 이것만 봐도 국경일이 중국인들에게 얼마나 대단한 의미를 가진 날인지 알만 합니다!

열한째마디

•

형용사
끝내기

강의 및 예문듣기

형용사 '쉽다(容易 róngyì)·어렵다(难 nán)'를 써서 말해보자

87

중국어가 쉽지요?
汉语容易吧? Hànyǔ róngyì ba?

형용사 '쉽다'는 권설음 r이니 발음에 주의해야 합니다. 오디오를 잘 듣고 많이 연습합시다. róngyì에 비하면 nán(어렵다)은 2성의 성조만 주의하면 될 듯합니다.

🎧 예문 87-1.mp3

1단계

표현 복습하기

52과에서 배운 핵심 10문장입니다. 한자까지 참고하면서 다시 한번 복습해보세요.

STEP 1	STEP 2
중국어 병음을 보면서 읽으세요. (10회 반복)	우리말을 보면서 중국어로 말해보세요.

정말 쉬워요.	真的容易。 Zhēnde róngyì.
중국어가 쉽지요?	汉语容易吧? Hànyǔ róngyì ba?
쉽기는 쉬워요.	容易是容易。 Róngyì shi róngyì.
발음이 쉽지 않아요.	发音不容易。 Fāyīn bù róngyì.
오늘 배운 것이 쉬워요?	今天学的容易吗? Jīntiān xué de róngyì ma?
배우기 쉬워요.	容易学。 Róngyì xué.
어느 것이 쉽지 않아요?	哪个不容易? Nǎ ge bù róngyì?
중국어보다 쉬워요?	比中国话容易吗? Bǐ Zhōngguóhuà róngyì ma?
배울수록 쉬워요.	越学越容易。 Yuè xué yuè róngyì.
쉽기도 하고, 재미도 있어요.	又容易又有意思。 Yòu róngyì yòu yǒu yìsi.

容易 róngyì 쉽다
发音 fāyīn 발음
学 xué 배우다
比 bǐ ~보다
中国话 Zhōngguóhuà
중국어
有意思 yǒu yìsi
재미있다

53과에서 배운 핵심 10문장입니다. 한자까지 참고하면서 다시 한번 복습해 보세요.

어렵기는 어렵지?	难是难吧? Nán shi nán ba?
어렵기는 조금 어려워요.	难是有点儿难。 Nán shì yǒu diǎ(n)r nán.
배우기 어려워요?	难学吗? Nán xué ma?
어렵지 않니?	不难吗? Bù nán ma?
어려운 것이 있어요?	有难的吗? Yǒu nán de ma?
배우기 어렵지 않지요?	不难学吧? Bù nán xué ba?
어느 것이 어려워요?	哪个难? Nǎ ge nán?
어느 것이 안 어려워요?	哪个不难? Nǎ ge bù nán?
이것은 어렵고, 저것은 안 어려워요.	这个难，那个不难。 Zhè ge nán, nà ge bù nán.
중국어가 한국어보다 어려워요?	中国话比韩国话难吗? Zhōngguóhuà bǐ Hánguóhuà nán ma?

단어

难 nán 어렵다
韩国话 Hánguóhuà 한국어

① **단어 안의 n의 묵음 처리**

yìdiǎ(n)r(一点儿)의 n 발음은 뒤의 r 발음이 오면서 묵음 처리합니다. 만약 r 발음이 없는 상태의 단어로 읽을 때는 n 발음을 살립니다. r 발음은 er(儿)을 줄인 것이지요. er은 베이징 사람들이 많이 사용하는 어투입니다. 일종의 베이징 방언입니다. 다른 지역에서는 대부분 사용하지 않지요.

② **비교 조사 bǐ부정**

bǐ(比)는 '~보다, ~에 비하여'의 뜻이며, 부정형은 bù bǐ입니다.

bǐ ~보다, ~에 비하여   bùbǐ ~보다 …않다
Zhōngguóhuà bǐ Hánguóhuà nán. 중국어는 한국어보다 어렵다.
Zhōngguóhuà bù bǐ Hánguóhuà nán. 중국어는 한국어보다 어렵지 않다.

③ **동일한 형용사 사이의 shì**

nán shi nán의 경우 동일한 형용사(nán) 사이에 shì(是)를 넣으면 '~하기는 ~하다'의 뜻이 됩니다.
nán shi nán 어렵기는 어렵다   guì shi guì 비싸기는 비싸다

1단계에서 배운 핵심문장을 기본으로 한 응용표현을 배웁니다. 새로 나온 단어와 한자를 참고해서 연습해보세요.

STEP 1	STEP 2
중국어 병음을 보면서 읽으세요. (10회 반복)	우리말을 보면서 중국어로 말해보세요.

오늘 배운 한자는 쉽죠?

今天学的汉字容易吧?
Jīntiān xué de Hànzì róngyì ba?

오늘 배운 것은 비교적 쉬워요.

今天学的比较容易。
Jīntiān xué de bǐjiào róngyì.

다 쉽지는 않아요.

不都容易。
Bù dōu róngyì.

어떤 것은 쉽고, 어떤 것은 어려워요.

有的容易，有的难。
Yǒu de róngyì, yǒu de nán.

저것은 아주 쉬워요.

那个非常容易。
Nà ge fēicháng róngyì.

오늘 배운 것은 다 어렵지요?

今天学的都难吧?
Jīntiān xué de dōu nán ba?

어느 것이 어려워요?

哪个难?
Nǎ ge nán?

이것이 조금 어려워요.

这个有一点儿难。
Zhè ge yǒu yìdiǎ(n)r nán.

알면 쉽고, 모르면 어렵다.

会的不难，难的不会。
Huì de bù nán, nán de bú huì.

조금도 어렵지 않아요.

一点儿也不难。
Yìdiǎ(n)r yě bù nán.

단어

今天 jīntiān 오늘
学 xué 배우다
汉字 Hànzì 한자
容易 róngyì
　　　　쉽다. 용이하다
比较 bǐjiào 비교적
非常 fēicháng
　　　　매우. 아주
一点儿 yìdiǎ(n)r 조금

잠깐만요!

róngyì(쉽다)의 r은 권설음이니 발음에 주의해야 합니다. ong의 발음도 쉽지 않습니다. 중국인이라도 사람에 따라서는 '웅'에 가깝게 발음하기도 하고, '옹'에 가깝게 발음하기도 하지요. 그 중간쯤으로 생각하면 됩니다.

다음 대화를 중국어로 직접 말해보세요. 중국어가 바로 나오지 않는다면 다시 앞으로 돌아가서 연습합니다.

1. A 오늘 배운 한자는 쉽죠? 쓰지 말고 말해보세요.

   B 오늘 배운 것은 비교적 쉬워요.

2. A 어느 것이 어려워요?

   B 이것이 조금 어려워요.

한자 맛보기 이번 과에서 반복되어 나온 중요한 글자만 수록하였습니다. 외워야 한다는 생각은 하지 말고 부담 없이 써 보세요.

1. nán	难 难 难 难 难 难 难 难 难 难
难	

2. róng	容 容 容 容 容 容 容 容 容 容
容	

3. yì	易 易 易 易 易 易 易 易
易	

4. ba	吧 吧 吧 吧 吧 吧 吧
吧	

88

형용사 '바쁘다(忙 máng) · 피곤하다(累 lèi)'를 써서 말해보자

요즘 너무 바빠요.
最近太忙了。　Zuìjìn tài máng le.

강의 및 예문듣기

연습을 많이 해야 하는 2성의 형용사 '바쁘다'가 나왔습니다. '피곤하다'는 4성으로 성조는 비교적 쉽지만 l 발음에 주의해야지요. r 발음과 확연히 다른 점을 다시 연습하세요.

🎧 예문 88-1.mp3

1단계
표현 복습하기

54과에서 배운 핵심 10문 장입니다. 한자까지 참고 하면서 다시 한번 복습해 보세요.

STEP 1	STEP 2
중국어 병음을 보면서 읽으세요. (10회 반복)	우리말을 보면서 중국어로 말해보세요.

날마다 바빠요.	天天忙。 Tiāntiān máng.
아침에는 바빠요.	早上忙。 Zǎoshang máng.
바빠요 안 바빠요?	忙不忙? Máng bu máng?
점점 바빠져요.	越来越忙。 Yuè lái yuè máng.
다음 달도 바빠요?	下个月也忙吗? Xià ge yuè yě máng ma?
다음 달에는 안 바빠요.	下个月不忙。 Xià ge yuè bù máng.
바빠 죽겠어요.	忙死了。 Máng sǐ le.
요즘 누가 제일 바빠요?	最近谁最忙? Zuìjìn shéi zuì máng?
내 여동생이 제일 바빠요.	我妹妹最忙。 Wǒ mèimei zuì máng.
10시 이후에는 안 바빠요.	十点以后不忙。 Shí diǎn yǐhòu bù máng.

단어

早上 zǎoshang 아침
忙 máng 바쁘다
下个月 xià ge yuè 다음 달
死了 sǐ le ~해 죽겠다
最近 zuìjìn 요즘, 최근
最 zuì 가장
以后 yǐhòu 이후

291

55과에서 배운 핵심 10문
장입니다. 한자까지 참고
하면서 다시 한번 복습해
보세요.

많이 피곤해요.	很累。 Hěn lèi.
피곤하기는 피곤해요.	累是累。 Lèi shi lèi.
오늘은 피곤하지요?	今天累吧? Jīntiān lèi ba?
그리 피곤하지 않아요.	不大累。 Bú dà lèi.
피곤해요 안 피곤해요?	累不累? Lèi bu lèi?
조금도 피곤하지 않아요.	一点儿也不累。 Yìdiǎ(n)r yě bú lèi.
정말 안 피곤해요?	真的不累吗? Zhēnde bú lèi ma?
걸어서 피곤해요.	走累了。 Zǒu lèi le.
피곤하면 가서 쉬어요.	累的话去休息吧。 Lèi de huà qù xiūxi ba.
피곤하면 오늘은 가지 마세요.	累的话今天不要去。 Lèi de huà jīntiān bú yào qù.

단어

很 hěn 매우
累 lèi 피곤하다
不大 bú dà
　　그다지 ~하지 않다
走 zǒu 걷다
的话 de huà ~하다면
不要 bú yào
　　~하지 마라

① '~해 죽겠다' 강조 표현

우리말에서 '~해 죽겠다'라고 하면 훨씬 강조된 표현이 됩니다. 중국어도 마찬가지입니다. '피곤하다'
의 형용사 lèi(累)~(le) 뒤에 '죽다'인 sǐ(死)를 붙이면 '피곤해 죽겠다'의 의미가 되지요.

lèi sǐ (wǒ) le 피곤해 죽겠다 　　　　　　　　　　　qì sǐ (wǒ) le 화 나 죽겠다
rè sǐ (wǒ) le 더워 죽겠다

② '(만약) ~하면' 표현

de huà(的话)는 '(만약) ~하면'의 뜻으로 조건과 가정문에서 사용됩니다. 동사나 형용사 뒤에 붙이
면 되지요. de는 경성으로 발음하고, huà는 약한 4성으로 발음하면 됩니다.

~de huà ~하면 　　　　　　　　　　　　　　　　lèi de huà 피곤하면
Lèi de huà jīntiān bú yào qù. 피곤하면 오늘은 가지 말아요.

1단계에서 배운 핵심문장을 기본으로 한 응용표현을 배웁니다. 새로 나온 단어와 한자를 참고해서 연습해보세요.

STEP 1	STEP 2
중국어 병음을 보면서 읽으세요. (10회 반복)	우리말을 보면서 중국어로 말해보세요.

화요일에 바빠요?

星期二忙吗?
Xīngqī èr máng ma?

요즘 너무 바빠요.

最近太忙了。
Zuìjìn tài máng le.

우리는 모두 바빠요.

我们都很忙。
Wǒmen dōu hěn máng.

우리는 아무도 안 바빠요.

我们谁也不忙。
Wǒmen shéi yě bù máng.

화요일은 안 바빠요.

星期二不忙。
Xīngqī èr bù máng.

요즘 많이 피곤하지요?

最近很累吧?
Zuìjìn hěn lèi ba?

피곤해 죽겠어요.

累死我了。
Lèi sǐ wǒ le.

월요일은 화요일보다 피곤해요.

星期一比星期二累。
Xīngqī yī bǐ xīngqī èr lèi.

점점 더 피곤해져요.

越来越累。
yuè lái yuè lèi.

조금 피곤해.

有点儿累。
Yǒu diǎ(n)r lèi.

단어

星期二 xīngqī èr
　　　화요일
太~了 tài ~ le
　　　너무 ~하다
谁也 shéi yě 누구도
星期一 xīngqī yī
　　　월요일
越来越 yuè lái yuè ~
　　　점점 더 ~해지다
死了 sǐ le ~해 죽겠다

잠깐만요!

'바쁘다'의 2성, '피곤하다'의 I 발음에 주의하세요.

다음 대화를 중국어로 직접 말해보세요. 중국어가 바로 나오지 않는다면 다시 앞으로 돌아가서 연습합니다.

1. A 화요일에 바빠요?　　　🎤 쓰지 말고 말해보세요.

　　B 요즘 너무 바빠요.　　　🎤

2. A 요즘 많이 피곤하지요?　🎤

　　B 피곤해 죽겠어요.　　　🎤

한자 맛보기

이번 과에서 반복되어 나온 중요한 글자만 수록하였습니다. 외워야 한다는 생각은 하지 말고 부담 없이 써 보세요.

1. lèi	累 累 累 累 累 累 累 累 累 累 累			
累				
2. máng	忙 忙 忙 忙 忙 忙			
忙				
3. zuì	最 最 最 最 最 最 最 最 最 最 最 最			
最				
4. jìn	近 近 近 近 近 近 近			
近				

89 형용사 '맛있다(好吃 hǎochī) · 좋다(好 hǎo)'를 써서 말해보자

중국 요리가 맛있어요?
中国菜好吃吗? Zhōngguó cài hǎochī ma?

강의 및 예문듣기

먼저 '맛있다'와 '좋다'의 발음을 들어보세요. 같은 발음이 들리지요? '좋다'의 hǎo가 공통적입니다. '맛있다'는 '좋다'의 hǎo와 '먹다'의 chī가 합쳐진 형용사입니다. '좋다', '먹다', '맛있다'를 차례로 발음해볼까요?

🎧 예문 89-1.mp3

1단계
표현 복습하기

56과에서 배운 핵심 10문장입니다. 한자까지 참고하면서 다시 한번 복습해보세요.

STEP 1	STEP 2
중국어 병음을 보면서 읽으세요. (10회 반복)	우리말을 보면서 중국어로 말해보세요.
맛없어요?	不好吃吗? Bù hǎochī ma?
정말 맛없어요.	真的不好吃。 Zhēnde bù hǎochī.
맛이 있기는 있어요.	好吃是好吃。 Hǎochī shi hǎochī.
과일이 맛있지요?	水果好吃吧? Shuǐguǒ hǎochī ba?
저것보다 맛있어요?	比那个好吃吗? Bǐ nà ge hǎochī ma?
저것보다 맛있지 않아요.	不比那个好吃。 Bù bǐ nà ge hǎochī.
어느 것이 맛있어요?	哪个好吃? Nǎ ge hǎochī?
중국 요리가 맛있어요.	中国菜好吃。 Zhōngguó cài hǎochī.
그가 만든 것은 맛있어요 맛없어요?	他做的好吃不好吃? Tā zuò de hǎochī bu hǎochī?
어느 것이 맛있는 거예요?	哪个是好吃的? Nǎ ge shì hǎochī de?

단어

好吃 hǎochī 맛있다
水果 shuǐguǒ 과일
比 bǐ ~보다
不比 bù bǐ
　　~보다 ~하지 않다
中国菜 Zhōngguó cài
　　중국 음식

57과에서 배운 핵심 10문장입니다. 한자까지 참고하면서 다시 한번 복습해 보세요.

안 좋아요?	不好吗? Bù hǎo ma?
안 좋지?	不好吧? Bù hǎo ba?
좋기는 좋아요.	好是好。 Hǎo shi hǎo.
좋기는 좋지?	好是好吧? Hǎo shi hǎo ba?
그의 발음이 좋아요?	他的发音好吗? Tā de fāyīn hǎo ma?
그의 발음은 정말 좋아요.	他的发音真的好。 Tā de fāyīn zhēnde hǎo.
나 역시 매우 좋아요.	我也很好。 Wǒ yě hěn hǎo.
우리는 모두 좋아요.	我们都很好。 Wǒmen dōu hěn hǎo.
당신보다 좋아요?	比你好吗? Bǐ nǐ hǎo ma?
나보다 더욱 좋아요.	比我更好。 Bǐ wǒ gèng hǎo.

단어

好 hǎo 좋다
发音 fāyīn 발음
也 yě 역시
更 gèng 더욱

편하게 읽고 넘어가세요!

❶ ~하기도 하고 (또한) …하다

yòu(又)~ yòu(又)… 표현은 '~하기도 하고 (또한) …하다'의 뜻으로, 세 번을 반복할 수도 있습니다. 자, 한번 따라 볼까요?

yòu~ yòu… ~하기도 하고 (또한) …하다 　　　　Yòu dà yòu hǎo. 크기도 하고 좋기도 하다.
Tā de yǎnjing yòu dà yòu hēi yòu hǎokàn. 그의 눈은 크고, 검고, 예쁘다.

❷ 이것, 저것, 어느 것

이것은 zhè ge(这个), 저것은 nà ge(那个), 어느 것은 nǎ ge(哪个)라고 합니다. 공통적인 ge는 양사지요. 또 경우에 따라서는 zhè yí ge(이 한 개), nà yí ge(저 한 개), nǎ yí ge(어느 것 중에서 한 개)를 줄여서 zhèi ge(이것), nèi ge(저것), něi ge(어느 것)라고도 합니다.

zhè ge / zhèi ge 이것 　　　　nà ge / nèi ge 저것 　　　　nǎ ge? / něi ge? 어느 것?
Nǎ ge hǎochī? 어느 것이 맛있어요? 　　　　Zhè liǎng ge nǎ yí ge hǎo? 이 두 개 중 어느 것이 좋아요?

1단계에서 배운 핵심문장을 기본으로 한 응용표현을 배웁니다. 새로 나온 단어와 한자를 참고해서 연습해보세요.

STEP 1	STEP 2
중국어 병음을 보면서 읽으세요. (10회 반복)	우리말을 보면서 중국어로 말해보세요.

중국 요리가 맛있어요?

中国菜好吃吗？
Zhōngguó cài hǎochī ma?

시기도 하고 달기도 한 게 정말 맛있어요.

又酸又甜，真好吃。
Yòu suān yòu tián, zhēn hǎochī.

저녁에 우리 집에 와서 맛있는 요리를 드세요.

晚上来我家吃好吃的菜吧。
Wǎnshang lái wǒ jiā chī hǎochī de cài ba.

사과가 가장 맛있어요.

苹果最好吃。
Píngguǒ zuì hǎochī.

한국 요리도 매우 맛있어요.

韩国菜也很好吃。
Hánguó cài yě hěn hǎochī.

이 둘 중 어느 것이 좋아요?

这两个哪一个好？
Zhè liǎng ge nǎ yí ge hǎo?

이것이 저것보다 좋아요.

这个比那个好。
Zhè ge bǐ nà ge hǎo.

작을수록 좋은가요?

越小越好吗？
Yuè xiǎo yuè hǎo ma?

누구 발음이 가장 좋아요?

谁的发音最好？
Shéi de fāyīn zuì hǎo?

그의 발음이 가장 좋아요.

他的发音最好。
Tā de fāyīn zuì hǎo.

단어

酸 suān 시다
甜 tián 달다
苹果 píngguǒ 사과

🎧 예문 89-3.mp3

다음 대화를 중국어로 직접 말해보세요. 중국어가 바로 나오지 않는다면 다시 앞으로 돌아가서 연습합니다.

1. A 중국 요리가 맛있어요?

🎤 쓰지 말고 말해보세요.

    B 시기도 하고 달기도 한 게 정말 맛있어요.

🎤

2. A 이 둘 중 어느 것이 좋아요?

🎤

    B 이것이 저것보다 좋아요.

🎤

한자 맛보기

이번 과에서 반복되어 나온 중요한 글자만 수록하였습니다. 외워야 한다는 생각은 하지 말고 부담 없이 써 보세요.

1. hǎo	好 好 好 好 好 好		
好			
2. chī	吃 吃 吃 吃 吃 吃		
吃			
3. suān	酸 酸 酸 酸 酸 酸 酸 酸 酸 酸 酸 酸 酸		
酸			
4. tián	甜 甜 甜 甜 甜 甜 甜 甜 甜 甜		
甜			

90

형용사 '길다(长 cháng)·짧다(短 duǎn)'를 써서 말해보자

좀 긴 것 같아요.
好像有点儿长。 Hǎoxiàng yǒu diǎ(n)r cháng.

강의 및 예문듣기

'길다'는 권설음(ch)과 2성에 주의합시다. '길다'의 cháng와 '짧다'의 duǎn을 같이 연결해 발음해볼까요? 그 럼 '길이'라는 명사가 되지요. '길다', '짧다', '길이' 단어를 연이어 연습해 봅시다.

🎧 예문 90-1.mp3

1단계
표현 복습하기

58과에서 배운 핵심 10문 장입니다. 한자까지 참고 하면서 다시 한번 복습해 보세요.

STEP 1	STEP 2
중국어 병음을 보면서 읽으세요. (10회 반복)	우리말을 보면서 중국어로 말해보세요.
저것이 긴 것인가요?	那个是长的吗? Nà ge shì cháng de ma?
긴 것이 몇 개 있어요?	有几个长的? Yǒu jǐ ge cháng de?
긴 것이 있기는 있어요.	长的有是有。 Cháng de yǒu shi yǒu.
어제 산 것은 길어요?	昨天买的长吗? Zuótiān mǎi de cháng ma?
어제 산 것은 길지 않아요.	昨天买的不长。 Zuótiān mǎi de bù cháng.
왜 긴 것을 사지 않아요?	为什么不买长的? Wèi shénme bù mǎi cháng de?
긴 것이 필요 없어요.	不要长的。 Bú yào cháng de.
긴 것이 하나도 필요 없어요?	长的一个也不要吗? Cháng de yí ge yě bú yào ma?
우리 집에 긴 것이 2개 있어요.	我家有两个长的。 Wǒ jiā yǒu liǎng ge cháng de.
긴 것이 아니고, 짧은 것이에요.	不是长的，是短的。 Bú shì cháng de, shì duǎn de.

단어

长 cháng 길다
几个 jǐ ge 몇 개
昨天 zuótiān 어제
一个 yí ge 한 개
不要 bú yào 필요없다

내가 산 것은 짧아요.	我买的短。 Wǒ mǎi de duǎn.
짧은 것이 좋아요?	短的好吗? Duǎn de hǎo ma?
조금 짧아요.	有点儿短。 Yǒu diǎ(n)r duǎn.
짧은 것은 사지 말아요.	别买短的。 Bié mǎi duǎn de.
짧은 것은 비싸지 않아요.	短的不贵。 Duǎn de bú guì.
짧은 것이 싸요.	短的便宜。 Duǎn de piányi.
짧은 것이 싸고 좋아요.	短的又便宜又好。 Duǎn de yòu piányi yòu hǎo.
내 것은 짧지 않아요.	我的不短。 Wǒ de bù duǎn.
짧은 것은 내 것이 아니에요.	短的不是我的。 Duǎn de bú shì wǒde.
짧은 것이 긴 것보다 좋아요.	短的比长的好。 Duǎn de bǐ cháng de hǎo.

단어

买 mǎi 사다
短 duǎn 짧다
贵 guì 비싸다
便宜 piányi 싸다
又〜又〜 yòu〜yòu〜
〜하기도 하고, 〜하기도 하다

① shì〜 de 구문

'저것은 길어요?'는 Nà ge cháng ma?입니다. 그럼 '저것은 긴 것인가요?'는 어떻게 표현할까요? shì(是)〜de(的) 구문을 사용합니다. 여기서 shì는 영어의 be동사로 생각하면 되지요. Nà ge shì cháng de ma?가 됩니다. 자, 연습해볼까요?

Nà ge cháng ma? 저것이 길어요?　　　　　Nà ge shì cháng de ma? 저것이 긴 것인가요?

② bú shì〜 de, shì〜de 구문

shì〜 de 구문의 부정은 bú shì〜 de입니다. 대부분의 문장들은 bú shì〜 de, shì〜de 구문으로, '〜한 것이 아니고 …한 것이다'라는 뜻으로 쓰입니다.

bú shì〜 de. shì〜de 〜한 것이 아니고 …한 것이다
Bú shì cháng de. shì duǎn de. 긴 것이 아니고, 짧은 것이에요.

③ piányi 발음 연습하기

piányi(便宜)의 yi 발음은 경성으로 읽습니다. 그래서 '피이얘 니'로 읽으면 안 되고, 반드시 '피이얜 이'처럼 yi 발음을 약하게 읽어야 합니다. 영어에서처럼 연음이 안 됩니다.

piányi 싸다　　　　　Duǎn de yòu piányi yòu hǎo. 짧은 것이 싸고 좋아요.

1단계에서 배운 핵심문장을 기본으로 한 응용표현을 배웁니다. 새로 나온 단어와 한자를 참고해서 연습해보세요.

STEP 1	STEP 2
중국어 병음을 보면서 읽으세요. (10회 반복)	우리말을 보면서 중국어로 말해보세요.

역시 좀 길지요?

还是有点儿长吧?
Háishi yǒu diǎ(n)r cháng ba?

좀 긴 것 같아요.

好像有点儿长。
Hǎoxiàng yǒu diǎ(n)r cháng.

내가 보기엔 조금도 길지 않아요.

我看一点儿也不长。
Wǒ kàn yìdiǎ(n)r yě bù cháng.

백화점에서 긴 것을 샀지요?

在百货公司买了长的吧?
Zài bǎihuò gōngsī mǎi le cháng de ba?

긴 것은 하나도 안 샀어요.

长的一个也没买。
Cháng de yí ge yě méi mǎi.

짧은 것은 어디 있어요?

短的在哪儿?
Duǎn de zài nǎr?

여기에는 짧은 것이 없어요.

这儿没有短的。
Zhèr méi yǒu duǎn de.

이것도 저것보다 짧아요.

这个也比那个短。
Zhè ge yě bǐ nà ge duǎn.

너무 짧아요.

太短了。
Tài duǎn le.

짧을수록 좋아요.

越短越好。
Yuè duǎn yuè hǎo.

단어

还是 háishi
　　　역시, 여전히
好像 hǎoxiàng
　　　마치 ~처럼
一点儿 yìdiǎ(n)r
　　　조금도
百货公司
bǎihuò gōngsī 백화점

잠깐만요!

'길다'의 권설음과 2성을 연습하세요. bú shi de, shì de 발음도 주의하세요.

다음 대화를 중국어로 직접 말해보세요. 중국어가 바로 나오지 않는다면 다시 앞으로 돌아가서 연습합니다.

1. A 역시 좀 길지요?

🎤 쓰지 말고 말해보세요.

   B 예, 좀 긴 것 같아요.

🎤

2. A 짧은 것은 어디 있어요?

🎤

   B 여기에는 짧은 것이 없어요.

🎤

한자 맛보기

이번 과에서 반복되어 나온 중요한 글자만 수록하였습니다. 외워야 한다는 생각은 하지 말고 부담 없이 써 보세요.

1. cháng	长 长 长 长
长	

2. duǎn	短 短 短 短 短 短 短 短 短 短 短 短
短	

3. pián	便 便 便 便 便 便 便 便 便
便	

4. yí	宜 宜 宜 宜 宜 宜 宜 宜
宜	

91 형용사 '춥다(冷 lěng) · 덥다(热 rè)'를 써서 말해보자

날씨가 점점 추워져요.
天气越来越冷。   Tiānqì yuè lái yuè lěng.

강의 및 예문듣기

'춥다'의 l 발음과 '덥다'의 r 발음에 주의합시다. 많은 사람들이 같은 발음으로 착각하기 쉬운 단어들이지요. r 발음은 권설음입니다. 오디오를 듣고 많이 연습합시다.

🎧 예문 91-1.mp3

1단계

표현 복습하기

60과에서 배운 핵심 10문장입니다. 한자까지 참고하면서 다시 한번 복습해보세요.

STEP 1	STEP 2
중국어 병음을 보면서 읽으세요. (10회 반복)	우리말을 보면서 중국어로 말해보세요.
날씨가 추워졌어요.	天气冷了。 Tiānqì lěng le.
날씨가 매우 추워요.	天气很冷。 Tiānqì hěn lěng.
날씨가 정말 추워요.	天气真的冷。 Tiānqì zhēnde lěng.
날씨가 상당히 추워요.	天气相当冷。 Tiānqì xiāngdāng lěng.
날씨가 추워요 안 추워요?	天气冷不冷？ Tiānqì lěng bu lěng?
날씨가 점점 추워져요.	天气越来越冷。 Tiānqì yuè lái yuè lěng.
너무 추워요, 가고 싶지 않아요.	太冷了，不想去。 Tài lěng le,　bù xiǎng qù.
날씨가 어제보다 춥지요?	天气比昨天冷吧？ Tiānqì bǐ zuótiān lěng ba?
오늘 날씨가 춥지 않아요?	今天天气不冷吗？ Jīntiān tiānqì bù lěng ma?
한국의 겨울은 춥지요?	韩国的冬天冷吧？ Hánguó de dōngtiān lěng ba?

단어

天气 tiānqì 날씨
冷 lěng 춥다
相当 xiāngdāng 상당히
越来越 yuè lái yuè ~ 점점 더 ~해지다
冬天 dōngtiān 겨울

61과에서 배운 핵심 10문장입니다. 한자까지 참고하면서 다시 한번 복습해 보세요.

요즘 날씨가 더워요.	这几天天气热。 Zhè jǐtiān tiānqì rè.
베이징의 날씨는 매우 더워요.	北京的天气很热。 Běijīng de tiānqì hěn rè.
덥기는 더워요.	热是热。 Rè shi rè.
날씨가 더워요 안 더워요?	天气热不热? Ttiānqì rè bu rè?
오늘은 너무 더워요.	今天太热了。 Jīntiān tài rè le.
한국의 여름은 덥지요?	韩国的夏天热吧? Hánguó de xiàtiān rè ba?
홍콩의 날씨는 더워요 안 더워요?	香港的天气热不热? Xiānggǎng de tiānqì rè bu rè?
이곳의 날씨가 점점 더워져요.	这里的天气越来越热。 Zhèli de tiānqì yuè lái yuè rè.
날씨가 어제보다 덥지요?	天气比昨天热吧? Tiānqì bǐ zuótiān rè ba?
날씨가 어제보다 덥지 않나요?	天气不比昨天热吗? Tiānqì bù bǐ zuótiān rè ma?

단어

这几天 zhè jǐtiān 요 며칠, 요즘
热 rè 덥다
夏天 xiàtiān 여름
香港 xiānggǎng 홍콩
这里 zhèli 이곳

잠깐만요!

중국에서는 '요즘'을 뜻하는 단어는 zhè jǐtiān (这几天), jìnlái(近来), zuìjìn(最近) 등이 있습니다. 같이 연습해봅시다.

편하게 읽고 넘어가세요!

❶ r 과 l 발음 연습

rè(热) 단어의 r 발음은 이미 앞에서 많이 연습한 권설음입니다. 또 re 와 착각하기 쉬운 le(了)가 있습니다. le 발음 역시 자칫 우리말의 '러'같다고 생각할 수 있지만 확연히 다릅니다. '찔러'구령을 생각해봅시다. '찔'의 ㄹ 발음과 '러'발음이 겹쳐서 나는 소리와 비슷합니다. '르어'의 느낌으로 발음해야 합니다. 같은 이치로 lěng(冷) 발음도 '르엉'의 느낌으로 말해야 하지요.

rè 덥다	Hánguó de xiàtiān rè ba?	한국의 여름은 덥지요?
le ~했다(과거형)	Tā xiào le.	그가 웃었다.
lěng 춥다	Nǐ pà lěng ma?	너는 추위를 타니?

❷ 4계절 표현

4계절 단어를 알아봅시다.

chūntiān(春天) 봄   xiàtiān(夏天) 여름   qiūtiān(秋天) 가을   dōngtiān(冬天) 겨울

🎧 예문 91-2.mp3

응용표현 익히기

1단계에서 배운 핵심문장을 기본으로 한 응용표현을 배웁니다. 새로 나온 단어와 한자를 참고해서 연습해보세요.

STEP 1	STEP 2
중국어 병음을 보면서 읽으세요. (10회 반복)	우리말을 보면서 중국어로 말해보세요.

너는 추위를 타니?

你怕冷吗?
Nǐ pà lěng ma?

난 추위를 안 타요.

我不怕冷。
Wǒ bú pà lěng.

좀 추워요.

有点儿冷。
Yǒu diǎ(n)r lěng.

당신은 추위를 타지 않나요?

你不怕冷吗?
Nǐ bú pà lěng ma?

나도 추위를 타지 않아요.

我也不怕冷。
Wǒ yě bú pà lěng.

여름은 덥지 않아요?

夏天不热吗?
Xiàtiān bú rè ma?

오늘은 어제보다 더워요.

今天比昨天热。
Jīntiān bǐ zuótiān rè.

아직 덥죠?

还热吧?
Hái rè ba?

한국의 여름은 덥지요?

韩国的夏天热吧?
Hánguó de xiàtiān rè ba?

날씨가 정말 무더워요.

天气真闷热。
Tiānqì zhēn mēnrè.

단어

怕 pà
~에 약하다, 꺼리다
闷热 mēnrè 무덥다

잠깐만요!

lěng(춥다) 발음은 우리말의 '렁'처럼 단순하게 소리 내서는 안 됩니다. '르엉'과 같은 느낌으로 발음해야 합니다.

305

다음 대화를 중국어로 직접 말해보세요. 중국어가 바로 나오지 않는다면 다시 앞으로 돌아가서 연습합니다.

1. A 너는 추위를 타니?　🎤 *쓰지 말고 말해보세요.*

   B 아니요, 난 추위를 안 타요.　🎤

2. A 한국의 여름은 덥지요?　🎤

   B 여름은 정말 무더워요.　🎤

한자 맛보기　이번 과에서 반복되어 나온 중요한 글자만 수록하였습니다. 외워야 한다는 생각은 하지 말고 부담 없이 써 보세요.

1. lěng	冷 冷 冷 冷 冷 冷		
冷			
2. rè	热 热 热 热 热 热 热		
热			
3. tiān	天 天 天 天		
天			
4. qì	气 气 气 气		
气			

92

형용사 '많다(多 duō)·적다(少 shǎo)'를 써서 말해보자

막내가 산 것이 많아요.

老幺买的多。 Lǎoyāo mǎi de duō.

강의 및 예문듣기

분량의 많고 적음을 나타낼 때 '많다'는 duō, '적다'는 shǎo를 사용합니다. 이 두 단어를 연결하면 duōshao 는 '얼마?'라는 뜻이며, 이때 shǎo는 경성으로 발음하지요. 자 '많다', '적다', '얼마' 단어를 연이어 연습해 봅니다.

🎧 예문 92-1.mp3

1단계

표현 복습하기

62과에서 배운 핵심 10문 장입니다. 한자까지 참고 하면서 다시 한번 복습해 보세요.

STEP 1	STEP 2
중국어 병음을 보면서 읽으세요. (10회 반복)	우리말을 보면서 중국어로 말해보세요.

누가 많아요?	**谁多?** Shéi duō?
어떤 것이 많아요?	**哪个多?** Nǎ ge duō?
많이 좀 먹어라.	**多吃点儿吧。** Duō chī diǎ(n)r ba.
많이 좀 들으세요.	**多听点儿吧。** Duō tīng diǎ(n)r ba.
노란 것도 많지요?	**黄的也多吧?** Huáng de yě duō ba?
흰 것은 많지 않아요?	**白的不多吗?** Bái de bù duō ma?
누가 만든 것이 많아요?	**谁做的多?** Shéi zuò de duō?
그는 나보다 많아요.	**他比我多。** Tā bǐ wǒ duō.
작은 것이 큰 것보다 많아요.	**小的比大的多。** Xiǎo de bǐ dà de duō.
노란 것은 흰 것보다 많지 않아 요.	**黄的不比白的多。** Huáng de bù bǐ bái de duō.

단어

多 duō 많다
黄 huáng 노랗다
白 bái 희다
谁 shéi 누구?
做 zuò 만들다
小 xiǎo 작다
不比 bù bǐ
    ~보다 ~하지 않다

63과에서 배운 핵심 10문장입니다. 한자까지 참고하면서 다시 한번 복습해 보세요.

누구 것이 적어요?	谁的少? Shéi de shǎo?
내 것이 그의 것보다 적어요.	我的比他的少。 Wǒ de bǐ tā de shǎo.
누가 그이보다 적어요?	谁比他少? Shéi bǐ tā shǎo?
어제 산 것이 적어요 안 적어요?	昨天买的少不少? Zuótiān mǎi de shǎo bu shǎo?
노란 것도 적지요?	黄的也少吧? Huáng de yě shǎo ba?
누가 만든 것이 적어요?	谁做的少? Shéi zuò de shǎo?
나는 그보다 3개 적어요.	我比他少三个。 Wǒ bǐ tā shǎo sān ge.
흰 것이 적지 않아요?	白的不少吗? Bái de bù shǎo ma?
작은 것이 큰 것보다 적어요.	小的比大的少。 Xiǎo de bǐ dà de shǎo.
당신은 그보다 몇 개 적어요?	你比他少几个? Nǐ bǐ tā shǎo jǐ ge?

단어

少 shǎo 적다
比 bǐ ~보다
买 mǎi 사다
三个 sān ge 3개
几个? jǐ ge? 몇 개?

편하게 읽고 넘어가세요!

❶ lǎo 3성 변화

lǎodà(老大)는 맏이, lǎo'èr(老二)은 둘째, lǎosān(老三)은 셋째, lǎoyāo(老幺)는 막내입니다. '몇째?'라고 묻고 싶으면 lǎo jǐ(老几?)라고 하면 되지요. 3성인 lǎo의 성조 변화 연습을 할 수 있는 단어들입니다. 특히 둘째인 lǎo'èr, '몇째?'의 lǎo jǐ? 발음에 다시 한 번 주의합시다.

lǎodà 맏이   lǎo'èr 둘째   lǎosān 셋째   lǎoyāo 막내   lǎo jǐ? 몇 째?

❷ '작다'와 '적다' 발음 연습

'적다'는 shǎo(少)이며, '작다'는 xiǎo(小)입니다. 두 단어는 같은 3성이지만 발음은 다르니 주의해서 연습해봅시다. shǎo는 권설음, xiǎo는 '시이아오우'하는 듯한 느낌으로 발음해야 합니다.

shǎo 적다(분량)   xiǎo 작다(크기)   Tā de yě shǎo ba? 그의 것도 적지요?

❸ '~한 것' 표현 만들기

'노랗다'는 huáng(黄)입니다. '노란 것'은 huáng de(黄的)이지요. 명사형으로 만들 경우 동사나 형용사 뒤에 de(的)를 붙이면 됩니다.

huáng 노랗다   huáng de 노란 것   Huáng de yě duō ba? 노란 것도 많지요?

2단계

응용표현 익히기

1단계에서 배운 핵심문장을 기본으로 한 응용표현을 배웁니다. 새로 나온 단어와 한자를 참고해서 연습해보세요.

STEP 1	STEP 2
중국어 병음을 보면서 읽으세요. (10회 반복)	우리말을 보면서 중국어로 말해보세요.

누구 것이 많아요?

谁的多?
Shéi de duō?

막내가 산 것이 많아요.

老幺买的多。
Lǎoyāo mǎi de duō.

당신은 그보다 몇 개 많아요?

你比他多几个?
Nǐ bǐ tā duō jǐ ge?

나는 그보다 7개 많아요.

我比他多七个。
Wǒ bǐ tā duō qī ge.

나는 그가 많은지 안 많은지 몰라요.

我不知道他多不多。
Wǒ bù zhīdào tā duō bu duō.

그의 것도 적어요?

他的也少吗?
Tā de yě shǎo ma?

조금도 적지 않아요.

一点儿也不少。
Yìdiǎ(n)r yě bù shǎo.

검은 것은 조금 적어요.

黑的有一点儿少。
Hēi de yǒu yìdiǎ(n)r shǎo.

두꺼운 것이 비교적 적어요.

厚的比较少。
Hòu de bǐjiào shǎo.

적기는 조금 적어요.

少是有点儿少。
Shǎo shì yǒu diǎ(n)r shǎo.

단어

老幺 lǎoyāo 막내
黑 hēi 검다
比较 bǐjiào 비교적
厚 hòu 두껍다

잠깐만요!

duōshao는 '얼마'라는 뜻으로, 일반적으로 대답이 10 이상의 많은 숫자가 될 경우를 예상하고 물을 때 쓰지요. 대답이 10 미만의 숫자가 될 경우를 예상하고 물을 때는 jǐ를 사용합니다.

연습문제

다음 대화를 중국어로 직접 말해보세요. 중국어가 바로 나오지 않는다면 다시 앞으로 돌아가서 연습합니다.

1. A 누구 것이 많아요?

🎤 쓰지 말고 말해보세요.

   B 막내가 산 것이 많아요.

   🎤

2. A 그의 것도 적지요?

   🎤

   B 조금도 적지 않아요.

   🎤

한자 맛보기   이번 과에서 반복되어 나온 중요한 글자만 수록하였습니다. 외워야 한다는 생각은 하지 말고 부담 없이 써 보세요.

1. duō	多 多 多 多 多 多				
多					
2. shǎo	少 少 少 少				
少					
3. huáng	黄 黄 黄 黄 黄 黄 黄 黄 黄 黄 黄				
黄					
4. bái	白 白 白 白 白				
白					

강의 및 예문듣기

93 형용사 '빠르다(快 kuài) · 느리다(慢 màn)'를 써서 말해보자

내 시계는 5분 빨라요.
我的表快五分。 Wǒ de biǎo kuài wǔ fēn.

'빠르다'와 '느리다' 형용사는 둘 다 4성입니다. 하지만 발음의 느낌은 확연히 다릅니다. 또 이 과에서는 동사의 정도를 나타내는 정도보어 de가 많이 나왔습니다. 문장 전체를 따라하면서 알아둡시다.

🎧 예문 93-1.mp3

1단계
표현 복습하기

64과에서 배운 핵심 10문장입니다. 한자까지 참고하면서 다시 한번 복습해보세요.

STEP 1	STEP 2
중국어 병음을 보면서 읽으세요. (10회 반복)	우리말을 보면서 중국어로 말해보세요.
누구 것이 빨라요?	谁的快? Shéi de kuài?
어느 것이 빨라요?	哪个快? Nǎ ge kuài?
이것이 빨라요.	这个快。 Zhè ge kuài.
내 시계는 5분 빨라요.	我的表快五分。 Wǒ de biǎo kuài wǔ fēn.
이것이 저것보다 빨라요.	这个比那个快。 Zhè ge bǐ nà ge kuài.
이것은 저것보다 15분 빨라요.	这个比那个快十五分。 Zhè ge bǐ nà ge kuài shíwǔ fēn.
기차와 자동차 중 어느 것이 빨라요?	火车跟汽车哪个快? Huǒchē gēn qìchē nǎ ge kuài?
기차가 자동차보다 빨라요.	火车比汽车快。 Huǒchē bǐ qìchē kuài.
내 시계는 조금도 빠르지 않아요.	我的表一点儿也不快。 Wǒ de biǎo yìdiǎ(n)r yě bú kuài.
어느 것이 빠른지 비교해봅시다.	比一比哪个快。 Bǐ yi bǐ nǎ ge kuài.

단어

快 kuài 빠르다
表 biǎo 시계
十五分 shíwǔ fēn 15분
火车 huǒchē 기차
汽车 qìchē 자동차

65과에서 배운 핵심 10문장입니다. 한자까지 참고하면서 다시 한번 복습해보세요.

느려요 안 느려요?	慢不慢? Màn bu màn?
느리기는 느려요.	慢是慢。 Màn shi màn.
비교적 느려요.	比较慢。 Bǐjiào màn.
살펴 가세요!	慢走! Màn zǒu!
그는 말을 아주 느리게 해요.	他说话说得很慢。 Tā shuō huà shuō de hěn màn.
천천히 읽어요.	慢慢儿的念吧。 Mànmā(n)r de niàn ba.
그는 말이 느려요?	他说得慢吗? Tā shuō de màn ma?
그는 걸음도 느려요?	他走得也慢吗? Tā zǒu de yě màn ma?
이것은 저것보다 느려요?	这个比那个慢吗? Zhè ge bǐ nà ge màn ma?
이것은 저것보다 안 느리지요?	这个不比那个慢吧? Zhè ge bù bǐ nà ge màn ba?

단어

慢 màn 느리다
比较 bǐjiào 비교적
说话 shuō huà 말을 하다
念 niàn 읽다
走 zǒu 걷다

❶ 정도보어 de

Tāmen shuō huà shuō de tài kuài le.(그들이 말하는 것이 너무 빨라요.) 이 문장은 '그들의 말하는 정도가 너무 빠르다'는 뜻입니다. 중국어에서는 이와 같이 동사(shuō)의 정도를 나타내는 문장일 경우 정도보어 de(得)를 사용하지요. de 뒤에는 정도를 나타내는 형용사(kuài)가 위치합니다. [동사+de+형용사] 구문을 알아둡시다.

shuō de kuài 빨리 말하다

Tāmen shuō huà shuō de kuài bu kuài? 그들이 말하는 것이 빨라요 안 빨라요?

❷ tài~le 강조

tài(太)~le(了)는 강조 구문입니다. '너무 ~하다'란 뜻으로 끝의 le는 습관적으로 사용하는 경우가 많습니다. 응용표현을 연습해볼까요?

Tài kuài le. 너무 빨라요.　　　　　　　　　　Tài duō le. 너무 많아요.

Tài guì le. 너무 비싸요.　　　　　　　　　　Tài máng le. 너무 바빠요.

2단계

응용표현 익히기

1단계에서 배운 핵심문장을 기본으로 한 응용표현을 배웁니다. 새로 나온 단어와 한자를 참고해서 연습해보세요.

STEP 1	STEP 2
중국어 병음을 보면서 읽으세요. (10회 반복)	우리말을 보면서 중국어로 말해보세요.

비행기는 매우 빠르다.

飞机很快。
Fēijī hěn kuài.

가장 빠른 것이 어느 것인가요?

最快的是哪个？
Zuì kuài de shì nǎ ge?

그가 가장 빠르다.

他最快。
Tā zuì kuài.

그들이 말하는 것이 빨라요 안 빨라요?

他们说话说得快不快？
Tāmen shuō huà shuō de kuài bu kuài?

그들은 말하는 것이 너무 빨라요.

他们说话说得太快了。
Tāmen shuō huà shuō de tài kuài le.

당신 여동생은 말하는 것이 느려요?

你妹妹说得慢吗？
Nǐ mèimei shuō de màn ma?

그녀의 말은 매우 느려요.

她说得很慢。
Tā shuō de hěn màn.

그는 나보다 조금 느려요.

他比我慢一点儿。
Tā bǐ wǒ màn yìdiǎ(n)r.

자동차가 느리게 가다.

汽车走得慢。
Qìchē zǒu de màn.

자전거는 자동차보다 느리다.

脚踏车比汽车慢。
Jiǎotàchē bǐ qìchē màn.

단어

飞机 fēijī 비행기
最 zuì 가장
汽车 qìchē 자동차
脚踏车 jiǎotàchē
　　　　자전거

잠깐만요!

'빠르다', '느리다' 단어뿐 아니라 다양한 교통수단의 단어들도 같이 연습하세요.

다음 대화를 중국어로 직접 말해보세요. 중국어가 바로 나오지 않는다면 다시 앞으로 돌아가서 연습합니다.

1. A 기차와 자동차 중 어느 것이 빨라요? 🎤 쓰지 말고 말해보세요.

　　 B 기차가 자동차보다 빨라요. 🎤

2. A 당신 여동생은 말하는 것이 느려요? 🎤

　　 B 그녀의 말은 매우 느려요. 🎤

한자 맛보기

이번 과에서 반복되어 나온 중요한 글자만 수록하였습니다. 외워야 한다는 생각은 하지 말고 부담 없이 써 보세요.

1. kuài	快　快　快　快　快　快　快
快	
2. màn	慢　慢　慢　慢　慢　慢　慢　慢　慢　慢　慢　慢　慢　慢
慢	
3. huǒ	火　火　火　火
火	
4. chē	车　车　车　车
车	

94

형용사 '작다(小 xiǎo)·크다(大 dà)'를 써서 말해보자

큰 것은 사지 말아요.

别买大的。　　Bié mǎi dà de.

강의 및 예문듣기

중국어는 각각의 단어를 연결하면 그 단어들과 관련된 새로운 어휘가 되는 경우가 많습니다. '크다'인 dà 와 '작다'인 xiǎo의 경우도 그렇습니다. 이 두 단어를 붙여서 발음하면 바로 '크기'라는 단어가 됩니다. 연습해봅시다.

🎧 예문 94-1.mp3

1단계

표현 복습하기

66과에서 배운 핵심 10문 장입니다. 한자까지 참고 하면서 다시 한번 복습해 보세요.

STEP 1	STEP 2
중국어 병음을 보면서 읽으세요. (10회 반복)	우리말을 보면서 중국어로 말해보세요.

아주 작아요.	**很小。** Hěn xiǎo.
어느 것이 작아요?	**哪个小？** Nǎ ge xiǎo?
작은 것이 맛있어요.	**小的好吃。** Xiǎo de hǎochī.
작은 것도 맛있어요.	**小的也好吃。** Xiǎo de yě hǎochī.
내 것은 작은 것이에요.	**我的是小的。** Wǒ de shì xiǎo de.
작은 것이 바로 내 것이에요.	**小的就是我的。** Xiǎo de jiù shì wǒ de.
작은 것이 당신 것이에요?	**小的是你的吗？** Xiǎo de shì nǐ de ma?
작은 것이 있어요?	**有小的吗？** Yǒu xiǎo de ma?
어제 작은 것을 샀어요?	**昨天买了小的吗？** Zuótiān mǎi le xiǎo de ma?
어제 작은 것 2개를 샀어요.	**昨天买了两个小的。** Zuótiān mǎi le liǎng ge xiǎo de.

단어

小 xiǎo 작다
好吃 hǎochī 맛있다
就是 jiù shì
　　　바로 ~이다
两个 liǎng ge 2개

큰 것 있어요?	有大的吗? Yǒu dà de ma?
안 크지요?	不大吧? Bú dà ba?
큰 것은 사지 말아요.	别买大的。 Bié mǎi dà de.
큰 것이 안 좋아요?	大的不好吗? Dà de bù hǎo ma?
큰 것을 사요 안 사요?	买不买大的? Mǎi bu mǎi dà de?
큰 것은 맵지 않아요.	大的不辣。 Dà de bú là.
크기도 하고 좋기도 해요.	又大又好。 Yòu dà yòu hǎo.
큰 것을 10개 샀어요.	买了十个大的。 Mǎi le shí ge dà de.
큰 것을 5개 사려고 해요.	要买五个大的。 Yào mǎi wǔ ge dà de.
나는 큰 것을 사고 싶지 않아요.	我不想买大的。 Wǒ bù xiǎng mǎi dà de.

단어

大 dà 크다
买 mǎi 사다
辣 là 맵다
又~又~ yòu ~ yòu ~
~하기도 하고, ~하기도 하다

---

① yǒu 활용

yǒu(有)는 '가지고 있다'는 동사로 많이 사용됩니다. 또한 '어떤'이란 뜻으로도 자주 쓰이지요. yǒu de(有的)에서는 '어떤'이란 뜻으로 쓰여 '어떤 것'이란 표현이 됩니다. 다른 표현도 알아보고 넘어갑시다. '어떤 때'는 yǒu shíhou(有时候), '어떤 사람'은 yǒu rén(有人)이라고 합니다.

yǒu 가지고 있다 / 어떤   yǒu de 어떤 것   yǒu shíhou 어떤 때
yǒu rén 어떤 사람   Yǒu de xiǎo. yǒu de bù xiǎo. 어떤 것은 작고, 어떤 것은 작지 않아요.

② 공손한 qǐng의 표현

qǐng wèn(请问)은 wèn(묻다) 동사에 qǐng을 붙인 문장입니다. qǐng은 영어의 please와 같은 의미로, 공손한 표현이 되지요. 다른 동사 앞에도 qǐng을 붙이면 공손하면서 높임의 표현으로 사용됩니다.

Qǐng wèn. 말 좀 물을게요.   Qǐng zuò. 앉으세요.
Qǐng jìn. 들어오세요.   Qǐng hē chá. 차 드세요.

③ 강조의 jiù shì

shì(是)는 '~이다'입니다. jiù shì(就是)는 '바로 ~이다'라는 뜻으로 한층 강조된 의미로 사용되지요.

shì ~이다   jiù shì 바로 ~이다   Tā jiù shì wǒ de mèimei. 그가 바로 내 여동생이에요.

1단계에서 배운 핵심문장을 기본으로 한 응용표현을 배웁니다. 새로 나온 단어와 한자를 참고해서 연습해보세요.

STEP 1	STEP 2
중국어 병음을 보면서 읽으세요. (10회 반복)	우리말을 보면서 중국어로 말해보세요.

이 두 개는 크기가 같지 않아요?

这两个大小不一样吗?
Zhè liǎng ge dàxiǎo bù yíyàng ma?

어떤 것은 작고, 어떤 것은 작지 않아요.

有的小，有的不小。
Yǒu de xiǎo, yǒu de bù xiǎo.

네 것은 작아 안 작아?

你的小不小?
Nǐ de xiǎo bu xiǎo?

작은 것이 모두 몇 개 있어요?

一共有几个小的?
Yígòng yǒu jǐ ge xiǎo de?

조금 작아요.

有点儿小。
Yǒu diǎ(n)r xiǎo.

말 좀 물을게요, 이것이 큰 것인가요 아닌가요?

请问，这是不是大的?
Qǐng wèn, zhè shì bu shì dà de?

이것이 바로 큰 것입니다.

这就是大的。
Zhè jiù shì dà de.

큰 것을 살 필요가 없어요.

不用买大的。
Bú yòng mǎi dà de.

지난번에 산 것은 크고, 좋아요.

上次买的又大又好。
Shàngcì mǎi de yòu dà yòu hǎo.

큰 것은 하나도 없어요.

一个大的也没有。
Yí ge dà de yě méi yǒu.

단어

大小 dàxiǎo 크기
一样 yíyàng 같다
有的 yǒu de 어떤 것
一共 yígòng 모두
问 wèn 묻다, 질문하다
不用 bú yòng
　　　 ~할 필요 없다
上次 shàngcì 지난번

잠깐만요!

처음에는 책을 보지 말고 듣고 따라하세요. 그 다음에는 해석을 가리고 한어병음을 보면서 읽어봅니다. 그런 후에 해석을 같이 보면서 발음해봅시다.
'크다'와 '작다'를 연결시킨 '크기'발음을 연습해봅시다.

다음 대화를 중국어로 직접 말해보세요. 중국어가 바로 나오지 않는다면 다시 앞으로 돌아가서 연습합니다.

1. A 이 두 개는 크기가 같지 않아요? 🎤 쓰지 말고 말해보세요.

   B 하나는 작고, 하나는 커요. 🎤

2. A 말 좀 물을게요, 이것은 큰 것인가요 아닌가요? 🎤

   B 이것이 바로 큰 것입니다. 🎤

이번 과에서 반복되어 나온 중요한 글자만 수록하였습니다. 외워야 한다는 생각은 하지 말고 부담 없이 써 보세요.

1. dà	大 大 大									
大										
2. xiǎo	小 小 小									
小										
3. liǎng	两 两 两 两 两 两 两									
两										
4. qǐng	请 请 请 请 请 请 请 请 请 请									
请										

중국 요리! 이름을 보면 맛을 알 수 있다!

짜장면, 짬뽕, 탕수육!

'중국 요리' 하면 우리나라 사람들 대부분이 가장 먼저 떠올리는 요리입니다. 특히 우리나라 사람들에게 '짜장면'은 아주 오랜 향수를 지닌 중국 요리지요. 그런데 실제 중국에서도 그럴까요? 결론부터 말하자면 '아닙니다'. 흔히 중국은 '다리 4개 달린 것은 책상 빼고 뭐든 먹는다'는 속설이 있을 만큼 매우 다양한 요리가 발달한 나라입니다. 그 중에서 짜장면이 있기는 하지만 중국인들이 선호하는 음식은 아닙니다. 짬뽕은 없습니다. 탕수육은 비슷한 糖醋里脊(tángcùlǐjí)가 있는 정도입니다.

각양각색의 요리가 존재하기 때문에 중국의 낯선 지방을 여행할 때는 음식을 주문할 때마다 참 난감해집니다. 우리나라의 '김치'처럼 중국 전역에 공통적으로 존재하는 요리는 없으며 처음 들어보는 요리들만 있기 때문입니다. 하지만 중국 요리의 이름은 조리법, 음식 모양, 재료 등으로 구성되는 경우가 많습니다. 그래서 중국 요리는 이름을 보면 대강 어떤 요리인지 추측할 수 있기 때문에 메뉴를 잘 보고 선택하면 먹을 수(?) 있는 요리를 주문할 수 있지요.

1 조리법을 뜻하는 중국어

kǎo(烤) 오븐이나 불로 굽다   shāo(烧) 끓이다, 삶다

jiān(煎) 기름을 조금 넣고 지지다, 부치다   chǎo(炒) 기름을 사용해 강한 불로 단시간에 볶다

2 음식 모양을 뜻하는 중국어

quán(全) 둥그런 것   piàn(片) 얇게 자른 것   sī(丝) 잘게 써는 것

dīng(丁) 정육면체 모양으로 자른 것   duàn(段) 한입에 들어가도록 자른 것

tiáo(条) 긴 막대 모양으로 자른 것   bāo(包) 싸는 것   juǎn(卷) 마는 것

3 음식 재료를 뜻하는 중국어

zhū(ròu)(猪(肉)) 돼지고기   niú(ròu)(牛(肉)) 쇠고기   jī(ròu)(鸡(肉)) 닭고기

yā(鸭) 오리   dàn(蛋) 계란   huángguā(黄瓜) 오이

báicài(白菜) 배추   cōng(葱) 파   suàn(蒜) 마늘

열두째마디

·

부사 진수
느끼기

95

부사 '모두(都 dōu) · 함께(一块儿 yīkuà(i)r)'를 써서 말해보자

모두 오늘 산 것인가요?

都是今天买的吗? Dōu shì jīntiān mǎi de ma?

강의 및 예문듣기

'모두'라는 뜻의 dōu와 yígòng은 둘 다 많이 사용되는 부사입니다. 하지만 종류의 모두(dōu)인지, 합계의 모두(yígòng)인지에 따라 쓰이는 문장이 달라지지요. 많은 문장을 듣고 따라하면 그 차이를 알게 됩니다.

🎧 예문 95-1.mp3

1단계

표현 복습하기

68과에서 배운 핵심 10문 장입니다. 한자까지 참고 하면서 다시 한번 복습해 보세요.

STEP 1	STEP 2
중국어 병음을 보면서 읽으세요. (10회 반복)	우리말을 보면서 중국어로 말해보세요.

모두 좋아요?	都好吗? Dōu hǎo ma?
모두 작아요?	都小吗? Dōu xiǎo ma?
모두 무엇을 샀어요?	都买了什么? Dōu mǎi le shénme?
모두 다 작지는 않아요.	不都小。 Bù dōu xiǎo.
내 것은 모두 좋아요.	我的都好。 Wǒ de dōu hǎo.
그의 것은 모두 좋지요?	他的都好吧? Tā de dōu hǎo ba?
모두 몇 년 배웠어요?	一共学了几年? Yígòng xué le jǐ nián?
모두 4년 배웠어요.	一共学了四年。 Yígòng xué le sì nián.
당신들은 모두 무엇을 배워요?	你们都学什么? Nǐmen dōu xué shénme?
우린 모두 중국어를 배워요.	我们都学汉语。 Wǒmen dōu xué Hànyǔ.

단어

都 dōu 모두
不都 bù dōu
모두 ~한 것은 아니다
一共 yígòng 모두
学 xué 배우다
汉语 Hànyǔ 중국어

69과에서 배운 핵심 10문장입니다. 한자까지 참고하면서 다시 한번 복습해 보세요.

우리 함께 차 마셔요.	我们一块儿喝茶吧。 Wǒmen yíkuà(i)r hē chá ba.
그와 함께 가나요?	跟他一块儿去吗? Gēn tā yíkuà(i)r qù ma?
나하고 함께 만들어요.	跟我一块儿做吧。 Gēn wǒ yíkuà(i)r zuò ba.
저녁에 당신도 함께 가나요?	晚上你也一块儿去吗? Wǎnshang nǐ yě yíkuà(i)r qù ma?
우리 함께 저녁식사를 해요.	我们一块儿吃晚饭吧。 Wǒmen yíkuà(i)r chī wǎnfàn ba.
우리 함께 중국어를 배워요.	我们一块儿学汉语吧。 Wǒmen yíkuà(i)r xué Hànyǔ ba.
나는 당신과 함께 가고 싶어요.	我想跟你一块儿去。 Wǒ xiǎng gēn nǐ yíkuà(i)r qù.
7시에 함께 가면 어때요?	七点一块儿去好不好? Qī diǎn yíkuà(i)r qù hǎo bu hǎo?
내일 그와 함께 오는 거 어때요?	明天跟他一块儿来, Míngtiān gēn tā yíkuà(i)r lái, 怎么样? zěnme yàng?
우리 함께 중국 영화를 보러 가요.	我们一块儿去看中国 Wǒmen yíkuà(i)r qù kàn Zhōngguó 电影吧。 diànyǐng ba.

단어

一块儿 yíkuà(i)r 함께
喝 hē 마시다
茶 chá 차
跟 gēn ~와, ~과
晚饭 wǎnfàn 저녁밥
看 kàn 보다
电影 diànyǐng 영화

편하게 읽고 넘어가세요!

❶ xiē 활용

xiē(些)는 원래 '조금'이란 뜻이지만, zhè(这)나 nà(那)와 연결되면 '이것들, 저것들' 등의 복수의 의미가 됩니다.

xiē 조금　　　　zhè xiē 이것들　　　　nà xiē 저것들　　　　zhè xiē dōngxi 이 물건들

❷ '모두' 부사 연습하기

'모두'에는 두 가지 표현이 있다고 배웠습니다. 종류의 의미로 쓰인 dōu(都), 합계의 의미로 쓰인 yígòng(一共)의 표현을 다시 한 번 읽고 연습합시다.

Zhè xiē dōngxi dōu bú shì mǎi de. 이 물건들은 모두 산 것이 아니에요.(종류)

Zuówǎn yígòng zuò le jǐ ge? 엊저녁에 모두 몇 개를 만들었어요?(합계)

2단계

응용표현 익히기

1단계에서 배운 핵심문장을 기본으로 한 응용표현을 배웁니다. 새로 나온 단어와 한자를 참고해서 연습해보세요.

STEP 1	STEP 2
중국어 병음을 보면서 읽으세요. (10회 반복)	우리말을 보면서 중국어로 말해보세요.

이 물건들은 모두 오늘 산 것인가요?

这些东西都是今天买的吗？
Zhè xiē dōngxi dōu shì jīntiān mǎi de ma?

이 물건들은 모두 산 것이 아니에요.

这些东西都不是买的。
Zhè xiē dōngxi dōu bú shì mǎi de.

난 무엇이든 다 먹기를 좋아해요.

我什么都爱吃。
Wǒ shénme dōu ài chī.

엊저녁에 모두 몇 개를 만들었어요?

昨晚一共做了几个？
Zuówǎn yígòng zuò le jǐ ge?

모두 10여 개를 만들었어요.

一共做了十几个。
Yígòng zuò le shí jǐ ge.

누구랑 함께 가요?

跟谁一块儿去？
Gēn shéi yíkuà(i)r qù?

고교 동창이랑 함께 가요.

跟高中同学一块儿去。
Gēn gāozhōng tóngxué yíkuà(i)r qù.

누나랑 함께 갔어요.

跟姐姐一块儿去的。
Gēn jiějie yíkuà(i)r qù de.

우리 함께 맥주 마시러 가면 어때요?

我们一块儿去喝啤酒，
Wǒmen yíkuà(i)r qù hē píjiǔ,
怎么样？
zěnme yàng?

토요일에 우리 집에 가서 함께 술 마셔요.

星期六到我家去一块儿
Xīngqī liù dào wǒ jiā qù yíkuà(i)r
喝酒。
hē jiǔ.

단어

东西 dōngxi 물건
爱 ài ~하기를 좋아하다
昨晚 zuówǎn 어제 저녁
高中 gāozhōng 고등학교
同学 tóngxué 동창
喝 hē 마시다
啤酒 píjiǔ 맥주

잠깐만요!

hǎo bu hǎo(好不好), zěnme yàng(怎么样)은 모두 '~은 어때요?'의 뜻으로, hǎo bu hǎo는 직역하면 '좋으니 안 좋으니?'라는 뜻이지만 의역해서 '어때요?'라고 쓰는 것이 더 자연스럽습니다.

🎧 예문 95-3.mp3

다음 대화를 중국어로 직접 말해보세요. 중국어가 바로 나오지 않는다면 다시 앞으로 돌아가서 연습합니다.

1. A 이 물건들은 모두 오늘 산 것인가요? 🎤 쓰지 말고 말해보세요.

   B 이 물건들은 모두 오늘 산 것이
     아니에요. 🎤

2. A 누구랑 함께 가요? 🎤

   B 고교 동창이랑 함께 가요. 🎤

한자
맛보기
이번 과에서 반복되어 나온 중요한 글자만 수록하였습니다. 외워야 한다는 생각은 하지 말고 부담 없이 써 보세요.

1. dōu	都 都 都 都 都 都 都 都 都 都 都 都		
都			
2. kuài	块 块 块 块 块 块 块		
块			
3. ài	爱 爱 爱 爱 爱 爱 爱 爱 爱 爱		
爱			
4. jiǔ	酒 酒 酒 酒 酒 酒 酒 酒 酒 酒		
酒			

96

부사 '조금(一点儿 yìdiǎ(n)r)·잠시(一会儿 yíhu(i)r)'를 써서 말해보자

어제보다 조금 추워졌어요.

比昨天冷了一点儿。

Bǐ zuótiān lěng le yìdiǎ(n)r.

강의 및 예문듣기

'조금' yìdiǎ(n)r과 '잠시' yíhu(i)r 이 두 부사는 공통적으로 첫 음절에 yī 가 들어가며, 마지막 음절은 (e)r이 붙습니다. 동사 뒤에 위치하는 것도 같습니다. 같이 연습해봅시다.

🎧 예문 96-1.mp3

1단계

표현 복습하기

70과에서 배운 핵심 10문
장입니다. 한자까지 참고
하면서 다시 한번 복습해
보세요.

STEP 1	STEP 2
중국어 병음을 보면서 읽으세요. (10회 반복)	우리말을 보면서 중국어로 말해보세요.
조금 바빠요.	有点儿忙。 Yǒu diǎ(n)r máng.
조금 어려워요.	有点儿难。 Yǒu diǎ(n)r nán.
조금 비싸요.	有点儿贵。 Yǒu diǎ(n)r guì.
조금 길어요.	有点儿长。 Yǒu diǎ(n)r cháng.
저것보다 조금 비싸요.	比那个贵一点儿。 Bǐ nà ge guì yìdiǎ(n)r.
조금도 비싸지 않아요.	一点儿也不贵。 Yìdiǎ(n)r yě bú guì.
조금도 안 길어요.	一点儿也不长。 Yìdiǎ(n)r yě bù cháng.
조금도 안 매워요.	一点儿也不辣。 Yìdiǎ(n)r yě bú là.
당신이 산 것은 조금 비싸요?	你买的有点儿贵吗? Nǐ mǎi de yǒu diǎ(n)r guì ma?
이것이 저것보다 조금 비싸죠?	这个比那个贵一点儿吧? Zhè ge bǐ nà ge guì yìdiǎ(n)r ba?

단어

一点儿 yìdiǎ(n)r 조금
忙 máng 바쁘다
贵 guì 비싸다
长 cháng 길다
辣 là 맵다

잠깐만요!

yìdiǎ(n)r은 yǒu(有)와 함
께 쓰여 yǒu yìdiǎ(n)r의 형
태로도 많이 쓰입니다. 단
이때는 주로 yī(一)가 생략
되고 yǒu diǎ(n)r이 됩니다.

71과에서 배운 핵심 10문장입니다. 한자까지 참고하면서 다시 한번 복습해 보세요.

잠시 기다려 주세요.	请稍等一会儿。 Qǐng shāo děng yíhu(ì)r.
잠시 앉으세요.	请坐一会儿吧。 Qǐng zuò yíhu(ì)r ba.
잠시 쉬고 싶어요.	想休息一会儿。 Xiǎng xiūxi yíhu(ì)r.
잠시 쉬어요.	休息一会儿吧。 Xiūxi yíhu(ì)r ba.
잠시 주무세요.	睡一会儿吧。 Shuì yíhu(ì)r ba.
잠시 있다가 사과를 먹어요.	等一会儿吃苹果吧。 Děng yíhu(ì)r chī píngguǒ ba.
잠시 있다가 우리 식사해요.	等一会儿我们吃饭吧。 Děng yíhu(ì)r wǒmen chī fàn ba.
잠시 있다가 당신이 다녀 가세요.	等一会儿你来一趟吧。 Děng yíhu(ì)r nǐ lái yí tàng ba.
여기서 잠시 쉬면 어때요?	在这儿休息一会儿， Zài zhèr xiūxi yíhu(ì)r, 怎么样? zěnme yàng?
잠시 있다가 다시 그에게 전화합시다.	等一会儿再给他 Děng yíhu(ì)r zài gěi tā 打电话吧。 dǎ diànhuà ba.

단어

稍 shāo 조금
一会儿 yíhu(ì)r 조금
休息 xiūxi 쉬다
睡 shuì 자다
吃饭 chī fàn 밥을 먹다, 식사하다
趟 tàng 번, 차례
再 zài 다시, 또
打电话 dǎ diànhuà 전화를 걸다

편하게 읽고 넘어가세요!

❶ 변화를 의미하는 le

le(了)는 동사나 형용사 뒤에 쓰여 '변화'의 의미로 사용됩니다. 이 문장에서도 '어제보다 조금 추워진' 변화를 나타내므로 형용사(lěng, 춥다) 뒤에 le를 사용했지요. 다른 표현들도 같이 살펴볼까요?

Bǐ zuótiān lěng le yìdiǎ(n)r. 어제보다 조금 추워졌어요.　　Tiānqì lěng le. 날씨가 추워졌다.
Yǒu le. 생겼다.　　Méi yǒu le. 없어졌다.

❷ zài 활용

zài(在)는 동사로 '~에 있다'로 사용되기도 하고, 조사인 '~에서'로 활용되기도 합니다. 이 문장에서는 조사인 '~에서'로 쓰였습니다.

Tā zài jiā. 그는 집에 있다(~에 있다).　　Tā zài jiā kàn diànshì. 그는 집에서 텔레비전을 본다(~에서).

🎧 예문 96-2.mp3

2단계

응용표현 익히기

1단계에서 배운 핵심문장을 기본으로 한 응용표현을 배웁니다. 새로 나온 단어와 한자를 참고해서 연습해보세요.

STEP 1	STEP 2
중국어 병음을 보면서 읽으세요. (10회 반복)	우리말을 보면서 중국어로 말해보세요.

오늘이 어제보다 조금 춥지요?	今天比昨天冷一点儿吧? Jīntiān bǐ zuótiān lěng yìdiǎ(n)r ba?
어제보다 조금 추워졌어요.	比昨天冷了一点儿。 Bǐ zuótiān lěng le yìdiǎ(n)r.
몸이 좀 안 좋아서요.	身体有点儿不舒服。 Shēntǐ yǒu diǎ(n)r bù shūfu.
머리는 조금도 아프지 않아요.	头一点儿也不疼。 Tóu yìdiǎ(n)r yě bù téng.
좀 춥게 느껴져요.	觉得有点儿冷。 Jué de yǒu diǎ(n)r lěng.
우리 집에서 잠시 쉬면 어때요?	在我家休息一会儿, Zài wǒ jiā xiūxi yíhu(ì)r, 怎么样? zěnme yàng?
잠시 있다 갈게요.	等一会儿去吧。 Děng yíhu(ì)r qù ba.
잠시 있다가 가도 상관없어요.	等一会儿去也没关系。 Děng yíhu(ì)r qù yě méiguānxi.
잠시 있다가 내가 커피를 대접하지요.	等一会儿我请你喝咖啡吧。 Děng yíhu(ì)r wǒ qǐng nǐ hē kāfēi ba.
그더러 조금 자라고 해요.	叫他睡一会儿吧。 Jiào tā shuì yíhu(ì)r ba.

단어

身体 shēntǐ 몸, 신체
不舒服 bù shūfu
　　(몸이) 안 좋다
头疼 tóu téng
　　머리가 아프다
觉得 jué de
　　~라고 여기다, ~라고 느끼다
请 qǐng
　　(식사에) 초대하다, 대접하다
喝 hē 마시다
咖啡 kāfēi 커피

잠깐만요!

'조금', '잠시'의 비슷한 발음을 구분해 연습하세요.

327

다음 대화를 중국어로 직접 말해보세요. 중국어가 바로 나오지 않는다면 다시 앞으로 돌아가서 연습합니다.

1.   A   오늘이 어제보다 조금 춥지요?   🎤 쓰지 말고 말해보세요.

       B   어제보다 조금 추워졌어요.   🎤

2.   A   우리 집에서 잠시 쉬면 어때요?   🎤

       B   좋아요, 잠시 있다 갈게요.   🎤

한자 맛보기   이번 과에서 반복되어 나온 중요한 글자만 수록하였습니다. 외워야 한다는 생각은 하지 말고 부담 없이 써 보세요.

1. diǎn	点 点 点 点 点 点 点 点 点
点	
2. xiū	休 休 休 休 休 休
休	
3. xi	息 息 息 息 息 息 息 息 息 息
息	
4. děng	等 等 等 等 等 等 等 等 等 等 等 等
等	

● 특별 부록 ●

22 우리 듣자.

1. Tīng bu tīng?
2. Wǒ bù tīng.
3. Wèi shénme bù tīng?
4. Wǒmen tīng ba.

23 그가 말했어.

1. Jīntiān shéi shuō le?
2. Tā shuō le.
3. Wǒ méi shuō.
4. Bié gēn tā shuō.

24 너는 읽고 싶니?

1. Nǐ xiǎng niàn ma?
2. Wǒ bú huì niàn.
3. Shéi niàn le?
4. Xiànzài bié niàn.

25 일기를 쓰다.

1. Nǐ xiě shénme?
2. Xiě rìjì.
3. Shénme shíhou xiě rìjì?
4. Tiāntiān wǎnshang xiě rìjì.

26 무얼 먹니?

1. Chī shénme?
2. Chī niúròu.
3. Chī bu chī zhūròu?
4. Wǒ bù xǐhuan chī zhūròu.

27 너 커피 마시니?

1. Nǐ hē kāfēi ma?
2. Bù xiǎng hē.
3. Míngtiān zài nǎr hē?
4. Yǐjīng hē le hǎo jǐ bēi.

28 무얼 타고 가요?

1. Jǐ yuè jǐ hào qù?
2. Zuò shénme qù?
3. Zuò fēijī qù.
4. Zuò chuán qù nǎr?

29 내일 우리 집에 와라.

1. Yídìng lái ba.
2. Míngtiān lái wǒ jiā ba.
3. Lái kàn ba.
4. Xīngqī sān néng lái.

30 너 오늘 사니?

1. Nǐ jīntiān mǎi ma?
2. Xià xīngqī mǎi.
3. Qù nǎr mǎi?
4. Qù bǎihuò gōngsī mǎi.

31 어제 몇 개 팔았어요?

1. Zài nǎr mài?
2. Bù xiǎng mài.
3. Zuótiān mài le jǐ ge?
4. Méi mài.

32 있니 없니?

1. Yǒu jǐ ge?

2. Tīng shuō zhǐ yǒu yí ge.

3. Yígòng yǒu shí ge.

4. Yǒu liǎng ge jiù gòu le.

33 정말 없어요?

1. Méi yǒu shíjiān.

2. Yí ge yě méi yǒu.

3. Tīng shuō hái méi yǒu.

4. Nǐ yě méi yǒu ma?

34 나는 한국인입니다.

1. Míngtiān shì xīngqī liù.

2. Wǒ shì Hánguó rén.

3. Tā shì shéi?

4. Tā shì wǒ de Zhōngguó péngyou.

35 오늘은 내 생일이 아니에요.

1. Jīntiān bú shì wǒ de shēngrì.

2. Wǒ bú shì sījī.

3. Zhè bú shì wǒ zuò de.

4. Wǒ bú shì Zhōngguó rén.

36 누가 그에게 주니?

1. Shéi gěi tā?

2. Gěi jǐ ge?

3. Gěi tā kàn ba.

4. Nǐ gěi tā zuò ba.

37 나는 이것이 필요해요.

1. Nǐ yě yào ma?

2. Wǒ yào zhè ge.

3. Zhēnde bú yào ma?

4. Jīntiān yào yí ge.

38 형이 봐요.

1. Shéi yě bú kàn ma?

2. Mèimei bú kàn.

3. Gēn wǒ qù kàn diànyǐng ba.

4. Zuótiān shénme yě méi kàn.

39 누가 중국어를 배우니?

1. Shéi xué Hànyǔ?

2. Tāmen xué Hànyǔ.

3. Xué Hànyǔ yǒu yìsi ma?

4. Xué Hànyǔ zhēnde yǒu yìsi.

40 잠을 잘 수가 없어요.

1. Kuài qù shuì ba.

2. Shuì bu zháo jiào.

3. Bù xiǎng shuì jiào.

4. Shuì le jǐ ge xiǎoshí?

41 이미 일어났어요.

1. Kuài qǐchuáng ba.

2. Yǐjīng qǐchuáng le.

3. Kùn sǐ le.

4. Gēge hái méi qǐchuáng ba?

42 나는 중국어를 배울 거야.

1. Yào zuò shénme?

2. Wǒ yào xué Hànyǔ.

3. Nǐ yào děng tā ma?

4. Yào gēn shéi xué?

43 꽃을 사고 싶어.

1. Xiǎng qù Běijīng.

2. Xiǎng tīng Zhōngguó gē.

3. Bù xiǎng kàn diànyǐng.

4. Jīntiān xiǎng zuò shénme?

44 누가 중국어를 할 줄 알죠?

1. Shéi huì shuō Hànyǔ?

2. Tā huì shuō Hànyǔ.

3. Wǒ huì zuò Zhōngguó cài.

4. Wǒ huì xiě Hànzì.

45 목요일에 올 수 있어요?

1. Shénme shíhou néng qù?

2. Zěnme bù néng qù?

3. Wǎnshang néng lái.

4. Xià xīngqī néng bu néng qù?

46 몇 개 만들어요?

1. Xiǎng zuò shénme?

2. Méi yǒu shì zuò.

3. Shénme yě bú zuò.

4. Zài Běijīng zuò mǎimai.

47 잠시 앉으세요.

1. Kuài zuò ba.

2. Zuò nǎr ne?

3. Zuò yíhu(ì)r ba.

4. Zuò zhèr.

48 왜 울었어요?

1. Wèi shénme kū le?

2. Tā shuō yá téng.

3. Kū le yì zhěng tiān.

4. Nǐ bié kū.

49 그만 웃어요.

1. Shéi xiào le?

2. Wǒ xiào le.

3. Bié xiào le.

4. Zhēnde kěxiào.

50 누구 전화를 기다려요?

1. Wèi shénme děng?

2. Děng le yí ge xīngqī.

3. Děng shéi de diànhuà?

4. Bú yòng děng tā.

51 중국 친구에게 전화를 걸다.

1. Gěi shéi dǎ diànhuà?

2. Jǐ diǎn dǎ diànhuà?

3. Chà bu duō měitiān dōu dǎ diànhuà.

4. Gěi Zhōngguó péngyou dǎ diànhuà.

52 오늘 배운 것이 쉬워요?

1. Hànyǔ róngyi ba?

2. Bǐ Zhōngguóhuà róngyi.

3. Yuè xué yuè róngyi.

4. Yòu róngyi yòu yǒu yìsi.

53 어렵기는 조금 어려워요.

1. Bù nán ma?

2. Nán shì yǒudiǎ(n)r nán.

3. Nán xué.

4. Zhōngguóhuà bǐ Hánguóhuà nán.

54 다음 달도 바빠요?

1. Yuè lái yuè máng.

2. Máng sǐ le.

3. Xià ge yuè bù máng.

4. Zuìjìn shéi zuì máng?

55 피곤하면 가서 쉬어요.

1. Zǒu lèi le.

2. Lèi de huà qù xiūxi ba.

3. Yìdiǎ(n)r yě bú lèi.

4. Bú dà lèi.

56 어느 것이 맛있어요?

1. Nǎ ge hǎochī?

2. Zhōngguó cài hǎochī.

3. Shuǐguǒ hǎochī ba?

4. Zhēnde bù hǎochī.

57 그의 발음이 좋아요?

1. Tā de fāyīn hǎo ma?

2. Tā de fāyīn zhēnde hǎo.

3. Bǐ nǐ hǎo ma?

4. Bǐ wǒ gèng hǎo.

58 어제 산 것은 길어요?

1. Yǒu jǐ ge cháng de?

2. Zuótiān mǎi de cháng ma?

3. Wèi shénme bù mǎi cháng de?

4. Bú yào cháng de.

59 짧은 것이 좋아요?

1. Yǒudiǎ(n)r duǎn.

2. Duǎn de hǎo ma?

3. Duǎn de yòu piányi yòu hǎo.

4. Duǎn de bǐ cháng de hǎo.

60 한국의 겨울은 춥지요?

1. Tiānqì lěng le.

2. Tiānqì yuè lái yuè lěng.

3. Tiānqì bǐ zuótiān lěng ba?

4. Hánguó de dōngtiān lěng ba?

61 요즘 날씨가 더워요.

1. Běijīng de tiānqì hěn rè.

2. Tiānqì bù bǐ zuótiān rè ma?

3. Zhèli de tiānqì yuè lái yuè rè.

4. Hánguó de xiàtiān rè ba?

62 누가 만든 것이 많아요?

1. Duō chī diǎ(n)r ba.

2. Tā bǐ wǒ duō.

3. Nǎ ge duō?

4. Xiǎo de bǐ dà de duō.

63 누가 만든 것이 적어요?

1. Shéi de shǎo?

2. Shéi bǐ tā shǎo?

3. Shéi zuò de shǎo?

4. Wǒ bǐ tā shǎo sān ge.

64 어느 것이 빨라요?

1. Nǎ ge kuài?

2. Wǒ de biǎo kuài wǔ fēn.

3. Huǒchē gēn qìchē nǎ ge kuài?

4. Huǒchē bǐ qìchē kuài.

65 그는 말을 아주 느리게 해요.

1. Bǐjiào màn.

2. Tā shuō huà shuō de hěn màn.

3. Tā zǒu de yě màn.

4. Mànmā(n)r de niàn ba.

66 작은 것이 맛있다.

1. Xiǎo de hǎochī.

2. Zuótiān mǎi le xiǎo de ma?

3. Xiǎo de jiù shì wǒ de.

4. Zuótiān mǎi le liǎng ge xiǎo de.

67 큰 것은 사지 마세요.

1. Dà de bú là.

2. Yào mǎi wǔ ge dà de.

3. Wǒ bù xiǎng mǎi dà de.

4. Yòu dà yòu hǎo.

68 우리는 모두 중국어를 배워요.

1. Nǐmen dōu xué shénme?

2. Wǒmen dōu xué Hànyǔ.

3. Yígòng xué le jǐ nián?

4. Bù dōu xiǎo.

69 우리 함께 차 마셔요.

1. Wǒmen yíkuà(i)r hē chá ba.

2. Wǒmen yíkuà(i)r xué Hànyǔ ba.

3. Wǒ xiǎng gēn nǐ yíkuà(i)r qù.

4. Wǒmen yíkuà(i)r qù kàn Zhōngguó
   diànyǐng ba.

70 조금도 비싸지 않아요.

1. Zhè ge bǐ nà ge guì yìdiǎ(n)r ba?

2. Yìdiǎ(n)r yě bú guì.

3. Yǒu diǎ(n)r máng.

4. Yìdiǎ(n)r yě bú là.

71 잠시 쉬자.

1. Xiǎng xiūxi yíhu(ì)r.

2. Zài zhèr xiūxi yíhu(ì)r, zěnme yàng?

3. Děng yíhu(ì)r wǒmen chī fàn ba.

4. Shuì yíhu(ì)r ba.

넷째마당

---

72 당신은 말하고, 나는 들어요.

1. A : Nǐ shuō, wǒ tīng.

   你说，我听。

   B : Tā yě tīng.

   他也听。

2. A : Lǎoshī shuō, xuésheng tīng.

   老师说，学生听。

   B : Tāmen dōu lái tīng.

   他们都来听。

73 우리는 모두 읽어요.

1. A : Gēge niàn ma?

   哥哥念吗?

   B : Gēge yě niàn.

   哥哥也念。

2. A : Lǎoshī xiě de shì nǎ ge?

   老师写的是哪个?

B : Lǎoshī xiě de jiù shì zhè ge.

老师写的就是这个。

74 지금 먹고 싶지 않아요?

1. A : Xiànzài bù xiǎng chī ma?

现在不想吃吗?

B : Xiànzài shénme yě bù xiǎng chī.

现在什么也不想吃。

2. A : Gēge hē píjiǔ ma?

哥哥喝啤酒吗?

B : Gēge bù hē píjiǔ.

哥哥不喝啤酒。

75 무슨 요일에 가요?

1. A : Xīngqī jǐ qù?

星期几去?

B : Wǒ dǎsuan xīngqī èr qù.

我打算星期二去。

2. A : Nǐ yě néng lái ma?

你也能来吗?

B : Wǒ méi yǒu gōngfu lái, wǒ péngyou lái.

我没有工夫来，我朋友来。

76 내일 무엇을 사러 가요?

1. A : Míngtiān qù mǎi shénme?

明天去买什么?

B : Qù mǎi huā.

去买花。

2. A : Nǐ péngyou mài shénme?

你朋友卖什么?

B : Wǒ péngyou mài yīfu.

我朋友卖衣服。

77 6일 오전에 당신 시간 있어요?

1. A : Liù hào shàngwǔ nǐ yǒu kòng ma?

六号上午你有空吗?

B : Shàngwǔ yǒu kòng shi yǒu kòng.

上午有空是有空。

2. A : Nǐ yí ge yě méi yǒu ma?

你一个也没有吗?

B : Wǒ shénme yě méi yǒu.

我什么也没有。

78 우리는 모두 한국인입니다.

1. A : Tā shì shéi?

他是谁?

B : Tā shì wǒ de Zhōngguó péngyou.

他是我的中国朋友。

2. A : Míngtiān bú shì tā de shēngrì ma?

明天不是他的生日吗?

B : Míngtiān bú shì tā de shēngrì.

明天不是他的生日。

79 누가 그에게 주니?

1. A : Zuótiān wǎnshang shì shéi gěi nǐ de?

昨天晚上是谁给你的?

B : Shì tā gěi de.

是他给的。

2. A : Nǐ yào shénme?

你要什么?

B : Wǒ yào shū.

我要书。

80 보면 볼수록 예뻐요!

1. A : Nǐ kàn, tā zěnme yàng?
   你看，她怎么样?

   B : Yuè kàn yuè hǎokàn.
   越看越好看。

2. A : Yígòng xué le jǐ nián?
   一共学了几年?

   B : Méi xué jǐ nián.
   没学几年。

81 일어났어요?

1. A : Yèli shuì de bù hǎo ma?
   夜里睡得不好吗?

   B : Zhǐ shuì le liǎng ge xiǎoshí.
   只睡了两个小时。

2. A : Jīntiān zǎoshang jǐ diǎn qǐchuáng
   de?
   今天早上几点起床的?

   B : Jiǔ diǎn qǐchuáng de.
   九点起床的。

82 나는 베이징에 가고 싶어요.

1. A : Nǐ yào chī Hánguó cài ma?
   你要吃韩国菜吗?

   B : Wǒ bù xiǎng chī Hánguó cài.
   我不想吃韩国菜。

2. A : Nǐ shuō ba, xiǎng chī shénme?
   你说吧，想吃什么?

   B : Wǒ xiǎng chī Běijīng kǎoyā.
   我想吃北京烤鸭。

83 당신 혼자 갈 수 있어요?

1. A : Tā huì bu huì chàng Zhōngguó gē?
   他会不会唱中国歌?

   B : Bú huì chàng.
   不会唱。

2. A : Nǐ néng hē jǐ píng píjiǔ?
   你能喝几瓶啤酒?

   B : Wǒ yí ge rén néng hē liù píng.
   我一个人能喝六瓶。

84 베이징에서 뭐 해요?

1. A : Míngtiān zuò shénme?
   明天做什么?

   B : Shénme yě bú zuò.
   什么也不做。

2. A : Zěnme bú zuò?
   怎么不坐?

   B : Bù xiǎng zuò.
   不想坐。

85 됐어, 그만 울어!

1. A : Tā wèi shénme kū?
   他为什么哭?

   B : Bù zhīdào wèi shénme kū.
   不知道为什么哭。

2. A : Nǐ wèi shénme xiào?
   你为什么笑?

   B : Tā shuō de huà zhēn kěxiào.
   他说的话真可笑。

86 내가 너에게 전화할게.

1. A : Nǐ děng shéi lái?
   你等谁来?

B : Wǒ zài děng tā lái ne.

我在等他来呢。

2. A : Nǐ tiāntiān děng tā de diànhuà lái ma?

你天天等他的电话来吗?

B : Wǒ tiāntiān děng tā de diànhuà lái.

我天天等他的电话来。

87 중국어가 쉽지요?

1. A : Jīntiān xué de Hànzì róngyì ba?

今天学的汉字容易吧?

B : Jīntiān xué de bǐjiào róngyì.

今天学的比较容易。

2. A : Nǎ ge nán?

哪个难?

B : Zhè ge yǒu diǎ(n)r nán.

这个有点儿难。

88 요즘 너무 바빠요.

1. A : Xīngqī èr máng ma?

星期二忙吗?

B : Zuìjìn tài máng le.

最近太忙了。

2. A : Zuìjìn hěn lèi ba?

最近很累吧?

B : Lèi sǐ wǒ le.

累死我了。

89 중국 요리가 맛있어요?

1. A : Zhōngguó cài hǎochī ma?

中国菜好吃吗?

B : Yòu suān yòu tián, zhēn hǎochī.

又酸又甜，真好吃。

2. A : Zhè liǎng ge nǎ yí ge hǎo?

这两个哪一个好?

B : Zhè ge bǐ nà ge hǎo.

这个比那个好。

90 좀 긴 것 같아요.

1. A : Háishi yǒu diǎ(n)r cháng ba?

还是有点儿长吧?

B : Shì, hǎoxiàng yǒu diǎ(n)r cháng.

是，好像有点儿长。

2. A : Duǎn de zài nǎr?

短的在哪儿?

B : Zhèr méi yǒu duǎn de.

这儿没有短的。

91 날씨가 점점 추워져요.

1. A : Nǐ pà lěng ma?

你怕冷吗?

B : Bù, wǒ bú pà lěng.

不，我不怕冷。

2. A : Hánguó de xiàtiān rè ba?

韩国的夏天热吧?

B : Xiàtiān zhēn mēnrè.

夏天真闷热。

92 막내가 산 것이 많아요.

1. A : Shéi de duō?

谁的多?

B : Lǎoyāo mǎi de duō.

老幺买的多。

2. A : Tā de yě shǎo ba?

他的也少吧?

B : Yìdiǎ(n)r yě bù shǎo.

一点儿也不少。

93 내 시계는 5분 빨라요.

1. A : Huǒchē gēn qìchē nǎ ge kuài?

火车跟汽车哪个快？

B : Huǒchē bǐ qìchē kuài.

火车比汽车快。

2. A : Nǐ mèimei shuō de màn ma?

你妹妹说得慢吗？

B : Tā shuō de hěn màn.

她说得很慢。

94 큰 것은 사지 말아요.

1. A : Zhè liǎng ge dàxiǎo bù yíyàng ma?

这两个大小不一样吗？

B : Yí ge dà, yí ge xiǎo.

一个大一个小。

2. A : Qǐng wèn, zhè shì bu shì dà de?

请问，这是不是大的？

B : Zhè jiù shì dà de.

这就是大的。

95 모두 오늘 산 것인가요?

1. A : Zhè xiē dōngxi dōu shì jīntiān mǎi de ma?

这些东西都是今天买的吗？

B : Zhè xiē dōngxi dōu bú shì jīntiān mǎi de.

这些东西都不是今天买的。

2. A : Gēn shéi yíkuà(i)r qù?

跟谁一块儿去？

B : Gēn gāozhōng tóngxué yíkuà(i)r qù.

跟高中同学一块儿去。

96 어제보다 조금 추워졌어요.

1. A : Jīntiān bǐ zuótiān lěng yìdiǎ(n)r ba?

今天比昨天冷一点儿吧？

B : Bǐ zuótiān lěng le yìdiǎ(n)r.

比昨天冷了一点儿。

2. A : Zài wǒ jiā xiūxi yíhu(ì)r, zěnme yàng?

在我家休息一会儿，怎么样？

B : Hǎo, děng yíhu(ì)r qù ba.

好，等一会儿去吧。

중국어 첫걸음 무작정 따라하기

훈련용
소책자

송재복 지음

22 우리 듣자.

Wǒmen tīng ba. 我们听吧。

예문 22-2.mp3

듣니?	Tīng ma?	听吗？
안 들어.	Bù tīng.	不听。
듣자.	Tīng ba.	听吧。
우리 듣자.	Wǒmen tīng ba.	我们听吧。
듣니 안 듣니?	Tīng bu tīng?	听不听？
난 안 들어.	Wǒ bù tīng.	我不听。
왜 안 듣니?	Wèi shénme bù tīng?	为什么不听？
왜 안 들었니?	Wèi shénme méi tīng?	为什么没听？
누가 안 듣니?	Shéi bù tīng?	谁不听？
누가 안 들었니?	Shéi méi tīng?	谁没听？

예문 22-3.mp3

듣니 안 듣니?	Tīng bu tīng?	听不听？
난 안 들어.	Wǒ bù tīng.	我不听。
왜 안 듣니?	Wèi shénme bù tīng?	为什么不听？
알았어, 우리 듣자.	Hǎo, wǒmen tīng ba.	好，我们听吧。

23 그가 말했어.

Tā shuō le. 他说了。

2단계 : 핵심 10문장 익히기

예문 23-2.mp3

말했니?	Shuō le ma?	说了吗?
그가 말했어.	Tā shuō le.	他说了。
말하지 마.	Bié shuō.	别说。
너도 말했니?	Nǐ yě shuō le ma?	你也说了吗?
오늘 말했니?	Jīntiān shuō le ma?	今天说了吗?
말 좀 해.	Shuō yi shuō ba.	说一说吧。
그에게 말해.	Gēn tā shuō ba.	跟他说吧。
나는 말 안 했어.	Wǒ méi shuō.	我没说。
오늘 누가 말했어?	Jīntiān shéi shuō le?	今天谁说了?
그에게 말하지 마.	Bié gēn tā shuō.	别跟他说。

3단계 : 회화에 활용하기

예문 23-3.mp3

오늘 누가 말했어?	Jīntiān shéi shuō le?	今天谁说了?
그가 말했어.	Tā shuō le.	他说了。
너도 말했니?	Nǐ yě shuō le ma?	你也说了吗?
나는 말 안 했어.	Wǒ méi shuō.	我没说。

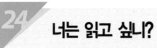

24 너는 읽고 싶니?

Nǐ xiǎng niàn ma? 你想念吗?

2단계 : 핵심 10문장 익히기

예문 24-2.mp3

누가 읽었니?	Shéi niàn le?	谁念了?
지금 읽자.	Xiànzài niàn ba.	现在念吧。
지금 읽지 마.	Xiànzài bié niàn.	现在别念。
읽었니 안 읽었니?	Niàn le méi yǒu?	念了没有?
읽은 적 있어요?	Niàn guo ma?	念过吗?
한 번 읽었어.	Niàn le yí cì.	念了一次。
나는 읽을 줄 몰라요.	Wǒ bú huì niàn.	我不会念。
읽은 적 없어요.	Méi niàn guo.	没念过。
너는 읽고 싶니?	Nǐ xiǎng niàn ma?	你想念吗?
아무도 읽을 줄 몰라요.	Shéi yě bú huì niàn.	谁也不会念。

3단계 : 회화에 활용하기

예문 24-3.mp3

읽은 적 있어요?	Niàn guo ma?	念过吗?
읽은 적 없어요.	Méi niàn guo.	没念过。
너는 읽고 싶니?	Nǐ xiǎng niàn ma?	你想念吗?
아니요, 나는 읽을 줄 몰라요.	Bù, wǒ bú huì niàn.	不, 我不会念。

25 일기를 쓰다.

Xiě rìjì. 写日记。

2단계 : 핵심 10문장 익히기

🎧 예문 25-2.mp3

너는 무얼 쓰니?	Nǐ xiě shénme?	你写什么?
일기를 써요.	Xiě rìjì.	写日记。
당신도 좀 써요.	Nǐ yě xiě yi xiě ba.	你也写一写吧。
언제 쓰니?	Shénme shíhou xiě?	什么时候写?
언제 일기를 쓰니?	Shénme shíhou xiě rìjì?	什么时候写日记?
왜 안 쓰니?	Zěnme bù xiě?	怎么不写?
언제 쓴 것이니?	Shénme shíhou xiě de?	什么时候写的?
내일 저녁에 쓰자.	Míngtiān wǎnshang xiě ba.	明天晚上写吧。
우리 집에서 쓰면 어때?	Zài wǒ jiā xiě hǎo bu hǎo?	在我家写好不好?
날마다 저녁에 일기를 써요.	Tiāntiān wǎnshang xiě rìjì.	天天晚上写日记。

3단계 : 회화에 활용하기

🎧 예문 25-3.mp3

너는 무얼 쓰니?	Nǐ xiě shénme?	你写什么?
일기를 써요.	Xiě rìjì.	写日记。
언제 일기를 쓰니?	Shénme shíhou xiě rìjì?	什么时候写日记?
날마다 저녁에 일기를 써요.	Tiāntiān wǎnshang xiě rìjì.	天天晚上写日记。

무얼 먹니?

Chī shénme?　吃什么?

본책 070~071쪽

2단계 : 핵심 10문장 익히기

🎧 예문 26-2.mp3

무얼 먹니?	Chī shénme?	吃什么?
쇠고기를 먹어.	Chī niúròu.	吃牛肉。
고기 먹기를 좋아해.	Ài chī ròu.	爱吃肉。
무슨 고기를 먹니?	Chī shénme ròu?	吃什么肉?
뭐가 먹고 싶니?	Xiǎng chī shénme?	想吃什么?
오늘은 뭐가 먹고 싶니?	Jīntiān xiǎng chī shénme?	今天想吃什么?
돼지고기는 먹니 안 먹니?	Chī bu chī zhūròu?	吃不吃猪肉?
나는 돼지고기를 좋아하지 않아.	Wǒ bù xǐhuan chī zhūròu.	我不喜欢吃猪肉。
중국 요리는 먹니 안 먹니?	Chī bu chī Zhōngguó cài?	吃不吃中国菜?
나는 먹을 수는 있지만, 만들 줄은 몰라.	Wǒ néng chī, bú huì zuò.	我能吃，不会做。

3단계 : 회화에 활용하기

🎧 예문 26-3.mp3

무얼 먹니?	Chī shénme?	吃什么?
쇠고기를 먹어.	Chī niúròu.	吃牛肉。
돼지고기는 먹니 안 먹니?	Chī bu chī zhūròu?	吃不吃猪肉?
난 돼지고기를 좋아하지 않아.	Wǒ bù xǐhuan chī zhūròu.	我不喜欢吃猪肉。

너 커피 마시니?

Nǐ hē kāfēi ma? 你喝咖啡吗?

본책 073~074쪽

 예문 27-2.mp3

누가 마시니?	Shéi hē?	谁喝?
정말 마셨니?	Zhēnde hē le ma?	真的喝了吗?
너 커피 마시니?	Nǐ hē kāfēi ma?	你喝咖啡吗?
너도 좀 마셔라.	Nǐ yě hē yìdiǎ(n)r ba.	你也喝一点儿吧。
내일 어디서 마시니?	Míngtiān zài nǎr hē?	明天在哪儿喝?
나랑 한 잔 마시면 어때?	Gēn wǒ hē yì bēi hǎo bu hǎo?	跟我喝一杯好不好?
마시고 싶지 않아.	Bù xiǎng hē.	不想喝。
마시고 싶지 않니?	Bù xiǎng hē ma?	不想喝吗?
한두 잔 마셨어.	Hē le yì liǎng bēi.	喝了一两杯。
이미 여러 잔 마셨어.	Yǐjīng hē le hǎo jǐ bēi.	已经喝了好几杯。

 예문 27-3.mp3

너 커피 마시니?	Nǐ hē kāfēi ma?	你喝咖啡吗?
마시고 싶지 않아.	Bù xiǎng hē.	不想喝。
나랑 한 잔 마시면 어때?	Gēn wǒ hē yì bēi hǎo bu hǎo?	跟我喝一杯好不好?
이미 여러 잔 마셨어.	Yǐjīng hē le hǎo jǐ bēi.	已经喝了好几杯。

무얼 타고 가요?

Zuò shénme qù? 坐什么去?

🎧 예문 28-2.mp3

몇 월 며칠에 가요?	Jǐ yuè jǐ hào qù?	几月几号去?
5월 15일에 가요.	Wǔ yuè shíwǔ hào qù.	五月十五号去。
화요일에 가요?	Xīngqī èr qù ma?	星期二去吗?
목요일에 가요.	Xīngqī sì qù.	星期四去。
무얼 타고 가요?	Zuò shénme qù?	坐什么去?
비행기를 타고 가요.	Zuò fēijī qù.	坐飞机去。
배를 타고 어디 가요?	Zuò chuán qù nǎr?	坐船去哪儿?
지하철을 타고 병원에 가요.	Zuò dìtiě qù yīyuàn.	坐地铁去医院。
약을 사러 가요.	Mǎi yào qù.	买药去。
무슨 약을 사러 가요?	Mǎi shénme yào qù?	买什么药去?

🎧 예문 28-3.mp3

몇 월 며칠에 가요?	Jǐ yuè jǐ hào qù?	几月几号去?
5월 15일에 가요.	Wǔ yuè shíwǔ hào qù.	五月十五号去。
무얼 타고 가요?	Zuò shénme qù?	坐什么去?
비행기를 타고 가요.	Zuò fēijī qù.	坐飞机去。

29 내일 우리 집에 와라.

Míngtiān lái wǒ jiā ba.　明天来我家吧。

　　　　　　🎧 예문 29-2.mp3

오늘 와라.	Jīntiān lái ba.	今天来吧。
내일 와라.	Míngtiān lái ba.	明天来吧。
꼭 와라.	Yídìng lái ba.	一定来吧。
올 수 있어.	Néng lái.	能来。
수요일은 올 수 있어.	Xīngqī sān néng lái.	星期三能来。
미안해, 올 수 없어.	Duì bu qǐ, bù néng lái.	对不起，不能来。
와서 먹어.	Lái chī ba.	来吃吧。
와서 보아라.	Lái kàn ba.	来看吧。
내일 저녁에 꼭 와라.	Míngtiān wǎnshang yídìng lái ba.	明天晚上一定来吧。
내일 우리 집에 와라.	Míngtiān lái wǒ jiā ba.	明天来我家吧。

　　　　　　🎧 예문 29-3.mp3

내일 우리 집에 와라.	Míngtiān lái wǒ jiā ba.	明天来我家吧。
미안해, 올 수 없어.	Duì bu qǐ, bùnéng lái.	对不起，不能来。
그럼, 수요일은?	Nàme, xīngqī sān ne?	那么, 星期三呢?
수요일은 올 수 있어.	Xīngqī sān néng lái.	星期三能来。

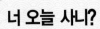

너 오늘 사니?

Nǐ jīntiān mǎi ma?　你今天买吗?

🎧 예문 30-2.mp3

너 오늘 사니?	Nǐ jīntiān mǎi ma?	你今天买吗?
오늘은 안 사요.	Jīntiān bù mǎi.	今天不买。
그럼, 언제 사니?	Nàme, shénme shíhou mǎi?	那么，什么时候买?
다음 주에 사요.	Xià xīngqī mǎi.	下星期买。
다음 주에 어디 가서 사니?	Xiàxīngqī qù nǎr mǎi?	下星期去哪儿买?
백화점에 가서 사요.	Qù bǎihuò gōngsī mǎi.	去百货公司买。
가서 무얼 사니?	Qù mǎi shénme?	去买什么?
가서 양복을 한 벌 사요.	Qù mǎi yí tào xīfú.	去买一套西服。
비싼 것을 사려고 하니?	Yào mǎi guì de ma?	要买贵的吗?
나는 비싼 것을 살 돈이 없어요.	Wǒ méi yǒu qián mǎi guì de.	我没有钱买贵的。

🎧 예문 30-3.mp3

너 오늘 사니?	Nǐ jīntiān mǎi ma?	你今天买吗?
아니요, 다음 주에 사요.	Bù, xià xīngqī mǎi.	不, 下星期买。
다음 주에 어디 가서 사니?	Xià xīngqī qù nǎr mǎi?	下星期去哪儿买?
백화점에 가서 사요.	Qù bǎihuò gōngsī mǎi.	去百货公司买。

어제 몇 개 팔았어요?

Zuótiān mài le jǐ ge?　昨天卖了几个?

2단계 : 핵심 10문장 익히기

 예문 31-2.mp3

팔아요 안 팔아요?	Mài bu mài?	卖不卖?
팔고 싶지 않아요.	Bù xiǎng mài.	不想卖。
어디서 팔아요?	Zài nǎr mài?	在哪儿卖?
어떻게 팔아요?	Zěnme mài?	怎么卖?
언제 팔았어요?	Shénme shíhou mài le?	什么时候卖了?
안 팔았어요.	Méi mài.	没卖。
왜 안 팔았어요?	Zěnme méi mài?	怎么没卖?
어제 몇 개 팔았어요?	Zuótiān mài le jǐ ge?	昨天卖了几个?
팔아도 상관없어요.	Mài yě méi guānxi.	卖也没关系。
누가 팔았는지 몰라요.	Bù zhīdào shéi mài le.	不知道谁卖了。

3단계 : 회화에 활용하기

 예문 31-3.mp3

어제 몇 개 팔았어요?	Zuótiān mài le jǐ ge?	昨天卖了几个?
안 팔았어요.	Méi mài.	没卖。
왜 안 팔았어요?	Zěnme méi mài?	怎么没卖?
팔고 싶지 않아요.	Bù xiǎng mài.	不想卖。

있니 없니?

Yǒu méi yǒu? 有没有?

본책 090~091쪽

2단계 : 핵심 10문장 익히기

🎧 예문 32-2.mp3

있니?	Yǒu ma?	有吗?
있니 없니?	Yǒu méi yǒu?	有没有?
뭐가 있니?	Yǒu shénme?	有什么?
몇 개 있지?	Yǒu jǐ ge?	有几个?
10개 있어.	Yǒu shí ge.	有十个。
2개 있지?	Yǒu liǎng ge ba?	有两个吧?
4개 있니 없니?	Yǒu méi yǒu sì ge?	有没有四个?
들으니까 하나만 있대요.	Tīng shuō zhǐ yǒu yí ge.	听说只有一个。
모두 12개 있어요.	Yígòng yǒu shí'èr ge.	一共有十二个。
2개 있으면 충분해요?	Yǒu liǎng ge jiù gòu ma?	有两个就够吗?

3단계 : 회화에 활용하기

🎧 예문 32-3.mp3

있니 없니?	Yǒu méi yǒu?	有没有?
모르겠어요.	Bù zhīdào.	不知道。
몇 개 있지?	Yǒu jǐ ge?	有几个?
들으니까 하나만 있대요.	Tīng shuō zhǐ yǒu yí ge.	听说只有一个。

정말 없어요?

Zhēnde méi yǒu ma?　真的没有吗?

본책 093~094쪽

예문 33-2.mp3

돈이 없어요.	Méi yǒu qián.	没有钱。
시간이 없어요.	Méi yǒu shíjiān.	没有时间。
새것은 없어요.	Méi yǒu xīn de.	没有新的。
과일은 없어요.	Méi yǒu shuǐguǒ.	没有水果。
하나도 없어요.	Yí ge yě méi yǒu.	一个也没有。
정말 없어요?	Zhēnde méi yǒu ma?	真的没有吗?
너도 없니?	Nǐ yě méi yǒu ma?	你也没有吗?
나도 없어요.	Wǒ yě méi yǒu.	我也没有。
들으니까 아직 없대요.	Tīng shuō hái méi yǒu.	听说还没有。
들으니까 검은 것은 없대요.	Tīng shuō méi yǒu hēi de.	听说没有黑的。

예문 33-3.mp3

정말 없어요?	Zhēnde méi yǒu ma?	真的没有吗?
하나도 없어요.	Yí ge yě méi yǒu.	一个也没有。
너도 없니?	Nǐ yě méi yǒu ma?	你也没有吗?
나도 없어요.	Wǒ yě méi yǒu.	我也没有。

34 나는 한국인입니다.

Wǒ shì Hánguó rén. 我是韩国人。

2단계 : 핵심 10문장 익히기

🎧 예문 34-2.mp3

내일은 토요일이에요.	Mínggtiān shì xīngqī liù.	明天是星期六。
저것은 무엇이에요?	Nà shì shénme?	那是什么?
그는 누구예요?	Tā shì shéi?	他是谁?
나는 한국인이에요.	Wǒ shì Hánguó rén.	我是韩国人。
당신도 중국인이에요?	Nǐ yě shì Zhōngguó rén ma?	你也是中国人吗?
그는 내 중국 친구예요.	Tā shì wǒ de Zhōngguó péngyou.	他是我的中国朋友。
내 것은 좋은 것이에요.	Wǒ de shì hǎo de.	我的是好的。
그가 산 것은 비싼 것이에요.	Tā mǎi de shì guì de.	他买的是贵的。
어느 것이 두꺼운 것이에요?	Nǎ ge shì hòu de?	哪个是厚的?
얇은 것은 누구 것이에요?	Báo de shì shéi de?	薄的是谁的?

3단계 : 회화에 활용하기

🎧 예문 34-3.mp3

그는 누구예요?	Tā shì shéi?	他是谁?
그는 내 중국 친구예요.	Tā shì wǒ de Zhōngguó péngyou.	他是我的中国朋友。
당신도 중국인이에요?	Nǐ yě shì Zhōngguó rén ma?	你也是中国人吗?
나는 한국인이에요.	Wǒ shì Hánguó rén.	我是韩国人。

오늘은 내 생일이 아니에요.

Jīntiān bú shì wǒ de shēngrì. 今天不是我的生日。

본책 099~100쪽

2단계 : 핵심 10문장 익히기

🎧 예문 35-2.mp3

목요일이 아니에요.	Bú shì xīngqī sì.	不是星期四。
나는 한국인이 아니에요.	Wǒ bú shì Hánguó rén.	我不是韩国人。
오늘은 내 생일이 아니에요.	Jīntiān bú shì wǒ de shēngrì.	今天不是我的生日。
나는 운전기사가 아니에요.	Wǒ bú shì sījī.	我不是司机。
그들은 모두 선생님이 아니에요.	Tāmen dōu bú shì lǎoshī.	他们都不是老师。
내일이 그의 생일 아니에요?	Míngtiān bú shì tā de shēngrì ma?	明天不是他的生日吗?
저것은 산 것이 아니지요?	Nà bú shì mǎi de ba?	那不是买的吧?
저것은 내가 준 것이 아니에요.	Nà bú shì wǒ gěi de.	那不是我给的。
빨간 것은 싼 것이 아니에요.	Hóng de bú shì piányi de.	红的不是便宜的。
이것은 내가 만든 요리가 아니에요.	Zhè bú shì wǒ zuò de cài.	这不是我做的菜。

3단계 : 회화에 활용하기

🎧 예문 35-3.mp3

내일 목요일인가요?	Míngtiān shì xīngqī sì ma?	明天是星期四吗?
목요일이 아니에요.	Bú shì xīngqī sì.	不是星期四。
오늘이 당신 생일이죠?	Jīntiān shì nǐ de shēngrì ba?	今天是你的生日吧?
오늘은 내 생일이 아니에요.	Jīntiān bú shì wǒ de shēngrì.	今天不是我的生日。

누가 그에게 주니?

Shéi gěi tā? 谁给他?

본책 102~103쪽

2단계 : 핵심 10문장 익히기

 예문 36-2.mp3

주지 말아요.	Bié gěi.	别给。
누가 그에게 주니?	Shéi gěi tā?	谁给他?
주니 안 주니?	Gěi bu gěi?	给不给?
몇 개 주니?	Gěi jǐ ge?	给几个?
안 주어도 괜찮아.	Bù gěi yě méi guānxi.	不给也没关系。
그에게 보여 주어라.	Gěi tā kàn ba.	给他看吧。
그에게 써 주어라.	Gěi tā xiě ba.	给他写吧。
그에게 만들어 주어라.	Gěi tā zuò ba.	给他做吧。
네가 그에게 만들어 주어라.	Nǐ gěi tā zuò ba.	你给他做吧。
내가 그에게 만들어 줄게요.	Wǒ gěi tā zuò.	我给他做。

3단계 : 회화에 활용하기

예문 36-3.mp3

누가 그에게 주니?	Shéi gěi tā?	谁给他?
몰라요.	Bù zhīdào.	不知道。
네가 그에게 만들어 주어라.	Nǐ gěi tā zuò ba.	你给他做吧。
좋아요. 내가 그에게 만들어 줄게요.	Hǎo, wǒ gěi tā zuò.	好, 我给他做。

나는 이것이 필요해요.

Wǒ yào zhè ge.　我要这个。

본책 105~106쪽

2단계 : 핵심 10문장 익히기　　　　　　　　🎧 예문 37-2.mp3

나는 이것이 필요해요.	Wǒ yào zhè ge.	我要这个。
당신도 필요해요?	Nǐ yě yào ma?	你也要吗?
그는 어느 것을 달래요?	Tā yào nǎ ge?	他要哪个?
그가 몇 개 필요하대요?	Tā shuō yào jǐ ge?	他说要几个?
오늘은 6개가 필요해요?	Jīntiān yào liù ge ma?	今天要六个吗?
정말 안 필요해요?	Zhēnde bú yào ma?	真的不要吗?
아무것도 필요 없지요?	Shénme yě bú yào ba?	什么也不要吧?
그는 새것이 2개 필요해요.	Tā yào liǎng ge xīn de.	他要两个新的。
(몇 개든) 있는 대로 필요해요(가질래요).	Yǒu jǐ ge yào jǐ ge.	有几个要几个。
(몇 개든) 필요하다는 (달라는) 대로 준다.	Yào jǐ ge gěi jǐ ge.	要几个给几个。

3단계 : 회화에 활용하기　　　　　　　　🎧 예문 37-3.mp3

그는 어느 것이 필요해요?	Tā yào nǎ ge?	他要哪个?
그는 새것이 2개 필요해요.	Tā yào liǎng ge xīn de.	他要两个新的。
당신은요? 당신도 필요해요?	Nǐ ne? Nǐ yě yào ma?	你呢? 你也要吗?
나는 이것이 필요해요.	Wǒ yào zhè ge.	我要这个。

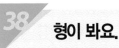

형이 봐요.

Gēge kàn. 哥哥看。

본책 108~109쪽

2단계 : 핵심 10문장 익히기

🎧 예문 38-2.mp3

형이 봐요.	Gēge kàn.	哥哥看。
누가 보니?	Shéi kàn?	谁看？
누가 안 보니?	Shéi bú kàn?	谁不看？
아무도 안 보니?	Shéi yě bú kàn ma?	谁也不看吗？
여동생은 안 봐요.	Mèimei bú kàn.	妹妹不看。
어디서 보니?	Zài nǎr kàn?	在哪儿看？
정말 보고 싶지 않아.	Zhēnde bù xiǎng kàn.	真的不想看。
나랑 가서 영화를 보자.	Gēn wǒ qù kàn diànyǐng ba.	跟我去看电影吧。
누구든 보고 싶은 사람이 봐라.	Shéi xiǎng kàn shéi jiù kàn.	谁想看谁就看。
어제는 아무것도 안 봤어.	Zuótiān shénme yě méi kàn.	昨天什么也没看。

3단계 : 회화에 활용하기

🎧 예문 38-3.mp3

누가 안 보니?	Shéi bú kàn?	谁不看？
여동생은 안 봐요.	Mèimei bú kàn.	妹妹不看。
아무도 안 보니?	Shéi yě bú kàn ma?	谁也不看吗？
형이 봐요.	Gēge kàn.	哥哥看。

누가 중국어를 배우니?

Shéi xué Hànyǔ?　谁学汉语?

본책 111~112쪽

2단계 : 핵심 10문장 익히기

🎧 예문 39-2.mp3

무얼 배워요?	Xué shénme?	学什么?
누가 배워요?	Shéi xué?	谁学?
어디서 배워요?	Zài nǎr xué?	在哪儿学?
회사에서 배워요.	Zài gōngsī xué.	在公司学。
그는 무얼 배워요?	Tā xué shénme?	他学什么?
그는 중국어를 배워요.	Tā xué Hànyǔ.	他学汉语。
누가 중국어를 배워요?	Shéi xué Hànyǔ?	谁学汉语?
그들이 중국어를 배워요.	Tāmen xué Hànyǔ.	他们学汉语。
중국어 배우는 것이 재미있어요?	Xué Hànyǔ yǒu yìsi ma?	学汉语有意思吗?
중국어 배우는 것이 정말 재미있어요.	Xué Hànyǔ zhēnde yǒu yìsi.	学汉语真的有意思。

3단계 : 회화에 활용하기

🎧 예문 39-3.mp3

누가 중국어를 배워요?	Shéi xué Hànyǔ?	谁学汉语?
그들이 중국어를 배워요.	Tāmen xué Hànyǔ.	他们学汉语。
중국어 배우는 것이 재미있어요?	Xué Hànyǔ yǒu yìsi ma?	学汉语有意思吗?
중국어 배우는 것이 정말 재미있어요.	Xué Hànyǔ zhēnde yǒu yìsi.	学汉语真的有意思。

40 잠을 잘 수가 없어요.

Shuì bu zháo jiào. 睡不着觉。

2단계 : 핵심 10문장 익히기

예문 40-2.mp3

어서 가서 자라.	Kuài qù shuì ba.	快去睡吧。
저녁 10시에 자요.	Wǎnshang shí diǎn shuì jiào.	晚上十点睡觉。
잠을 잘 수가 없어요.	Shuì bu zháo jiào.	睡不着觉。
자고 싶지 않아요.	Bù xiǎng shuì jiào.	不想睡觉。
몇 시간 잤어요?	Shuì le jǐ ge xiǎoshí?	睡了几个小时？
한 시간 잤어요.	Shuì le yí ge xiǎoshí.	睡了一个小时。
한두 시간 잤어요.	Shuì le yì liǎng ge xiǎoshí.	睡了一两个小时。
4시간 잤어요.	Shuì le sì ge xiǎoshí.	睡了四个小时。
우리 집에서 자면 어때요?	Zài wǒ jiā shuì zěnme yàng?	在我家睡怎么样？
오늘 저녁은 여기서 자라.	Jīntiān wǎnshang zài zhèr shuì ba.	今天晚上在这儿睡吧。

3단계 : 회화에 활용하기

예문 40-3.mp3

몇 시간 잤어요?	Shuì le jǐ ge xiǎoshí?	睡了几个小时？
한두 시간 잤어요.	Shuì le yì liǎng ge xiǎoshí.	睡了一两个小时。
왜요?	Wèi shénme?	为什么？
잠을 잘 수가 없어요.	Shuì bu zháo jiào.	睡不着觉。

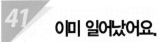

이미 일어났어요.

Yǐjīng qǐchuáng le.　已经起床了。

2단계 : 핵심 10문장 익히기

예문 41-2.mp3

일어나요.	Qǐchuáng.	起床。
일어났어요?	Qǐchuáng le ma?	起床了吗?
빨리 일어나요.	Kuài qǐchuáng ba.	快起床吧。
이미 일어났어요.	Yǐjīng qǐchuáng le.	已经起床了。
왜 안 일어나요?	Zěnme bù qǐchuáng?	怎么不起床?
그들은 일어났지요?	Tāmen qǐchuáng le ba?	他们起床了吧。
그들도 안 일어났어요?	Tāmen yě méi qǐchuáng ma?	他们也没起床吗?
그이더러 일어나라고 해요.	Jiào tā qǐchuáng ba.	叫他起床吧。
내일 아침 5시에 일어나라.	Míngtiān zǎoshang wǔ diǎn qǐchuáng ba.	明天早上五点起床吧。
형은 아직 안 일어났지요?	Gēge hái méi qǐchuáng ba?	哥哥还没起床吧?

3단계 : 회화에 활용하기

예문 41-3.mp3

빨리 일어나요.	Kuài qǐchuáng ba.	快起床吧。
졸려 죽겠어요.	Kùn sǐ le.	困死了。
형은 아직 안 일어났지요?	Gēge hái méi qǐchuáng ba?	哥哥还没起床吧?
이미 일어났어요.	Yǐjīng qǐchuáng le.	已经起床了。

42

나는 중국어를 배울 거야.

Wǒ yào xué Hànyǔ. 我要学汉语。

본책 122~123쪽

🎧 예문 42-2.mp3

뭘 할 거야?	Yào zuò shénme?	要做什么?
배울래 안 배울래?	Yào bu yào xué?	要不要学?
누구한테 배울 거니?	Yào gēn shéi xué?	要跟谁学?
맥주 마실래?	Yào hē píjiǔ ma?	要喝啤酒吗?
지금 사과를 먹을래?	Xiànzài yào chī píngguǒ ma?	现在要吃苹果吗?
나는 꼭 중국에 갈 거야.	Wǒ yídìng yào qù Zhōngguó.	我一定要去中国。
중국 신문을 볼래?	Yào kàn Zhōngguó bào ma?	要看中国报吗?
너는 그를 기다릴 거니?	Nǐ yào děng tā ma?	你要等他吗?
나는 중국어를 배울 거야.	Wǒ yào xué Hànyǔ.	我要学汉语。
나는 그한테 배울 거야.	Wǒ yào gēn tā xué.	我要跟他学。

🎧 예문 42-3.mp3

뭘 할 거예요?	Yào zuò shénme?	要做什么?
나는 중국어를 배울 거야.	Wǒ yào xué Hànyǔ.	我要学汉语。
누구한테 배울 거예요?	Yào gēn shéi xué?	要跟谁学?
나는 그한테 배울 거예요.	Wǒ yào gēn tā xué.	我要跟他学。

꽃을 사고 싶어.

Xiǎng mǎi huā.　想买花。

🎧 예문 43-2.mp3

베이징에 가고 싶어요.	Xiǎng qù Běijīng.	想去北京。
꽃을 사고 싶어.	Xiǎng mǎi huā.	想买花。
무슨 꽃을 사고 싶니?	Xiǎng mǎi shénme huā?	想买什么花?
장미꽃을 사고 싶어.	Xiǎng mǎi méiguihuā.	想买玫瑰花。
중국 노래가 듣고 싶어.	Xiǎng tīng Zhōngguó gē.	想听中国歌。
가고 싶으면 가자.	Xiǎng qù jiù qù ba.	想去就去吧。
영화는 보고 싶지 않아요.	Bù xiǎng kàn diànyǐng.	不想看电影。
맥주는 마시고 싶지 않아요.	Bù xiǎng hē píjiǔ.	不想喝啤酒。
오늘 뭘 하고 싶어?	Jīntiān xiǎng zuò shénme?	今天想做什么?
배를 타고 가고 싶어요.	Xiǎng zuò chuán qù.	想坐船去。

🎧 예문 43-3.mp3

오늘 뭘 하고 싶어요?	Jīntiān xiǎng zuò shénme?	今天想做什么?
꽃을 사고 싶어요.	Xiǎng mǎi huā.	想买花。
무슨 꽃을 사고 싶어요?	Xiǎng mǎi shénme huā?	想买什么花?
장미꽃을 사고 싶어요.	Xiǎng mǎi méiguihuā.	想买玫瑰花。

누가 중국어를 할 줄 알죠?

Shéi huì shuō Hànyǔ?　谁会说汉语?

2단계 : 핵심 10문장 익히기　🎧 예문 44-2.mp3

누가 볼 줄 알아요?	Shéi huì kàn?	谁会看?
나도 읽을 줄 알아요.	Wǒ yě huì niàn.	我也会念。
누가 중국어를 할 줄 아니?	Shéi huì shuō Hànyǔ?	谁会说汉语?
그는 중국어를 할 줄 알아요.	Tā huì shuō Hànyǔ	他会说汉语。
중국어를 할 줄 모르지?	Bú huì shuō Hànyǔ ba?	不会说汉语吧?
너는 중국어를 할 줄 아니 모르니?	Nǐ huì bu huì shuō Hànyǔ?	你会不会说汉语?
한자를 쓸 줄 모르니?	Bú huì xiě Hànzì ma?	不会写汉字吗?
너는 중국 음식을 할 줄 아니 모르니?	Nǐ huì bu huì zuò Zhōngguó cài?	你会不会做中国菜?
나는 중국 음식을 할 줄 알아요.	Wǒ huì zuò Zhōngguó cài.	我会做中国菜。
큰언니도 만들 줄 알아요.	Dàjiě yě huì zuò.	大姐也会做。

3단계 : 회화에 활용하기　🎧 예문 44-3.mp3

누가 중국어를 할 줄 알죠?	Shéi huì shuō Hànyǔ?	谁会说汉语?
그가 중국어를 할 줄 알아요.	Tā huì shuō Hànyǔ.	他会说汉语。
당신은 읽을 줄 아나요 모르나요?	Nǐ huì bu huì niàn?	你会不会念?
나도 읽을 줄 알아요.	Wǒ yě huì niàn.	我也会念。

목요일에 올 수 있어요?

Xīngqī sì néng lái ma? 星期四能来吗?

본책 131~132쪽

2단계 : 핵심 10문장 익히기

🎧 예문 45-2.mp3

내일 갈 수 있어요?	Míngtiān néng qù ma?	明天能去吗?
언제 갈 수 있어요?	Shénme shíhou néng qù?	什么时候能去?
당신 혼자서 갈 수 있어요?	Nǐ yí ge rén néng qù ma?	你一个人能去吗?
오전에 올 수 있어요?	shàngwǔ néng lái ma?	上午能来吗?
목요일에 올 수 있어요?	Xīngqī sì néng lái ma?	星期四能来吗?
왜 갈 수 없죠?	Zěnme bù néng qù?	怎么不能去?
오후에는 올 수 있죠?	Xiàwǔ néng lái ba?	下午能来吧?
저녁에 올 수 있어요.	Wǎnshang néng lái.	晚上能来。
지금 3개 살 수 있어요?	Xiànzài néng mǎi sān ge ma?	现在能买三个吗?
다음 주에 갈 수 있어요 없어요?	Xià xīngqī néng bu néng qù?	下星期能不能去?

3단계 : 회화에 활용하기

🎧 예문 45-3.mp3

목요일에 올 수 있어요?	Xīngqī sì néng lái ma?	星期四能来吗?
목요일은 매우 바빠요.	Xīngqī sì hěn máng.	星期四很忙。
오후에는 올 수 있죠?	Xiàwǔ néng lái ba?	下午能来吧?
저녁에 올 수 있어요.	Wǎnshang néng lái.	晚上能来。

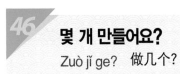

46

몇 개 만들어요?

Zuò jǐ ge? 做几个?

2단계 : 핵심 10문장 익히기

🎧 예문 46-2.mp3

몇 개 만들어요?	Zuò jǐ ge?	做几个?
3개 만들어요.	Zuò sān ge.	做三个。
내가 만든 것이 좋아요.	Wǒ zuò de hǎo.	我做的好。
오늘은 누가 만들어요?	Jīntiān shéi zuò?	今天谁做?
뭐가 하고 싶어요?	Xiǎng zuò shénme?	想做什么?
할 일이 없어요.	Méi yǒu shì zuò.	没有事做。
아무것도 안 해요.	Shénme yě bú zuò.	什么也不做。
무엇으로 만들어요?	Yòng shénme zuò?	用什么做?
베이징에서 뭐 해요?	Zài Běijīng zuò shénme?	在北京做什么?
베이징에서 장사를 해요.	Zài Běijīng zuò mǎimai.	在北京做买卖。

3단계 : 회화에 활용하기

🎧 예문 46-3.mp3

몇 개 만들어요?	Zuò jǐ ge?	做几个?
3개 만들어요.	Zuò sān ge.	做三个。
베이징에서 뭐 해요?	Zài Běijīng zuò shénme?	在北京做什么?
베이징에서 장사를 해요.	Zài Běijīng zuò mǎimai.	在北京做买卖。

잠시 앉으세요.

Zuò yíhu(ì)r ba. 坐一会儿吧。

본책 137~138쪽

2단계 : 핵심 10문장 익히기

🎧 예문 47-2.mp3

왜 앉지 않아요?	Zěnme bú zuò?	怎么不坐？
가서 앉아요.	Qù zuò ba.	去坐吧。
빨리 앉아요.	Kuài zuò ba.	快坐吧。
저기 앉아요.	Zuò nàr ba.	坐那儿吧。
여기 앉을게요.	Zuò zhèr.	坐这儿。
어디에 앉지요?	Zuò nǎr ne?	坐哪儿呢？
앉고 싶지 않아요.	Bù xiǎng zuò.	不想坐。
앉으세요.	Qǐng zuò.	请坐。
잠시 앉으세요.	Zuò yíhu(ì)r ba.	坐一会儿吧。
앉을 데가 없어요.	Méi yǒu dìfang zuò.	没有地方坐。

3단계 : 회화에 활용하기

🎧 예문 47-3.mp3

잠시 앉으세요.	Zuò yíhu(ì)r ba.	坐一会儿吧。
어디에 앉지요?	Zuò nǎr ne?	坐哪儿呢？
저기 앉아요.	Zuò nàr ba.	坐那儿吧。
여기 앉을게요.	Zuò zhèr.	坐这儿。

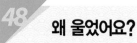
왜 울었어요?

Wèi shénme kū le?   为什么哭了？

2단계 : 핵심 10문장 익히기

🎧 예문 48-2.mp3

너 울지 마라.	Nǐ bié kū.	你别哭。
오늘 울었어요.	Jīntiān kū le.	今天哭了。
왜 우니?	Wèi shénme kū?	为什么哭？
왜 울었니?	Wèi shénme kū le?	为什么哭了？
막내가 울었어요.	Lǎoyāo kū le.	老幺哭了。
울어 안 울어?	Kū bu kū?	哭不哭？
울었어 안 울었어?	Kū le méi yǒu?	哭了没有？
울기는 울었어요.	Kū shi kū le.	哭是哭了。
온종일 울었어요.	Kū le yì zhěng tiān.	哭了一整天。
엊저녁에 누가 울었니?	Zuótiān wǎnshang shéi kū le?	昨天晚上谁哭了？

3단계 : 회화에 활용하기

🎧 예문 48-3.mp3

엊저녁에 누가 울었어요?	Zuótiān wǎnshang shéi kū le?	昨天晚上谁哭了？
막내가 울었어요.	Lǎoyāo kū le.	老幺哭了。
왜 울었어요?	Wèi shénme kū le?	为什么哭了？
(그가) 이가 아프대요.	Tā shuō yá téng.	他说牙疼。

그만 웃어요.

Bié xiào le.　别笑了。

2단계 : 핵심 10문장 익히기　　　　　　　🎧 예문 49-2.mp3

내가 웃었어요.	Wǒ xiào le.	我笑了。
좀 웃어요.	Xiào yi xiào ba.	笑一笑吧。
정말 우스워요.	Zhēnde kěxiào.	真的可笑。
안 웃어요?	Bú xiào ma?	不笑吗?
웃어 안 웃어?	Xiào bu xiào?	笑不笑?
당신도 웃었어요?	Nǐ yě xiào le ma?	你也笑了吗?
누가 웃었니?	Shéi xiào le?	谁笑了?
왜 웃어요?	Wèi shénme xiào?	为什么笑?
그만 웃어요.	Bié xiào le.	别笑了。
당신 날 비웃지 말아요.	Nǐ bié xiào wǒ.	你别笑我。

3단계 : 회화에 활용하기　　　　　　　🎧 예문 49-3.mp3

누가 웃었어요?	Shéi xiào le?	谁笑了?
내가 웃었어요.	Wǒ xiào le.	我笑了。
왜 웃어요? 그만 웃어요.	Wèi shénme xiào? Bié xiào le.	为什么笑? 别笑了。
정말 우스워요.	Zhēnde kěxiào.	真的可笑。

누구 전화를 기다려요?

Děng shéi de diànhuà? 等谁的电话?

2단계 : 핵심 10문장 익히기

 예문 50-2.mp3

집에서 나를 기다리세요.	Zài jiā děng wǒ ba.	在家等我吧。
왜 기다려요?	Wèi shénme děng?	为什么等?
기다리지 말아요.	Bié děng.	别等。
일주일 동안 기다렸어요.	Děng le yí ge xīngqī.	等了一个星期。
그의 전화를 기다려요.	Děng tā de diànhuà.	等他的电话。
누구 전화를 기다려요?	Děng shéi de diànhuà?	等谁的电话?
그를 기다릴 필요가 없어요.	Bú yòng děng tā.	不用等他。
나도 그를 기다리지 않아요.	Wǒ yě bù děng tā.	我也不等他。
미안해요, 나는 기다릴 수 없어요.	Duì bu qǐ, wǒ bù néng děng.	对不起，我不能等。
당신 집에서 그가 오기를 기다리세요.	Zài nǐ jiā děng tā lái ba.	在你家等他来吧。

3단계 : 회화에 활용하기

예문 50-3.mp3

누구 전화를 기다려요?	Děng shéi de diànhuà?	等谁的电话?
그의 전화를 기다려요.	Děng tā de diànhuà.	等他的电话。
왜 기다려요?	Wèi shénme děng?	为什么等?
내일 영화 보러 가려고 해요.	Míngtiān yào qù kàn diànyǐng.	明天要去看电影。

중국 친구에게 전화를 걸다.

Gěi Zhōngguó péngyou dǎ diànhuà.　给中国朋友打电话。

본책 149~150쪽

2단계 : 핵심 10문장 익히기

🎧 예문 51-2.mp3

지금 전화를 걸어요.	Xiànzài dǎ diànhuà.	现在打电话。
몇 시에 전화를 걸어요?	Jǐ diǎn dǎ diànhuà?	几点打电话？
어디서 전화를 걸어요?	Zài nǎr dǎ diànhuà?	在哪儿打电话？
은행에서 전화를 걸어요.	Zài yínháng dǎ diànhuà.	在银行打电话。
날마다 전화를 걸어요?	Tiāntiān dǎ diànhuà ma?	天天打电话吗？
거의 매일 전화를 걸어요.	Chà bu duō měitiān dōu dǎ diànhuà	差不多每天都打电话。
저녁에 전화를 걸어요.	Wǎnshang dǎ diànhuà.	晚上打电话。
낮에는 전화하지 마세요.	Báitiān bié dǎ diànhuà.	白天别打电话。
누구에게 전화를 걸어요?	Gěi shéi dǎ diànhuà?	给谁打电话？
중국 친구에게 전화를 걸어요.	Gěi Zhōngguó péngyou dǎ diànhuà	给中国朋友打电话。

3단계 : 회화에 활용하기

🎧 예문 51-3.mp3

누구에게 전화를 걸어요?	Gěi shéi dǎ diànhuà?	给谁打电话？
중국 친구에게 전화를 걸어요.	Gěi Zhōngguó péngyou dǎ diànhuà.	给中国朋友打电话。
날마다 전화를 걸어요?	Tiāntiān dǎ diànhuà ma?	天天打电话吗？
거의 매일 전화를 걸어요.	Chà bu duō měitiān dōu dǎ diànhuà.	差不多每天都打电话。

031

오늘 배운 것이 쉬워요?

Jīntiān xué de róngyì ma? 今天学的容易吗?

2단계 : 핵심 10문장 익히기

🎧 예문 52-2.mp3

정말 쉬워요.	Zhēnde róngyì.	真的容易。
중국어가 쉽지요?	Hànyǔ róngyì ba?	汉语容易吧?
쉽기는 쉬워요.	Róngyì shi róngyì.	容易是容易。
발음이 쉽지 않아요.	Fāyīn bù róngyì.	发音不容易。
오늘 배운 것이 쉬워요?	Jīntiān xué de róngyì ma?	今天学的容易吗?
배우기 쉬워요.	Róngyì xué.	容易学。
어느 것이 쉽지 않아요?	Nǎ ge bù róngyì?	哪个不容易?
중국어보다 쉬워요?	Bǐ Zhōngguó huà róngyì ma?	比中国话容易吗?
배울수록 쉬워요.	Yuè xué yuè róngyì.	越学越容易。
쉽기도 하고, 재미도 있어요.	Yòu róngyì yòu yǒu yìsi.	又容易又有意思。

3단계 : 회화에 활용하기

🎧 예문 52-3.mp3

오늘 배운 것이 쉬워요?	Jīntiān xué de róngyì ma?	今天学的容易吗?
쉽기도 하고, 재미도 있어요.	Yòu róngyì yòu yǒu yìsi.	又容易又有意思。
어느 것이 쉽지 않아요?	Nǎ ge bù róngyì?	哪个不容易?
발음이 쉽지 않아요.	Fāyīn bù róngyì.	发音不容易。

53 어렵기는 조금 어려워요.

Nán shì yǒu diǎ(n)r nán. 难是有点儿难。

🎧 예문 53-2.mp3

어렵기는 어렵지?	Nán shi nán ba?	难是难吧?
어렵기는 조금 어려워요.	Nán shì yǒu diǎ(n)r nán.	难是有点儿难。
배우기 어려워요?	Nán xué ma?	难学吗?
어렵지 않니?	Bù nán ma?	不难吗?
어려운 것이 있어요?	Yǒu nán de ma?	有难的吗?
배우기 어렵지 않지요?	Bù nán xué ba?	不难学吧?
어느 것이 어려워요?	Nǎ ge nán?	哪个难?
어느 것이 안 어려워요?	Nǎ ge bù nán?	哪个不难?
이것은 어렵고, 저것은 안 어려워요.	Zhè ge nán, nà ge bù nán.	这个难，那个不难。
중국어가 한국어보다 어려워요?	Zhōngguóhuà bǐ Hánguóhuà nán ma?	中国话比韩国话难吗?

🎧 예문 53-3.mp3

중국어가 한국어보다 어려워요?	Zhōngguóhuà bǐ Hánguóhuà nán ma?	中国话比韩国话难吗?
어렵기는 조금 어려워요.	Nán shì yǒu diǎ(n)r nán.	难是有点儿难。
어느 것이 안 어려워요?	Nǎ ge bù nán?	哪个不难?
이것은 어렵고, 저것은 안 어려워요.	Zhè ge nán, nà ge bù nán.	这个难，那个不难。

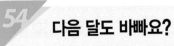
다음 달도 바빠요?

Xià ge yuè yě máng ma? 下个月也忙吗?

2단계 : 핵심 10문장 익히기

🎧 예문 54-2.mp3

날마다 바빠요.	Tiāntiān máng.	天天忙。
아침에는 바빠요.	Zǎoshang máng.	早上忙。
바빠요 안 바빠요?	Máng bu máng?	忙不忙？
점점 바빠져요.	Yuè lái yuè máng.	越来越忙。
다음 달도 바빠요?	Xià ge yuè yě máng ma?	下个月也忙吗？
다음 달에는 안 바빠요.	Xià ge yuè bù máng.	下个月不忙。
바빠 죽겠어요.	Máng sǐ le.	忙死了。
요즘 누가 제일 바빠요?	Zuìjìn shéi zuì máng?	最近谁最忙？
제 여동생이 제일 바빠요.	Wǒ mèimei zuì máng.	我妹妹最忙。
10시 이후에는 안 바빠요.	Shí diǎn yǐhòu bù máng.	十点以后不忙。

3단계 : 회화에 활용하기

🎧 예문 54-3.mp3

요즘 누가 제일 바빠요?	Zuìjìn shéi zuì máng?	最近谁最忙？
제 여동생이 제일 바빠요.	Wǒ mèimei zuì máng.	我妹妹最忙。
다음 달도 바빠요?	Xià ge yuè yě máng ma?	下个月也忙吗？
다음 달에는 안 바빠요.	Xià ge yuè bù máng.	下个月不忙。

피곤하면 가서 쉬어요.

Lèi de huà qù xiūxi ba. 累的话去休息吧。

본책 165~166쪽

예문 55-2.mp3

많이 피곤해요.	Hěn lèi.	很累。
피곤하기는 피곤해요.	Lèi shi lèi.	累是累。
오늘은 피곤하지요?	Jīntiān lèi ba?	今天累吧?
그리 피곤하지 않아요.	Bú dà lèi.	不大累。
피곤해요 안 피곤해요?	Lèi bu lèi?	累不累?
조금도 피곤하지 않아요.	Yìdiǎ(n)r yě bú lèi.	一点儿也不累。
정말 안 피곤해요?	Zhēnde bú lèi ma?	真的不累吗?
걸어서 피곤해요.	Zǒu lèi le.	走累了。
피곤하면 가서 쉬어요.	Lèi de huà qù xiūxi ba.	累的话去休息吧。
피곤하면 오늘은 가지 마세요.	Lèi de huà jīntiān bú yào qù.	累的话今天不要去。

예문 55-3.mp3

오늘은 피곤하지요?	Jīntiān lèi ba?	今天累吧?
걸어서 피곤해요.	Zǒu lèi le.	走累了。
피곤하면 오늘은 가지 말아요.	Lèi de huà jīntiān bú yào qù.	累的话今天不要去。
그럼, 내일 아침에 갑시다.	Nàme, míngtiān zǎoshang qù ba.	那么, 明天早上去吧。

어느 것이 맛있어요?

Nǎ ge hǎochī?　哪个好吃?

본책 168~169쪽

 예문 56-2.mp3

맛없어요?	Bù hǎochī ma?	不好吃吗?
정말 맛없어요.	Zhēnde bù hǎochī.	真的不好吃。
맛이 있기는 있어요.	Hǎochī shi hǎochī.	好吃是好吃。
과일이 맛있지요?	Shuǐguǒ hǎochī ba?	水果好吃吧?
저것보다 맛있어요?	Bǐ nà ge hǎochī ma?	比那个好吃吗?
저것보다 맛있지 않아요.	Bù bǐ nà ge hǎochī.	不比那个好吃。
어느 것이 맛있어요?	Nǎ ge hǎochī?	哪个好吃?
중국 요리가 맛있어요.	Zhōngguó cài hǎochī.	中国菜好吃。
그가 만든 것은 맛있어요 맛없어요?	Tā zuò de hǎochī bu hǎochī?	他做的好吃不好吃?
어느 것이 맛있는 거예요?	Nǎ ge shì hǎochī de?	哪个是好吃的?

 예문 56-3.mp3

어느 것이 맛있어요?	Nǎ ge hǎochī?	哪个好吃?
중국 요리가 맛있어요.	Zhōngguó cài hǎochī.	中国菜好吃。
그가 만든 것은 맛있어요 맛없어요?	Tā zuò de hǎochī bu hǎochī?	他做的好吃不好吃?
정말 맛없어요.	Zhēnde bù hǎochī.	真的不好吃。

그의 발음이 좋아요?

Tā de fāyīn hǎo ma?　他的发音好吗?

본책 171~172쪽

2단계 : 핵심 10문장 익히기

 예문 57-2.mp3

안 좋아요?	Bù hǎo ma?	不好吗?
안 좋지?	Bù hǎo ba?	不好吧?
좋기는 좋아요.	Hǎo shi hǎo.	好是好。
좋기는 좋지?	Hǎo shi hǎo ba?	好是好吧?
그의 발음이 좋아요?	Tā de fāyīn hǎo ma?	他的发音好吗?
그의 발음은 정말 좋아요.	Tā de fāyīn zhēnde hǎo.	他的发音真的好。
나 역시 매우 좋아요.	Wǒ yě hěn hǎo.	我也很好。
우리는 모두 좋아요.	Wǒmen dōu hěn hǎo.	我们都很好。
당신보다 좋아요?	Bǐ nǐ hǎo ma?	比你好吗?
나보다 훨씬 좋아요.	Bǐ wǒ gèng hǎo.	比我更好。

3단계 : 회화에 활용하기

 예문 57-3.mp3

그의 발음이 좋아요?	Tā de fāyīn hǎo ma?	他的发音好吗?
그의 발음은 정말 좋아요.	Tā de fāyīn zhēnde hǎo.	他的发音真的好。
당신보다 좋아요?	Bǐ nǐ hǎo ma?	比你好吗?
나보다 훨씬 좋아요.	Bǐ wǒ gèng hǎo.	比我更好。

어제 산 것은 길어요?

Zuótiān mǎi de cháng ma?　昨天买的长吗?

본책 174~175쪽

2단계 : 핵심 10문장 익히기

🎧 예문 58-2.mp3

저것이 긴 것인가요?	Nà ge shì cháng de ma?	那个是长的吗?
긴 것이 몇 개 있어요?	Yǒu jǐ ge cháng de?	有几个长的?
긴 것이 있기는 있어요.	Cháng de yǒu shi yǒu.	长的有是有。
어제 산 것은 길어요?	Zuótiān mǎi de cháng ma?	昨天买的长吗?
어제 산 것은 길지 않아요.	Zuótiān mǎi de bù cháng.	昨天买的不长。
왜 긴 것을 사지 않아요?	Wèi shénme bù mǎi cháng de?	为什么不买长的?
긴 것이 필요 없어요.	Bú yào cháng de.	不要长的。
긴 것이 하나도 필요 없어요?	Cháng de yí ge yě bú yào ma?	长的一个也不要吗?
우리 집에 긴 것이 2개 있어요.	Wǒ jiā yǒu liǎng ge cháng de.	我家有两个长的。
긴 것이 아니고, 짧은 것이에요.	Bú shì cháng de, shì duǎn de.	不是长的，是短的。

3단계 : 회화에 활용하기

🎧 예문 58-3.mp3

어제 산 것은 길어요?	Zuótiān mǎi de cháng ma?	昨天买的长吗?
어제 산 것은 길지 않아요.	Zuótiān mǎi de bù cháng.	昨天买的不长。
저것이 긴 것인가요?	Nà ge shì cháng de ma?	那个是长的吗?
긴 것이 아니고 짧은 것이에요.	Bú shì cháng de, shì duǎn de.	不是长的，是短的。

짧은 것이 좋아요?

Duǎn de hǎo ma?　短的好吗?

2단계 : 핵심 10문장 익히기

 예문 59-2.mp3

내가 산 것은 짧아요.	Wǒ mǎi de duǎn.	我买的短。
짧은 것이 좋아요?	Duǎn de hǎo ma?	短的好吗?
조금 짧아요.	Yǒu diǎ(n)r duǎn.	有点儿短。
짧은 것은 사지 말아요.	Bié mǎi duǎn de.	别买短的。
짧은 것은 비싸지 않아요.	Duǎn de bú guì.	短的不贵。
짧은 것이 싸요.	Duǎn de piányi.	短的便宜。
짧은 것이 싸고 좋아요.	Duǎn de yòu piányi yòu hǎo.	短的又便宜又好。
내 것은 짧지 않아요.	Wǒ de bù duǎn.	我的不短。
짧은 것은 내 것이 아니에요.	Duǎn de bú shì wǒ de.	短的不是我的。
짧은 것이 긴 것보다 좋아요.	Duǎn de bǐ cháng de hǎo.	短的比长的好。

3단계 : 회화에 활용하기

 예문 59-3.mp3

짧은 것이 좋아요?	Duǎn de hǎo ma?	短的好吗?
짧은 것이 긴 것보다 좋아요.	Duǎn de bǐ cháng de hǎo.	短的比长的好。
비싸지 않아요?	Bú guì ma?	不贵吗?
짧은 것이 싸고 좋아요.	Duǎn de yòu piányi yòu hǎo.	短的又便宜又好。

한국의 겨울은 춥지요?

Hánguó de dōngtiān lěng ba? 韩国的冬天冷吧?

본책 182~183쪽

2단계 : 핵심 10문장 익히기

 예문 60-2.mp3

날씨가 추워졌어요.	Tiānqì lěng le.	天气冷了。
날씨가 매우 추워요.	Tiānqì hěn lěng.	天气很冷。
날씨가 정말 추워요.	Tiānqì zhēnde lěng.	天气真的冷。
날씨가 상당히 추워요.	Tiānqì xiāngdāng lěng.	天气相当冷。
날씨가 추워요 안 추워요?	Tiānqì lěng bu lěng?	天气冷不冷？
날씨가 점점 추워져요.	Tiānqì yuè lái yuè lěng.	天气越来越冷。
너무 추워요, 가고 싶지 않아요.	Tài lěng le, bù xiǎng qù	太冷了，不想去。
날씨가 어제보다 춥지요?	Tiānqì bǐ zuótiān lěng ba?	天气比昨天冷吧？
오늘 날씨가 춥지 않아요?	Jīntiān tiānqì bù lěng ma?	今天天气不冷吗？
한국의 겨울은 춥지요?	Hánguó de dōngtiān lěng ba?	韩国的冬天冷吧？

3단계 : 회화에 활용하기

 예문 60-3.mp3

한국의 겨울은 춥지요?	Hánguó de dōngtiān lěng ba?	韩国的冬天冷吧？
정말 추워요.	Zhēnde lěng.	真的冷。
날씨가 어제보다 춥지요?	Tiānqì bǐ zuótiān lěng ba?	天气比昨天冷吧？
날씨가 점점 추워져요.	Tiānqì yuè lái yuè lěng.	天气越来越冷。

요즘 날씨가 더워요.

Zhè jǐtiān tiānqì rè.   这几天天气热。

🎧 예문 61-2.mp3

요즘 날씨가 더워요.	Zhè jǐtiān tiānqì rè.	这几天天气热。
베이징 날씨는 매우 더워요.	Běijīng de tiānqì hěn rè.	北京的天气很热。
덥기는 더워요.	Rè shi rè.	热是热。
날씨가 더워요 안 더워요?	Tiānqì rè bu rè?	天气热不热?
오늘은 너무 더워요.	Jīntiān tài rè le.	今天太热了。
한국의 여름은 덥지요?	Hánguó de xiàtiān rè ba?	韩国的夏天热吧?
홍콩의 날씨가 더워요 안 더워요?	Xiānggǎng de tiānqì rè bu rè?	香港的天气热不热?
이곳의 날씨가 점점 더워져요.	Zhèli de tiānqì yuè lái yuè rè.	这里的天气越来越热。
날씨가 어제보다 덥지요?	Tiānqì bǐ zuótiān rè ba?	天气比昨天热吧?
날씨가 어제보다 덥지 않나요?	Tiānqì bù bǐ zuótiān rè ma?	天气不比昨天热吗?

🎧 예문 61-3.mp3

날씨가 더워요 안 더워요?	Tiānqì rè bu rè?	天气热不热?
덥기는 더워요.	Rè shi rè.	热是热。
날씨가 어제보다 덥지요?	Tiānqì bǐ zuótiān rè ba?	天气比昨天热吧?
요즘 날씨가 더워요.	Zhè jǐtiān tiānqì rè.	这几天天气热。

62 누가 만든 것이 많아요?

Shéi zuò de duō?　谁做的多?

 예문 62-2.mp3

누가 많아요?	Shéi duō?	谁多?
어떤 것이 많아요?	Nǎ ge duō?	哪个多?
많이 좀 먹어라.	Duō chī diǎ(n)r ba.	多吃点儿吧。
많이 좀 들으세요.	Duō tīng diǎ(n)r ba.	多听点儿吧。
노란 것도 많지요?	Huáng de yě duō ba?	黄的也多吧?
흰 것은 많지 않아요?	Bái de bù duō ma?	白的不多吗?
누가 만든 것이 많아요?	Shéi zuò de duō?	谁做的多?
그는 나보다 많아요.	Tā bǐ wǒ duō.	他比我多。
작은 것이 큰 것보다 많아요.	Xiǎo de bǐ dà de duō.	小的比大的多。
노란 것은 흰 것보다 많지 않아요.	Huáng de bù bǐ bái de duō.	黄的不比白的多。

예문 62-3.mp3

어떤 것이 많아요?	Nǎ ge duō?	哪个多?
작은 것이 큰 것보다 많아요.	Xiǎo de bǐ dà de duō.	小的比大的多。
노란 것도 많지요?	Huáng de yě duō ba?	黄的也多吧?
노란 것은 흰 것보다 많지 않아요.	Huáng de bù bǐ bái de duō.	黄的不比白的多。

63 누가 만든 것이 적어요?

Shéi zuò de shǎo? 谁做的少?

본책 191~192쪽

 예문 63-2.mp3

누구 것이 적어요?	Shéi de shǎo?	谁的少?
내 것이 그의 것보다 적어요.	Wǒ de bǐ tā de shǎo.	我的比他的少。
누가 그보다 적어요?	Shéi bǐ tā shǎo?	谁比他少?
어제 산 것이 적어요 안 적어요?	Zuótiān mǎi de shǎo bu shǎo?	昨天买的少不少?
노란 것도 적지요?	Huáng de yě shǎo ba?	黄的也少吧?
누가 만든 것이 적어요?	Shéi zuò de shǎo?	谁做的少?
나는 그보다 3개 적어요.	Wǒ bǐ tā shǎo sān ge.	我比他少三个。
흰 것이 적지 않아요?	Bái de bù shǎo ma?	白的不少吗?
작은 것이 큰 것보다 적어요.	Xiǎo de bǐ dà de shǎo.	小的比大的少。
당신은 그보다 몇 개 적어요?	Nǐ bǐ tā shǎo jǐ ge?	你比他少几个?

예문 63-3.mp3

누구 것이 적어요?	Shéi de shǎo?	谁的少?
내 것이 그의 것보다 적어요.	Wǒ de bǐ tā de shǎo.	我的比他的少。
당신은 그보다 몇 개 적어요?	Nǐ bǐ tā shǎo jǐ ge?	你比他少几个?
나는 그보다 3개 적어요.	Wǒ bǐ tā shǎo sān ge.	我比他少三个。

어느 것이 빨라요?

Nǎ ge kuài? 哪个快?

2단계 : 핵심 10문장 익히기

예문 64-2.mp3

누구 것이 빨라요?	Shéi de kuài?	谁的快?
어느 것이 빨라요?	Nǎ ge kuài?	哪个快?
이것이 빨라요.	Zhè ge kuài.	这个快。
내 시계는 5분 빨라요.	Wǒ de biǎo kuài wǔ fēn.	我的表快五分。
이것이 저것보다 빨라요.	Zhè ge bǐ nà ge kuài.	这个比那个快。
이것은 저것보다 15분 빨라요.	Zhè ge bǐ nà ge kuài shí wǔ fēn.	这个比那个快十五分。
기차와 자동차 중 어느 것이 빨라요?	Huǒchē gēn qìchē nǎ ge kuài?	火车跟汽车哪个快?
기차가 자동차보다 빨라요.	Huǒchē bǐ qìchē kuài.	火车比汽车快。
내 시계는 조금도 빠르지 않아요.	Wǒ de biǎo yìdiǎ(n)r yě bú kuài.	我的表一点儿也不快。
어느 것이 빠른지 비교해 봅시다.	Bǐ yi bǐ nǎ ge kuài.	比一比哪个快。

3단계 : 회화에 활용하기

예문 64-3.mp3

어느 것이 빨라요?	Nǎ ge kuài?	哪个快?
이것이 저것보다 빨라요.	Zhè ge bǐ nà ge kuài.	这个比那个快。
기차와 자동차 중 어느 것이 빨라요?	Huǒchē gēn qìchē nǎ ge kuài?	火车跟汽车哪个快?
기차가 자동차보다 빨라요.	Huǒchē bǐ qìchē kuài.	火车比汽车快。

그는 말을 아주 느리게 해요.

Tā shuō huà shuō de hěn màn.　他说话说得很慢。

2단계 : 핵심 10문장 익히기　　　🎧 예문 65-2.mp3

느려요 안 느려요?	Màn bu màn?	慢不慢？
느리기는 느려요.	Màn shi màn.	慢是慢。
비교적 느려요.	Bǐjiào màn.	比较慢。
살펴 가세요!	Màn zǒu!	慢走！
그는 말을 아주 느리게 해요.	Tā shuō huà shuō de hěn màn.	他说话说得很慢。
천천히 읽어요.	Mànmā(n)r de niàn ba.	慢慢儿的念吧。
그는 말이 느려요?	Tā shuō de màn ma?	他说得慢吗？
그는 걸음도 느려요?	Tā zǒu de yě màn ma?	他走得也慢吗？
이것은 저것보다 느려요?	Zhè ge bǐ nà ge màn ma?	这个比那个慢吗？
이것은 저것보다 안 느리지요?	Zhè ge bù bǐ nǎ ge màn ba?	这个不比那个慢吧？

3단계 : 회화에 활용하기　　　🎧 예문 65-3.mp3

그는 말이 느려요?	Tā shuō de màn ma?	他说得慢吗？
예, 그는 말을 아주 느리게 해요.	Shì, tā shuō huà shuō de hěn màn.	是，他说话说得很慢。
그는 걸음도 느려요?	Tā zǒu de yě màn ma?	他走得也慢吗？
느리기는 느려요.	Màn shi màn.	慢是慢。

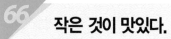

작은 것이 맛있다.

Xiǎo de hǎochī.   小的好吃。

본책 200~201쪽

예문 66-2.mp3

아주 작아요.	Hěn xiǎo.	很小。
어느 것이 작아요?	Nǎ ge xiǎo?	哪个小?
작은 것이 맛있어요.	Xiǎo de hǎochī.	小的好吃。
작은 것도 맛있어요.	Xiǎo de yě hǎochī.	小的也好吃。
내 것은 작은 것이에요.	Wǒ de shì xiǎo de.	我的是小的。
작은 것이 바로 내 것이에요.	Xiǎo de jiù shì wǒ de.	小的就是我的。
작은 것이 당신 것이에요?	Xiǎo de shì nǐ de ma?	小的是你的吗?
작은 것이 있어요?	Yǒu xiǎo de ma?	有小的吗?
어제 작은 것을 샀어요?	Zuótiān mǎi le xiǎo de ma?	昨天买了小的吗?
어제 작은 것 2개를 샀어요.	Zuótiān mǎi le liǎng ge xiǎo de.	昨天买了两个小的。

예문 66-3.mp3

어제 작은 것을 샀어요?	Zuótiān mǎi le xiǎo de ma?	昨天买了小的吗?
어제 작은 것 2개를 샀어요.	Zuótiān mǎi le liǎng ge xiǎo de.	昨天买了两个小的。
작은 것이 당신 것이에요?	Xiǎo de shì nǐ de ma?	小的是你的吗?
작은 것이 바로 내 것이에요.	Xiǎo de jiù shì wǒ de.	小的就是我的。

큰 것은 사지 마세요.

Bié mǎi dà de.　别买大的。

🎧 예문 67-2.mp3

큰 것 있어요?	Yǒu dà de ma?	有大的吗？
안 크지요?	Bú dà ba?	不大吧？
큰 것은 사지 말아요.	Bié mǎi dà de.	别买大的。
큰 것이 안 좋아요?	Dà de bù hǎo ma?	大的不好吗？
큰 것을 사요 안 사요?	Mǎi bu mǎi dà de?	买不买大的？
큰 것은 맵지 않아요.	Dà de bú là.	大的不辣。
크기도 하고 좋기도 해요.	Yòu dà yòu hǎo.	又大又好。
큰 것을 10개 샀어요.	Mǎi le shí ge dà de.	买了十个大的。
큰 것을 5개 사려고 해요.	Yào mǎi wǔ ge dà de.	要买五个大的。
나는 큰 것을 사고 싶지 않아요.	Wǒ bù xiǎng mǎi dà de.	我不想买大的。

🎧 예문 67-3.mp3

큰 것 있어요?	Yǒu dà de ma?	有大的吗？
큰 것은 사지 말아요.	Bié mǎi dà de.	别买大的。
왜요? 큰 것이 안 좋아요?	Wèi shénme? Dà de bù hǎo ma?	为什么？大的不好吗？
좋기는 좋은데, 조금 비싸요.	Hǎo shi hǎo, yǒu diǎ(n)r guì.	好是好，有点儿贵。

우리는 모두 중국어를 배워요.

Wǒmen dōu xué Hànyǔ.　我们都学汉语。

본책 208~209쪽

2단계 : 핵심 10문장 익히기

🎧 예문 68-2.mp3

모두 좋아요?	Dōu hǎo ma?	都好吗?
모두 작아요?	Dōu xiǎo ma?	都小吗?
모두 무엇을 샀어요?	Dōu mǎi le shénme?	都买了什么?
모두 다 작지는 않아요.	Bù dōu xiǎo.	不都小。
내 것은 모두 좋아요.	Wǒ de dōu hǎo.	我的都好。
그의 것은 모두 좋지요?	Tā de dōu hǎo ba?	他的都好吧?
모두 몇 년 배웠어요?	Yígòng xué le jǐ nián?	一共学了几年?
모두 4년 배웠어요.	Yígòng xué le sì nián.	一共学了四年。
당신들은 모두 무엇을 배워요?	Nǐmen dōu xué shénme?	你们都学什么?
우린 모두 중국어를 배워요.	Wǒmen dōu xué Hànyǔ.	我们都学汉语。

3단계 : 회화에 활용하기

🎧 예문 68-3.mp3

당신들은 모두 무엇을 배워요?	Nǐmen dōu xué shénme?	你们都学什么?
우린 모두 중국어를 배워요.	Wǒmen dōu xué Hànyǔ.	我们都学汉语。
모두 몇 년 배웠어요?	Yígòng xué le jǐ nián?	一共学了几年?
모두 4년 배웠어요.	Yígòng xué le sì nián.	一共学了四年。

우리 함께 차 마셔요.

Wǒmen yíkuà(i)r hē chá ba.　我们一块儿喝茶吧。

본책 211~212쪽

2단계 : 핵심 10문장 익히기　　　　　　　　　　🎧 예문 69-2.mp3

우리 함께 차 마셔요.	Wǒmen yíkuà(i)r hē chá ba.	我们一块儿喝茶吧。
그와 함께 가나요?	Gēn tā yíkuà(i)r qù ma?	跟他一块儿去吗？
나하고 함께 만들어요.	Gēn wǒ yíkuà(i)r zuò ba.	跟我一块儿做吧。
저녁에 당신도 함께 가요?	Wǎnshang nǐ yě yíkuà(i)r qù ma?	晚上你也一块儿去吗？
우리 함께 저녁식사를 해요.	Wǒmen yíkuà(i)r chī wǎnfàn ba.	我们一块儿吃晚饭吧。
우리 함께 중국어를 배워요.	Wǒmen yíkuà(i)r xué Hànyǔ ba.	我们一块儿学汉语吧。
나는 당신과 함께 가고 싶어요.	Wǒ xiǎng gēn nǐ yíkuà(i)r qù	我想跟你一块儿去。
7시에 함께 가면 어때요?	Qī diǎn yíkuà(i)r qù hǎo bu hǎo?	七点一块儿去好不好？
내일 그와 함께 오는 거 어때요?	Míngtiān gēn tā yíkuà(i)r lái, zěnme yàng?	明天跟他一块儿来，怎么样？
우리 함께 중국 영화를 보러 가요.	Wǒmen yíkuà(i)r qù kàn Zhōngguó diànyǐng ba.	我们一块儿去看中国电影吧。

3단계 : 회화에 활용하기　　　　　　　　　　🎧 예문 69-3.mp3

내일 그와 함께 오면 어때요?	Míngtiān gēn tā yíkuà(i)r lái, zěnme yàng?	明天跟他一块儿来，怎么样？
왜요?	Wèi shénme?	为什么？
우리 함께 중국 영화를 보러 가요.	Wǒmen yíkuà(i)r qù kàn Zhōngguó diànyǐng ba.	我们一块儿去看中国电影吧。
나는 당신과 함께 가고 싶어요.	Wǒ xiǎng gēn nǐ yíkuà(i)r qù.	我想跟你一块儿去。

조금도 비싸지 않아요.

Yìdiǎ(n)r yě bú guì.　一点儿也不贵。

2단계 : 핵심 10문장 익히기　　　　　　　　　　🎧 예문 70-2.mp3

조금 바빠요.	Yǒu diǎ(n)r máng.	有点儿忙。
조금 어려워요.	Yǒu diǎ(n)r nán.	有点儿难。
조금 비싸요.	Yǒu diǎ(n)r guì	有点儿贵。
조금 길어요.	Yǒu diǎ(n)r cháng.	有点儿长。
저것보다 조금 비싸요.	Bǐ nà ge guì yìdiǎ(n)r.	比那个贵一点儿。
조금도 비싸지 않아요.	Yìdiǎ(n)r yě bú guì.	一点儿也不贵。
조금도 안 길어요.	Yìdiǎ(n)r yě bù cháng.	一点儿也不长。
조금도 안 매워요.	Yìdiǎ(n)r yě bú là.	一点儿也不辣。
당신이 산 것은 조금 비싸요?	Nǐ mǎi de yǒu diǎ(n)r guì ma?	你买的有点儿贵吗？
이것이 저것보다 조금 비싸지요?	Zhè ge bǐ nà ge guì yìdiǎ(n)r ba?	这个比那个贵一点儿吧？

3단계 : 회화에 활용하기　　　　　　　　　　🎧 예문 70-3.mp3

이것이 저것보다 조금 비싸지요?	Zhè ge bǐ nà ge guì yìdiǎ(n)r ba?	这个比那个贵一点儿吧？
저것보다 조금 비싸요.	Bǐ nà ge guì yìdiǎ(n)r.	比那个贵一点儿。
당신이 산 것은 조금 비싸요?	Nǐ mǎi de yǒu diǎ(n)r guì ma?	你买的有点儿贵吗？
내 것은 조금도 비싸지 않아요.	Wǒ de yìdiǎ(n)r yě bú guì.	我的一点儿也不贵。

잠시 쉬자.

Xiūxi yíhu(ì)r ba.　休息一会儿吧。

2단계 : 핵심 10문장 익히기

🔊 예문 71-2.mp3

잠시 기다려 주세요.	Qǐng shāo děng yíhu(ì)r.	请稍等一会儿。
잠시 앉으세요.	Qǐng zuò yíhu(ì)r ba.	请坐一会儿吧。
잠시 쉬고 싶어요.	Xiǎng xiūxi yíhu(ì)r.	想休息一会儿。
잠시 쉬어요.	Xiūxi yíhu(ì)r ba.	休息一会儿吧。
잠시 주무세요.	Shuì yíhu(ì)r ba.	睡一会儿吧。
잠시 있다가 사과를 먹어요.	Děng yíhu(ì)r chī píngguǒ ba.	等一会儿吃苹果吧。
잠시 있다가 우리 식사해요.	Děng yíhu(ì)r wǒmen chīfàn ba.	等一会儿我们吃饭吧。
잠시 있다가 당신이 다녀가세요.	Děng yíhu(ì)r nǐ lái yítàng ba.	等一会儿你来一趟吧。
여기서 잠시 쉬는 거 어때요?	Zài zhèr xiūxi yíhu(ì)r, zěnme yàng?	在这儿休息一会儿，怎么样?
잠시 있다가 다시 그에게 전화합시다.	Děng yíhu(ì)r zài gěi tā dǎ diànhuà ba.	等一会儿再给他打电话吧。

3단계 : 회화에 활용하기

🔊 예문 71-3.mp3

걸어서 힘들지요?	Zǒu lèi le ba?	走累了吧?
잠시 쉬고 싶어요.	Xiǎng xiūxi yíhu(ì)r.	想休息一会儿。
여기서 잠시 쉬는 거 어때요?	Zài zhèr xiūxi yíhu(ì)r, zěnme yàng?	在这儿休息一会儿，怎么样?
좋아요, 잠시 쉬어요.	Hǎo, xiūxi yíhu(ì)r ba.	好, 休息一会儿吧。

당신은 말하고, 나는 들어요.

Nǐ shuō, wǒ tīng. 你说，我听。

본책 225쪽

 예문 72-2.mp3

나는 들어요.	Wǒ tīng.	我听。
당신도 들어요.	Nǐ yě tīng.	你也听。
그도 들어요.	Tā yě tīng.	他也听。
우리는 모두 들어요.	Wǒmen dōu tīng.	我们都听。
엄마는 말해요.	Māma shuō.	妈妈说。
아빠도 말해요.	Bàba yě shuō.	爸爸也说。
그들은 모두 와서 말해요.	Tāmen dōu lái shuō.	他们都来说。
그들이 모두 와서 들어요.	Tāmen dōu lái tīng.	他们都来听。
당신은 말하고, 나는 들어요.	Nǐ shuō, wǒ tīng.	你说，我听。
선생님은 말씀하시고, 학생은 들어요.	Lǎoshī shuō, xuésheng tīng.	老师说，学生听。

우리는 모두 읽어요.

Wǒmen dōu niàn.   我们都念。

본책 229쪽

2단계 : 응용표현 익히기

🎧 예문 73-2.mp3

형은 읽어요?	Gēge niàn ma?	哥哥念吗?
형도 읽어요.	Gēge yě niàn.	哥哥也念。
너희는 모두 읽니?	Nǐmen dōu niàn ma?	你们都念吗?
우리는 모두 읽어요.	Wǒmen dōu niàn.	我们都念。
그들은 모두 읽어요.	Tāmen dōu niàn.	他们都念。
선생님이 써요?	Lǎoshī xiě ma?	老师写吗?
선생님도 써요.	Lǎoshī yě xiě.	老师也写。
우리는 모두 써요.	Wǒmen dōu xiě.	我们都写。
선생님이 쓴 것은 어느 것인가요?	Lǎoshī xiě de shì nǎ ge?	老师写的是哪个?
선생님이 쓴 것은 바로 이것이에요.	Lǎoshī xiě de jiù shì zhè ge.	老师写的就是这个。

지금 먹고 싶지 않아요?

Xiànzài bù xiǎng chī ma? 现在不想吃吗?

본책 233쪽

2단계 : 응용표현 익히기

🎧 예문 74-2.mp3

지금 뭐 먹어요?	Xiànzài chī shénme?	现在吃什么?
그럼, 내일 먹어요?	Nàme, míngtiān chī ma?	那么，明天吃吗?
내일 먹어요.	Míngtiān chī.	明天吃。
그들은 안 마셔요?	Tāmen bù hē ma?	他们不喝吗?
그들도 마셔요.	Tāmen yě hē.	他们也喝。
언니가 마셔요?	Jiějie hē ma?	姐姐喝吗?
형이 맥주를 마셔요?	Gēge hē píjiǔ ma?	哥哥喝啤酒吗?
형은 맥주를 안 마셔요.	Gēge bù hē píjiǔ.	哥哥不喝啤酒。
지금 먹고 싶지 않아요?	Xiànzài bù xiǎng chī ma?	现在不想吃吗?
지금 아무것도 먹고 싶지 않아요.	Xiànzài shénme yě bù xiǎng chī.	现在什么也不想吃。

054

무슨 요일에 가요?

Xīngqī jǐ qù? 星期几去?

본책 237쪽

날마다 몇 시에 가요?	Tiāntiān jǐ diǎn qù.	天天几点去?
저녁 6시에 가요.	Wǎnshang liù diǎn qù.	晚上六点去。
우리는 모두 가요.	Wǒmen dōu qù.	我们都去。
무슨 요일에 가요?	Xīngqī jǐ qù?	星期几去?
나는 화요일에 갈 작정이에요.	Wǒ dǎsuan xīngqī èr qù.	我打算星期二去。
오늘 와요.	Jīntiān lái	今天来。
그가 와요?	Tā lái ma?	他来吗?
당신도 올 수 있어요?	Nǐ yě néng lái ma?	你也能来吗?
나는 올 시간이 없고, 내 친구가 와요.	Wǒ méi yǒu gōngfu lái, wǒ péngyou lái.	我没有工夫来，我朋友来。
남동생이 와서 봐요.	Dìdi lái kàn.	弟弟来看。

내일 무엇을 사러 가요?

Míngtiān qù mǎi shénme?   明天去买什么?

본책 241쪽

2단계 : 응용표현 익히기

🎧 예문 76-2.mp3

내일 무엇을 사러 가요?	Míngtiān qù mǎi shénme?	明天去买什么?
꽃을 사러 가요.	Qù mǎi huā.	去买花。
어디에 가서 꽃을 사요?	Qù nǎr mǎi huā?	去哪儿买花?
꽃집에 가서 꽃을 사요.	Qù huādiàn mǎi huā.	去花店买花。
장미를 사러 가요.	Qù mǎi méiguihuā.	去买玫瑰花。
어제는 얼마나 팔았어요?	Zuótiān mài le duōshao?	昨天卖了多少?
어제는 모두 30개 팔았어요.	Zuótiān yígòng mài le sān shí ge.	昨天一共卖了三十个。
당신 친구는 무엇을 팔아요?	Nǐ péngyou mài shénme?	你朋友卖什么?
내 친구는 옷을 팔아요.	Wǒ péngyou mài yīfu.	我朋友卖衣服。
장사가 아주 잘돼요.	Mǎimai hěn hǎo.	买卖很好。

6일 오전에 당신 시간 있어요?

Liù hào shàngwǔ nǐ yǒu kòng ma?　六号上午你有空吗?

본책 245쪽

🎧 예문 77-2.mp3

말 좀 물어요, 큰 것 있어요?	Qǐng wèn, yǒu dà de ma?	请问，有大的吗?
미안해요, 작은 것뿐이에요.	Duì bu qǐ zhǐ yǒu xiǎo de.	对不起，只有小的。
6일 오전에 너 시간 있니?	Liù hào shàngwǔ nǐ yǒu kòng ma?	六号上午你有空吗?
오전에는 시간이 있기는 있어.	Shàngwǔ yǒu kòng shi yǒu kòng.	上午有空是有空。
무슨 일 있니?	Yǒu shénme shìqing ma?	有什么事情吗?
당신은 하나도 없어요?	Nǐ yí ge yě méi yǒu ma?	你一个也没有吗?
난 아무것도 없어요.	Wǒ shénme yě méi yǒu.	我什么也没有。
오늘은 학교에 갈 시간이 없어요.	Jīntiān méi yǒu kòng qù xuéxiào.	今天没有空去学校。
여동생은 시간이 있니 없니?	Mèimei yǒu méi yǒu kòng?	妹妹有没有空?
퇴근 후에는 배울 시간이 없어요.	Xià bān hòu méi yǒu shíjiān xué.	下班后没有时间学。

우리는 모두 한국인입니다.

Wǒmen dōu shì Hánguó rén.　我们都是韩国人。

🎧 예문 78-2.mp3

우리는 모두 한국인이에요.	Wǒmen dōu shì Hánguó rén.	我们都是韩国人。
당신과 나는 모두 한국인이에요.	Nǐ hé wǒ dōu shì Hánguó rén.	你和我都是韩国人。
그는 중국인이에요.	Tā shì Zhōngguó rén.	他是中国人。
우리는 모두 학생이에요.	Wǒmen dōu shì xuésheng.	我们都是学生。
그의 친구도 중국인이에요.	Tā de péngyou yě shì Zhōngguó rén.	他的朋友也是中国人。
그들은 모두 한국인이 아니에요.	Tāmen dōu bú shì Hánguó rén.	他们都不是韩国人。
그들은 한국인이 아니고, 중국인이에요.	Tāmen bú shì Hánguó rén, shì Zhōngguó rén.	他们不是韩国人，是中国人。
흰 것은 모두 내 것이 아니에요.	Bái de dōu bú shì wǒ de.	白的都不是我的。
내가 준 것은 꽃이 아니고, 책이에요.	Wǒ gěi de bú shì huā, shì shū.	我给的不是花，是书。
우리는 모두 선생님이 아니에요.	Wǒmen dōu bú shì lǎoshī.	我们都不是老师。

누가 그에게 주니?

Shéi gěi tā?　谁给他?

본책 253쪽

2단계 : 응용표현 익히기

🎧 예문 79-2.mp3

엊저녁에 누가 당신에게 주었어요?	Zuótiān wǎnshang shì shéi gěi nǐ de?	昨天晚上是谁给你的?
그가 주었어요.	Shì tā gěi de.	是他给的。
그에게 무얼 주나요?	Gěi tā shénme?	给他什么?
그에게 책을 주나요?	Gěi tā shū ma?	给他书吗?
그에게 무슨 책을 주나요?	Gěi tā shénme shū?	给他什么书?
너는 무엇이 필요해?	Nǐ yào shénme?	你要什么?
나는 좋은 것이 필요해.	Wǒ yào hǎo de.	我要好的。
다음 주에 얼마나 필요해요?	Xià ge xīngqī yào duōshao?	下个星期要多少?
정말 조금도 필요 없어요?	Zhēnde yìdiǎ(n)r yě bú yào ma?	真的一点儿也不要吗?
어느 것이 필요해요?	Yào nǎ ge?	要哪个?

보면 볼수록 예뻐요!

Yuè kàn yuè hǎokàn. 越看越好看。

🎧 예문 80-2.mp3

한 번도 본 적 없어.	Yí cì yě méi kàn guo.	一次也没看过。
중국 영화를 보러 가요?	Qù kàn Zhōngguó diànyǐng ma?	去看中国电影吗?
그는 집에서 중국 신문을 봐요.	Tā zài jiā kàn Zhōngguó bào.	他在家看中国报。
그녀를 보니까 어때요?	Nǐ kàn, tā zěnme yàng?	你看，她怎么样?
보면 볼수록 예뻐요.	Yuè kàn yuè hǎokàn.	越看越好看。
모두 몇 년을 배웠어요?	Yígòng xué le jǐ nián?	一共学了几年?
몇 년 안 배웠어요.	Méi xué jǐ nián.	没学几年。
그럼, 몇 개월 배웠나요?	Nàme, xué le jǐ ge yuè?	那么，学了几个月?
작년에 모두 6개월 배웠어요.	Qùnián yígòng xué le liù ge yuè.	去年一共学了六个月。
당신도 배우고 싶어요?	Nǐ yě xiǎng xué ma?	你也想学吗?

일어났어요?

Qǐchuáng le ma? 起床了吗?

본책 263쪽

🎧 예문 81-2.mp3

너 왜 아직 안 자니?	Nǐ wèi shénme hái bú shuì?	你为什么还不睡?
오늘 아침 늦잠을 잤어요.	Jīntiān zǎoshang shuì le lǎnjiào.	今天早上睡了懒觉。
밤에 잠을 잘 못 잤어요?	Yèli shuì de bù hǎo ma?	夜里睡得不好吗?
단지 2시간 잤어요.	Zhǐ shuì le liǎng ge xiǎoshí.	只睡了两个小时。
오늘 밤 우리 집에서 자라.	Jīnwǎn zài wǒ jiā shuì jiào ba.	今晚在我家睡觉吧。
오늘 아침 몇 시에 일어났어요?	Jīntiān zǎoshang jǐ diǎn qǐchuáng de?	今天早上几点起床的?
9시에 일어났어요.	Jiǔ diǎn qǐchuáng de.	九点起床的。
엄마는 아직 안 일어나셨니?	Māma hái méi qǐchuáng ma?	妈妈还没起床吗?
아빠는 일어나셨니?	Bàba qǐchuáng le ma?	爸爸起床了吗?
빨리 일어나서 밥 먹어요.	Kuài qǐchuáng chī fàn ba.	快起床吃饭吧。

나는 베이징에 가고 싶어요.

Wǒ xiǎng qù Běijīng. 我想去北京。

본책 267쪽

2단계 : 응용표현 익히기

 예문 82-2.mp3

당신은 한국 요리를 먹을래요?	Nǐ yào chī Hánguó cài ma?	你要吃韩国菜吗?
나는 한국 요리를 먹고 싶지 않아요.	Wǒ bù xiǎng chī Hánguó cài.	我不想吃韩国菜。
토요일에 누가 갈래?	Xīngqī liù shéi yào qù?	星期六谁要去?
내년에는 꼭 베이징에 갈 거야.	Míngnián yídìng yào qù Běijīng.	明年一定要去北京。
내일 나도 가겠어요.	Míngtiān wǒ yě yào qù.	明天我也要去。
말해요, 뭐가 먹고 싶어요?	Nǐ shuō ba, xiǎng chī shénme?	你说吧，想吃什么?
난 베이징덕(북경오리구이)이 먹고 싶어요.	Wǒ xiǎng chī Běijīng kǎoyā.	我想吃北京烤鸭。
무엇이든 먹고 싶으면 이야기해요.	Xiǎng chī shénme jiù shuō.	想吃什么就说。
무슨 과일을 사고 싶어요?	Xiǎng mǎi shénme shuǐguǒ?	想买什么水果?
나는 배를 사고 싶어요.	Wǒ xiǎng mǎi lí.	我想买梨。

당신 혼자 갈 수 있어요?

Nǐ yí ge rén néng qù ma?　你一个人能去吗?

본책 271쪽

예문 83-2.mp3

그는 중국 노래를 부를 줄 알아요 몰라요?	Tā huì bu huì chàng Zhōngguó gē?	他会不会唱中国歌?
당신은 중국 노래를 부를 줄 몰라요?	Nǐ bú huì chàng Zhōngguó gē ma?	你不会唱中国歌吗?
부를 줄 몰라요.	Bú huì chàng.	不会唱。
여동생도 술 마실 줄 알아요?	Mèimei yě huì hē jiǔ ma?	妹妹也会喝酒吗?
내 여동생은 한 잔도 마실 줄 몰라요.	Wǒ mèimei yì bēi yě bù néng hē.	我妹妹一杯也不能喝。
당신은 맥주 몇 병을 마실 수 있어요?	Nǐ néng hē jǐ píng píjiǔ?	你能喝几瓶啤酒?
나 혼자서 6병 마실 수 있어요.	Wǒ yí ge rén néng hē liù píng.	我一个人能喝六瓶。
내게 소개시켜줄 수 있어요 없어요?	Néng bu néng gěi wǒ jièshào yíxià?	能不能给我介绍一下?
남동생은 왜 갈 수 없죠?	Dìdi zěnme bù néng qù?	弟弟怎么不能去?
오후에는 올 수 있어요?	Xiàwǔ néng lái ma?	下午能来吗?

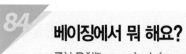
베이징에서 뭐 해요?

Zài Běijīng zuò shénme? 在北京做什么?

🎧 예문 84-2.mp3

다음 주 토요일에 당신 뭐 해요?	Xià xīngqī liù nǐ zuò shénme?	下星期六你做什么?
내일은 뭐 하세요?	Míngtiān zuò shénme?	明天做什么?
내가 당신한테 맛있는 것을 만들어 드리죠.	Wǒ gěi nǐ zuò hǎochī de ba.	我给你做好吃的吧。
난 당신이 만든 중국 요리가 먹고 싶어요.	Wǒ xiǎng chī nǐ zuò de Zhōngguó cài.	我想吃你做的中国菜。
난 무슨 요리든 다 만들 줄 알아요.	Wǒ shénme cài dōu huì zuò.	我什么菜都会做。
앉아도 되나요?	Kěyǐ zuò ma?	可以坐吗?
앉지 말아요.	Bié zuò xià.	别坐下。
앉아서 먹어요.	Zuò zhe chī ba.	坐着吃吧。
그도 앉았어요?	Tā yě zuò le ma?	他也坐了吗?
당신은 의자에 앉아요.	Nǐ zuò yǐzi.	你坐椅子。

됐어, 그만 울어!

Dé le, bié kū le!　得了，别哭了！

본책 279쪽

🎧 예문 85-2.mp3

너 왜 우니?	Nǐ wèi shénme kū?	你为什么哭？
됐어, 그만 울어라!	Dé le, bié kū le!	得了，别哭了！
그이도 울었니?	Tā yě kū le ma?	他也哭了吗？
누가 울었는지 몰라요.	Bù zhīdào shéi kū le.	不知道谁哭了。
왜 우는지 몰라요.	Bù zhīdào wèi shénme kū.	不知道为什么哭。
그가 말한 이야기는 정말 우스워요.	Tā shuō de huà zhēn kěxiào.	他说的话真可笑。
생각할수록 우스워요.	Yuè xiǎng yuè kěxiào.	越想越可笑。
왜 안 웃어요?	Zěnme bú xiào?	怎么不笑？
방금 웃었지?	Gānggāng xiào le ba?	刚刚笑了吧？
엄마도 웃었어요?	Māma yě xiào le ma?	妈妈也笑了吗？

내가 너에게 전화할게.

Wǒ gěi nǐ dǎ diànhuà.　我给你打电话。

본책 283쪽

2단계 : 응용표현 익히기　　　🎧 예문 86-2.mp3

당신은 누가 오기를 기다려요?	Nǐ děng shéi lái?	你等谁来？
나는 그가 오기를 기다려요.	Wǒ zài děng tā lái ne.	我在等他来呢。
나는 그를 기다리고 있어요.	Wǒ zài děng tā ne.	我在等他呢。
당신은 누가 한국에 오기를 기다려요?	Nǐ děng shéi lái Hánguó.	你等谁来韩国？
나는 그가 한국에 오기를 기다려요.	Wǒ děng tā lái Hánguó.	我等他来韩国。
그한테 당신에게 전화하라고 하는 게 어때요?	Jiào tā gěi nǐ dǎ diànhuà, zěnme yàng?	叫他给你打电话，怎么样？
30분 후에 다시 당신에게 전화할게요.	Sānshí fēnzhōng yǐhòu wǒ zài gěi nǐ dǎ diànhuà ba.	三十分钟以后我再给你打电话吧。
괜찮아요. 내가 다시 그에게 전화하지요.	Méi guānxi, wǒ lái zài gěi tā dǎ diànhuà.	没关系，我来再给他打电话。
당신은 날마다 어디에서 그의 전화가 오기를 기다려요?	Nǐ tiāntiān zài nǎr děng tā de diànhuà lái?	你天天在哪儿等他的电话来？
나는 날마다 집에서 그의 전화가 오기를 기다려요.	Wǒ tiāntiān zài jiā děng tā de diànhuà lái.	我天天在家等他的电话来。

중국어가 쉽지요?

Hànyǔ róngyì ba? 汉语容易吧?

본책 289쪽

🎧 예문 87-2.mp3

오늘 배운 한자는 쉽죠?	Jīntiān xué de Hànzì róngyì ba?	今天学的汉字容易吧?
오늘 배운 것은 비교적 쉬워요.	Jīntiān xué de bǐjiào róngyì.	今天学的比较容易。
다 쉽지는 않아요.	Bù dōu róngyì.	不都容易。
어떤 것은 쉽고, 어떤 것은 어려워요.	Yǒu de róngyì, yǒu de nán.	有的容易，有的难。
저것은 아주 쉬워요.	Nà ge fēicháng róngyì.	那个非常容易。
오늘 배운 것은 다 어렵지요?	Jīntiān xué de dōu nán ba?	今天学的都难吧？
어느 것이 어려워요?	Nǎ ge nán?	哪个难？
이것이 조금 어려워요.	Zhè ge yǒu yìdiǎ(n)r nán.	这个有一点儿难。
알면 쉽고, 모르면 어렵다.	Huì de bù nán, nán de bú huì.	会的不难，难的不会。
조금도 어렵지 않아요.	Yìdiǎ(n)r yě bù nán.	一点儿也不难。

067

요즘 너무 바빠요.

Zuìjìn tài máng le.　最近太忙了。

본책 293쪽

 예문 88-2.mp3

화요일에 바빠요?	Xīngqī èr máng ma?	星期二忙吗?
요즘 너무 바빠요.	Zuìjìn tài máng le.	最近太忙了。
우리는 모두 바빠요.	Wǒmen dōu hěn máng.	我们都很忙。
우리는 아무도 안 바빠요.	Wǒmen shéi yě bù máng.	我们谁也不忙。
화요일은 안 바빠요.	Xīngqī èr bù máng.	星期二不忙。
요즘 많이 피곤하지요?	Zuìjìn hěn lèi ba?	最近很累吧?
피곤해 죽겠어요.	Lèi sǐ wǒ le.	累死我了。
월요일은 화요일보다 피곤해요.	Xīngqī yī bǐ xīngqī èr lèi.	星期一比星期二累。
점점 더 피곤해져요.	Yuè lái yuè lèi.	越来越累。
조금 피곤해.	Yǒu diǎ(n)r lèi.	有点儿累。

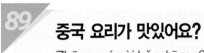

중국 요리가 맛있어요?

Zhōngguó cài hǎochī ma?　中国菜好吃吗?

본책 297쪽

예문 89-2.mp3

중국 요리가 맛있어요?	Zhōngguó cài hǎochī ma?	中国菜好吃吗?
시기도 하고 달기도 한 게 정말 맛있어요.	Yòu suān yòu tián, zhēn hǎochī.	又酸又甜，真好吃。
저녁에 우리 집에 와서 맛있는 요리를 드세요.	Wǎnshang lái wǒ jiā chī hǎochī de cài ba.	晚上来我家吃好吃的菜吧。
사과가 가장 맛있어요.	Píngguǒ zuì hǎochī.	苹果最好吃。
한국 요리도 매우 맛있어요.	Hánguó cài yě hěn hǎochī.	韩国菜也很好吃。
이 둘 중 어느 것이 좋아요?	Zhè liǎng ge nǎ yí ge hǎo?	这两个哪一个好?
이것이 저것보다 좋아요.	Zhè ge bǐ nà ge hǎo.	这个比那个好。
작을수록 좋은가요?	Yuè xiǎo yuè hǎo ma?	越小越好吗?
누구 발음이 가장 좋아요?	Shéi de fāyīn zuì hǎo?	谁的发音最好?
그의 발음이 가장 좋아요.	Tā de fāyīn zuì hǎo.	他的发音最好。

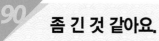

90 좀 긴 것 같아요.

본책 301쪽

Hǎoxiàng yǒu diǎ(n)r cháng.   好像有点儿长。

🎧 예문 90-2.mp3

역시 좀 길지요?	Háishi yǒu diǎ(n)r cháng ba?	还是有点儿长吧？
좀 긴 것 같아요.	Hǎoxiàng yǒu diǎ(n)r cháng.	好像有点儿长。
내가 보기엔 조금도 길지 않아요.	Wǒ kàn yìdiǎ(n)r yě bù cháng.	我看一点儿也不长。
백화점에서 긴 것을 샀지요?	Zài bǎihuò gōngsī mǎi le cháng de ba?	在百货公司买了长的吧？
긴 것은 하나도 안 샀어요.	Cháng de yí ge yě méi mǎi.	长的一个也没买。
짧은 것은 어디 있어요?	Duǎn de zài nǎr?	短的在哪儿？
여기에는 짧은 것이 없어요.	Zhèr méi yǒu duǎn de.	这儿没有短的。
이것도 저것보다 짧아요.	Zhè ge yě bǐ nà ge duǎn.	这个也比那个短。
너무 짧아요.	Tài duǎn le.	太短了。
짧을수록 좋아요.	Yuè duǎn yuè hǎo.	越短越好。

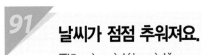
날씨가 점점 추워져요.

Tiānqì yuè lái yuè lěng.　天气越来越冷。

너는 추위를 타니?	Nǐ pà lěng ma?	你怕冷吗?
난 추위를 안 타요.	Wǒ bú pà lěng.	我不怕冷。
좀 추워요.	Yǒu diǎ(n)r lěng.	有点儿冷。
당신은 추위를 타지 않아요?	Nǐ bú pà lěng ma?	你不怕冷吗?
나도 추위를 타지 않아요.	Wǒ yě bú pà lěng.	我也不怕冷。
여름은 덥지 않아요?	Xiàtiān bú rè ma?	夏天不热吗?
오늘은 어제보다 더워요.	Jīntiān bǐ zuótiān rè.	今天比昨天热。
아직 덥죠?	Hái rè ba?	还热吧?
한국의 여름은 덥지요?	Hánguó de xiàtiān rè ba?	韩国的夏天热吧?
날씨가 정말 무더워요.	Tiānqì zhēn mēnrè.	天气真闷热。

92

막내가 산 것이 많아요.

Lǎoyāo mǎi de duō. 老幺买的多。

본책 309쪽

2단계 : 응용표현 익히기

예문 92-2.mp3

누구 것이 많아요?	Shéi de duō?	谁的多？
막내가 산 것이 많아요.	Lǎoyāo mǎi de duō.	老幺买的多。
당신은 그보다 몇 개 많아요?	Nǐ bǐ tā duō jǐ ge?	你比他多几个？
나는 그보다 7개 많아요.	Wǒ bǐ tā duō qī ge.	我比他多七个。
나는 그가 많은지 안 많은지 몰라요.	Wǒ bù zhīdào tā duō bu duō.	我不知道他多不多。
그의 것도 적어요?	Tā de yě shǎo ma?	他的也少吗？
조금도 적지 않아요.	Yìdiǎ(n)r yě bù shǎo.	一点儿也不少。
검은 것은 조금 적어요.	Hēi de yǒu yìdiǎ(n)r shǎo.	黑的有一点儿少。
두꺼운 것이 비교적 적어요.	Hòu de bǐjiào shǎo.	厚的比较少。
적기는 조금 적어요.	Shǎo shi yǒu diǎ(n)r shǎo.	少是有点儿少。

072

내 시계는 5분 빨라요.

Wǒ de biǎo kuài wǔ fēn. 我的表快五分。

본책 313쪽

2단계 : 응용표현 익히기

 예문 93-2.mp3

비행기는 매우 빠르다.	Fēijī hěn kuài.	飞机很快。
가장 빠른 것이 어느 것인가요?	Zuì kuài de shì nǎ ge?	最快的是哪个？
그가 가장 빠르다.	Tā zuì kuài.	他最快。
그들이 말하는 것이 빨라요 안 빨라요?	Tāmen shuō huà shuō de kuài bu kuài?	他们说话说得快不快？
그들은 말하는 것이 너무 빨라요.	Tāmen shuō huà shuō de tài kuài le.	他们说话说得太快了。
당신 여동생은 말하는 것이 느려요?	Nǐ mèimei shuō de màn ma?	你妹妹说得慢吗？
그녀의 말은 매우 느려요.	Tā shuō de hěn màn.	她说得很慢。
그는 나보다 조금 느려요.	Tā bǐ wǒ màn yìdiǎ(n)r.	他比我慢一点儿。
자동차가 느리게 가다.	Qìchē zǒu de màn.	汽车走得慢。
자전거는 자동차보다 느리다.	Jiǎotàchē bǐ qìchē màn.	脚踏车比汽车慢。

큰 것은 사지 말아요.

Bié mǎi dà de. 别买大的。

본책 317쪽

🎧 예문 94-2.mp3

이 두 개는 크기가 같지 않아요?	Zhè liǎng ge dàxiǎo bù yíyàng ma?	这两个大小不一样吗？
어떤 것은 작고, 어떤 것은 작지 않아요.	Yǒu de xiǎo, yǒu de bù xiǎo.	有的小，有的不小。
네 것은 작아 안 작아?	Nǐ de xiǎo bu xiǎo?	你的小不小？
작은 것이 모두 몇 개 있어요?	Yígòng yǒu jǐ ge xiǎo de?	一共有几个小的？
조금 작아요.	Yǒu diǎ(n)r xiǎo.	有点儿小。
말 좀 물을게요, 이것이 큰 것인가요 아닌가요?	Qǐng wèn, zhè shì bu shì dà de?	请问，这是不是大的？
이것이 바로 큰 것입니다.	Zhè jiù shì dà de.	这就是大的。
큰 것을 살 필요가 없어요.	Bú yòng mǎi dà de.	不用买大的。
지난번에 산 것은 크기도 하고, 좋아요.	Shàngcì mǎi de yòu dà yòu hǎo.	上次买的又大又好。
큰 것은 하나도 없어요.	Yí ge dà de yě méi yǒu.	一个大的也没有。

모두 오늘 산 것인가요?

본책 323쪽

Dōu shì jīntiān mǎi de ma?　都是今天买的吗?

🎧 예문 95-2.mp3

이 물건들은 모두 오늘 산 것인가요?	Zhè xiē dōngxi dōu shì jīntiān mǎi de ma?	这些东西都是今天买的吗?
이 물건들은 모두 산 것이 아니에요.	Zhè xiē dōngxi dōu bú shì mǎi de.	这些东西都不是买的。
난 무엇이든 다 먹기를 좋아해요.	Wǒ shénme dōu ài chī.	我什么都爱吃。
엊저녁에 모두 몇 개를 만들었어요?	Zuówǎn yígòng zuò le jǐ ge?	昨晚一共做了几个?
모두 10여 개를 만들었어요.	Yígòng zuò le shí jǐ ge.	一共做了十几个。
누구랑 함께 가요?	Gēn shéi yíkuà(i)r qù?	跟谁一块儿去?
고교 동창이랑 함께 가요.	Gēn gāozhōng tóngxué yíkuà(i)r qù.	跟高中同学一块儿去。
누나랑 함께 갔어요.	Gēn jiějie yíkuà(i)r qù de.	跟姐姐一块儿去的。
우리 함께 맥주 마시러 가면 어때요?	Wǒmen yíkuà(i)r qù hē píjiǔ, zěnme yàng?	我们一块儿去喝啤酒，怎么样?
토요일에 우리 집에 가서 함께 술 마셔요.	Xīngqī liù dào wǒ jiā qù yíkuà(i)r hē jiǔ.	星期六到我家去一块儿喝酒。

어제보다 조금 추워졌어요.

Bǐ zuótiān lěng le yìdiǎ(n)r.   比昨天冷了一点儿。

본책 327쪽

2단계 : 응용표현 익히기   🎧 예문 96-2.mp3

오늘이 어제보다 조금 춥지요?	Jīntiān bǐ zuótiān lěng yìdiǎ(n)r ba?	今天比昨天冷一点儿吧?
어제보다 조금 추워졌어요.	Bǐ zuótiān lěng le yìdiǎ(n)r.	比昨天冷了一点儿。
몸이 좀 안 좋아요.	Shēntǐ yǒu diǎ(n)r bù shūfu.	身体有点儿不舒服。
머리는 조금도 아프지 않아요.	Tóu yìdiǎ(n)r yě bù téng.	头一点儿也不疼。
좀 춥게 느껴져요.	Juéde yǒu diǎ(n)r lěng.	觉得有点儿冷。
우리 집에서 잠시 쉬면 어때요?	Zài wǒ jiā xiūxi yíhu(ì)r, zěnme yàng?	在我家休息一会儿,怎么样?
잠시 있다 갈게요.	Děng yíhu(ì)r qù ba.	等一会儿去吧。
잠시 있다가 가도 상관 없어요.	Děng yíhu(ì)r qù yě méi guānxi.	等一会儿去也没关系。
잠시 있다가 내가 커피를 대접하지요.	Děng yíhu(ì)r wǒ qǐng nǐ hē kāfēi ba.	等一会儿我请你喝咖啡吧。
그더러 잠시 자라고 해요.	Jiào tā shuì yíhu(ì)r ba.	叫他睡一会儿吧。

중국어회화 핵심패턴 233

패턴 233개만 알면 중국어 말문이 트인다!

중국어회화

핵심패턴

233

엄상천 지음

엄상천 지음 | 296쪽 | 15,800원

패턴 233개만 알면 중국어 말문이 트인다!

중국인들이 일상생활에서 밥 먹듯이 쓰는 **알짜배기 패턴 233개!**
입 트이기에 최적화된 구성으로 **회화를 완벽하게 트레이닝** 할 수 있습니다.

난이도	첫걸음 **초급** 중급 | 고급	기간	80일
대상	기초를 끝내고 회화를 본격적으로 시작하려는 학습자	목표	내가 말하고 싶은 기초회화 마스터하기